Beset

LA PSYCHANALYSE
À L'ÉPREUVE DE L'ISLAM

Du même auteur

La *Nuit brisée,* Ramsay, 1988.
Une fiction troublante, Éditions de l'Aube, 1994.
La Virilité en Islam, avec Nadia Tazi (dir.),
Éditions de l'Aube, 2004.

FETHI BENSLAMA

LA PSYCHANALYSE
À L'ÉPREUVE DE L'ISLAM

Flammarion

© Aubier, Paris, 2002.
ISBN : 2-0808-0092-2.

La collection « La psychanalyse prise au mot » est dirigée par René Major.

À Frédérique

Prologue

Tout au long d'une œuvre où la religion est omniprésente, Freud n'a pas pris en compte l'islam dans sa réflexion sur le monothéisme. Ce n'est que dans le dernier de ses livres, *L'homme Moïse et la religion monothéiste,* qu'il en vient, brièvement, à des formulations à son endroit tout en l'écartant de son domaine d'investigation. Or la théorie de la religion chez Freud engage, au-delà de l'étude du phénomène proprement religieux, les questions du fondement de la société humaine, de la genèse de la loi et de la crise chronique de la civilisation. Qu'en résulterait-il si, un siècle après, nous intégrions à ce vaste chantier les fictions originaires de l'islam et les ressorts de son institution symbolique ? Quels sont les remaniements de la mémoire monothéiste mis en œuvre dans les dits et les écrits de sa fondation ? Font-ils apparaître une autre question du *père et de l'origine* demeurée indéchiffrable dans les seules perspectives du judaïsme et du christianisme ?

Ce livre se propose d'étendre à l'islam le projet de Freud de mettre au jour les refoulements constitutifs des institutions religieuses et de traduire leur métaphysique en métapsychologie. Il consiste en une approche psychanalytique de textes et d'événements qui ont pris pour cette religion une valeur de référence, en corrélation avec l'origine des deux autres monothéismes.

On le sait bien, ce type de recherche ne serait même pas envisageable si l'islam, qui fut longtemps loin des foyers de l'interrogation moderne, assigné dans les réserves de l'orientalisme, n'avait fait irruption sur la scène actuelle du monde, nous obligeant à nous expliquer avec lui, sous les coups d'une urgence et d'une nécessité qui sont en étroite relation avec son accès à la condition moderne. Loin de commencer, cet accès entre dans une phase décisive ou dans le vif du sujet : l'émergence dans les sociétés islamiques d'un sujet qui diffère du sujet de la tradition, qui est précipité dans un agir historique dépassant le champ de la conscience. C'est cette venue, le déchirement et les contradictions dont elle est la résultante, qui est au départ de notre réflexion.

C'est pourquoi, bien qu'il s'agisse de l'exploration de l'édifice des origines de l'islam, ce livre se trouve au cœur de son actualité tourmentée. Le premier chapitre de cet essai est consacré à la crise contemporaine de l'islam, à l'approche de sa genèse et de sa manifestation la plus symptomatique (le mouvement islamiste), dont l'interprétation que je présente est différente de celle qui a cours habituellement dans la sociologie politique.

L'actualité permanente de l'islam depuis une quinzaine d'années montre en effet, par mille signes, la césure du sujet de la tradition et le déchaînement de forces de destruction de la civilisation qui en découlent directement. Il s'agit d'un processus de mutation historique qui exige que soit pensé le passage de l'homme de la psyché de Dieu à celui de la psyché de l'inconscient. C'est ce qui justifie le titre de ce livre : *La Psychanalyse à l'épreuve de l'islam*. À travers cet intitulé, j'ai voulu nommer une épreuve et une tâche que j'ai reconnues miennes depuis plusieurs années, jalonnées par de nombreux travaux qui se rassemblent ici en une vue d'ensemble. Certes, la proposition inverse : *L'Islam à l'épreuve de la psychanalyse*, n'aurait pas été inexacte non plus, mais c'est en psychanalyste et au titre de la psychanalyse que je me suis aventuré dans l'islam et que j'ai cherché à élucider certains problèmes de son actualité et de ses origines, afin de les verser dans le savoir psychanalytique universel concernant les rapports entre le psychisme et la civilisation.

Penser le passage de la psyché de Dieu à celle de l'inconscient ne signifie pas la liquidation de l'*ancien* qu'il n'est pas en notre pouvoir de décréter, mais consiste à instruire un rapport à lui, un rapport interprétatif qui suppose que l'on accède aux interprétations anciennes et aux a priori qui les fondent. Or, s'agissant des systèmes symboliques et plus particulièrement de la religion, la psychanalyse considère que la puissance de l'a priori fondamental est fonction du refoulement. C'est ce qui séjourne dans l'inconscient qui plie à son empire la vie des hommes.

Sans l'avoir prémédité, cette recherche m'a conduit progressivement et irrésistiblement vers le destin de la femme, du féminin et de la féminité dans les processus de refoulement qui sous-tendent l'édifice symbolique et institutionnel de l'islam. Aussi la plus grande partie de cet essai est-elle consacrée à cette question étudiée dans le deuxième chapitre, intitulé : « La répudiation originaire », et dans le troisième : « Destins de l'autre femme ». En dépliant la question du féminin à l'origine de l'islam, en parcourant les enchaînements de sa syntaxe à un moment donné, moment désigné ici comme « Clinique des Nuits », une bascule s'opère, l'analyse pivote autour d'une articulation *princeps* avec la problématique du narcissisme masculin et la tentative de résoudre ses impasses et ses violences, ce qui me semble être l'enjeu central des élaborations de la culture monothéiste. C'est l'objet du quatrième chapitre : « De Lui à Lui ».

Que tous les aspects abordés par cette recherche ne soient pas spécifiques à l'islam, quoi de plus normal ? Les intersections entre la culture européenne et celle de l'islam sont fort nombreuses, à condition de les entendre au double sens de l'*intersectio*, c'est-à-dire à la fois la rencontre et la coupure. On tomberait dans l'essentialisme différentialiste si l'on visait seulement le spécifique, à l'inverse on en resterait à des pétitions d'un universalisme abstrait si l'universel n'était pas mis à l'épreuve des effectivités concrètes, des réverbérations de l'altérité.

Dans cette épreuve, il y va de l'intérêt pour la psychanalyse, dans la mesure où sa transmission dans le monde islamique qui commence à prendre corps sur le plan individuel, par petits groupes, et dans certains cas à travers la mise en œuvre d'institutions spécifiques [1], va rencontrer

---

1. À ce jour, deux sociétés psychanalytiques ont été fondées : La Société libanaise de psychanalyse (1980) et l'Association psychanalytique marocaine (2001).

des questions et des problèmes nouveaux, puisque ce déplacement de la psychanalyse s'effectue vers une aire différente de son foyer historique et anthropologique européen, ainsi que de ses extensions américaines.

Il y va aussi de l'intérêt des femmes et des hommes dans le monde islamique qui affrontent une mutation de la subjectivité critique pour laquelle le savoir et l'expérience de la psychanalyse vont constituer une possibilité et une chance dans l'accompagnement du long processus de formation du sujet moderne, et dans le travail de la culture (*Kulturarbeit*) [1] dont il est le corollaire.

Ce double intérêt repose, à mon sens, sur l'axiome que la traduction métapsychologique dont Freud fait l'une des tâches de la psychanalyse n'est pas une simple application de la théorie. Il la pense radicalement comme une *déconstruction*, puisqu'il use à ce sujet des termes de « *Auflösen* » : dissoudre, dénouer, défaire les conceptions mythologiques du monde, et de « *Umstezen* » : les convertir, les transposer, les déplacer [2]. Ses opérations, qui portent sur l'architecture des édifices mytho-théo-logiques, visent à comprendre de quoi sont faits leurs socles invisibles et à découvrir devant chaque formation le noyau d'*impossible* autour duquel s'est constitué par le langage son écorce imaginaire, projection de la psyché vers le monde extérieur.

Si cet essai pouvait contribuer à cette conjugaison d'intérêts, à sa tâche, à son horizon d'attente, il atteindrait son but.

---

1. Expression de Freud.
2. Tous ces termes sont extraits d'un passage de *Psychopathologie de la vie quotidienne* (1901), trad. S. Jankélévitch, Paris, Payot, 1975, p. 276.

Chapitre I

LE TOURMENT DE L'ORIGINE

1

La transgression

Il n'était pas dans mon programme ni dans celui de toute ma génération de nous intéresser à l'islam. C'est parce que l'islam a commencé à s'occuper de nous que j'ai décidé de m'occuper de lui. Cette génération qui a ouvert les yeux avec la fin du colonialisme et l'instauration de l'État national pensait alors qu'elle en avait fini avec la religion, qu'il n'en serait plus jamais question dans l'organisation de la cité. Bien qu'elle fût un élément de mobilisation dans le soulèvement contre l'occupant, nous lui attribuions la responsabilité d'avoir entraîné notre monde dans la nuit du monde pendant des siècles, d'où nous fûmes réveillés par le fracas des armées européennes d'occupation. Le cri du poète ne nous avait-il pas définitivement enseigné la cause de ces malheurs : « Ô peuple, tu n'es au fond qu'un tout petit enfant / qui joue avec du sable dans l'obscurité / une force enchaînée par les ténèbres depuis la nuit des temps. » Nous apprîmes par Chabbi (1909-1934) que cet enchaînement par les ténèbres n'était autre que celui de la religiosité, gardienne oppressante d'un destin sourd à l'appel des vivants, puisque ne connaissant que le langage des tombes. Aussi la réponse politique consistait-elle, face à la vocifération fanatique : « Éloignez donc du temple cet affreux hérétique », à éloigner le temple de nous. Très vite, au début des années soixante, Bourguiba[1] initia cette tâche :

---

1. Habib Bourguiba (1903-2000) a conduit la lutte de libération tunisienne contre le colonialisme. Devenu chef de l'État en 1956, il mit en œuvre des réformes modernes de la société, fondées sur la laïcité et

il ferma la grande université théologique de la *Zitouna*, vieille de mille trois cents ans, dispersa ses enseignants et, comble de l'humiliation, les transféra vers l'enseignement secondaire. Il entreprit, dans le même mouvement, la révolution des droits de la femme : égalité du statut juridique et politique avec l'homme, abolition de la répudiation et de la polygamie, dévoilement. Il bouleversa le droit islamique de la filiation en ouvrant la possibilité de l'adoption plénière avec modification de l'état civil de l'enfant [1]. En plein mois de ramadan, devant les caméras de télévision, il but à la santé du peuple.

On ne mesure peut-être pas suffisamment aujourd'hui l'audace d'un tel geste. Son image se propagea longtemps dans le monde arabe, encore très imprégné par la légalité religieuse. Il s'attira mille imprécations, reçut tant d'anathèmes, plus d'un imam suffoqua sur sa chaire. Le geste prit d'emblée la valeur d'une transgression radicale, de celles qui produisent une césure dans les esprits où le possible rejoint soudain l'impossible. Dès leur apparition dans les années soixante-dix, les mouvements dits « islamistes » considérèrent ce geste comme l'exemple même de l'acte impie absolu dont l'effacement justifiait leur venue. Ce n'était pas en effet l'acte de quelqu'un qui violait les prescriptions d'une religion, en outrepassant son ordre et ses interdits pour son propre compte. Il s'agissait d'une affirmation politique qui interrompait publiquement la temporalité sacrée, réglée par le rite immuable, pour déclarer le peuple affranchi de l'assujettissement théologique et proclamer l'ouverture d'un autre temps au cœur même de la fracture. Cette soif théâtralement étanchée au milieu de la

---

l'égalité des femmes et des hommes en droit. Il occupa de ce fait une position unique dans le monde arabe. Ses vues sur le plan international n'étaient pas moins avancées. En 1965, il proposa un règlement du conflit israélo-arabe prévoyant la reconnaissance d'Israël. Il se heurta à l'hostilité de la majorité des gouvernements arabes de l'époque, et plus particulièrement à Nasser.

1. Le droit islamique interdit la forme d'adoption qui modifie la filiation de l'enfant, adoption dite plénière en France, alors qu'elle était possible dans le code arabe préislamique, sans effacement de la filiation première de l'enfant. Comme nous le verrons au chapitre II, 2, « Le voile », l'enjeu n'est rien de moins que la question de l'inceste.

torpeur du jeûne était beaucoup plus parlante que tous les discours sur la liberté, que toutes les promesses de libération. Ce fut l'acte d'une *transgression* dont Georges Bataille aurait pu dire qu'elle est *souveraine*, dans la mesure où elle ne visait pas un objet particulier mais le temps où se meuvent tous les objets.

Il est clair que cette transgression avait créé un événement qui marqua toute ma génération, malgré des désaccords avec certains aspects du gouvernement de l'homme qui l'avait accomplie. Nous étions loin de comprendre ce que cette décision signifiait : la substitution à un système normatif, celui de l'islam et de son sujet, d'autres fondements et d'une nouvelle légalité. Nous ne pouvions mesurer que l'interruption d'une tradition ouvrait un temps de péril, une traversée au cours de laquelle se déchaîneraient tant de passions et de forces.

Sur le moment, cette transgression est venue attiser, chez des adolescents qui découvraient l'irrévérence du monde moderne, ce qui constitue à mon sens le désir le plus puissant que la modernité ait suscité et propagé partout : *le désir d'être un autre* soutenu par les modes d'effectivité de la technique et de ses discours. Qui était cet autre ? Le révolutionnaire de Marx, le sujet de l'inconscient de Freud, le libertin de Sade, « l'exote » de Ségalen, l'alchimiste du verbe de Rimbaud, l'universaliste, le citoyen du monde… C'était tout cela à la fois, en bribes et par impression, car nous connaissions mal les textes auxquels ces concepts et ces noms propres renvoyaient, mais leurs atomes étaient dans l'air que nous respirions.

Ce n'est que plus tard, beaucoup plus tard, que toute la portée de l'acte de Bourguiba a été saisie. Cela n'est pas venu avec la conscience du danger que représente l'extrémisme islamiste, conscience qui fut lente à se former chez tout le monde, mais lorsqu'il a fallu commencer à penser ce qui nous arrivait là, alors que de partout on appelait à combattre un phénomène en méconnaissant sa nature et ses soubassements. Je me souviens que le discours qui avait accompagné la transgression de Bourguiba ne revendiquait pas son acte au nom de la laïcité, des droits de l'homme ou des grands principes des lumières, mais au nom de l'islam même ! Il disait en substance qu'il fallait passer du temps de la guerre sainte (*Jihâd*) contre le colonialisme, qui n'était que le combat mineur, au combat majeur, celui de l'effort intérieur (*Ijtihâd*), qui suppose méditation, ressaisissement du réel, interprétation, labeur. Il voulait convaincre le peuple que le rituel du jeûne qui durait un mois s'opposait à un tel effort dans le cours temporel du monde du XXe siècle. En ajoutant deux lettres au même terme (*j.h.d*), l'opération avait donc consisté, non pas en une légitimation de la rupture par une référence explicite aux valeurs occidentales, mais dans la création d'une contradiction interne qui oppose *l'islam à l'islam,* ou, si l'on veut, un certain islam dont le sens est clos, qui n'a plus d'horizon, puisque l'absence d'horizon est l'attribution aux hommes d'un sens fini, à un autre islam où rien n'est achevé dans la mesure où il réclame l'effort intérieur interminable, impliquant la pensée tournée vers l'inconnu. C'est ainsi qu'en réfléchissant au début des années quatre-vingt à ma propre tâche intellectuelle dans une situation historique critique, marquée par le déferlement fanatique et la résonance étendue que ses thèmes provoquaient, il m'a semblé qu'elle devait s'engager résolument dans une pensée de l'écart entre *un islam fini et un islam infini.*

Il ne fait pas de doute que l'homme politique qui a entrepris cette subversion interne était inspiré par les principes de la conquête européenne des libertés et avait en vue l'expérience de leur mise en œuvre au début du siècle dans la Turquie kémaliste. Formé à l'université française, il connaissait bien le langage de la conscience universaliste, mais en homme du peuple, ayant appris l'intelligence politique des situations, il éprouva la nécessité d'en passer par sa langue et ses référents symboliques. C'est pourquoi il inscrivit sa transgression dans une démarche de *traduction* plutôt que d'injection massive du discours européen. À travers un jeu de lettres, il convoqua tout un pan de l'histoire éclairée de l'islam pour ouvrir un devenir pensable, articulé dans un langage parlant à tous, même si ici et là on lui opposa de la résistance.

Plus tard, cette tâche de *traduction* transhistorique et transculturelle, condition indispensable d'une politique de la modernité, et nécessité pour « la continuité de la vie psychique des générations successives », selon l'expression de Freud [1], va s'amenuiser sous le double poids de la rapidité d'extension de la technique et des mécanismes de « dépropriation » du capitalisme mondial. Tout se passe alors comme si les peuples émergeant aux temps modernes ne pouvaient plus vivre leur expérience présente à travers un langage accessible, n'avaient plus de capacité de liaisons signifiantes par leurs idiomes, mais devaient subir les transformations physiques de leur monde et le harcèlement du discours dit « occidental » sans truchement. De l'intérieur comme de l'extérieur, on a vu se lever une classe de redoutables « experts » qui prétendaient dans tous les domaines savoir opérer directement sur le réel, à travers des litanies collectivistes ou libérales, qui donnaient des leçons, ordonnaient, démantelaient. Le prosaïsme de leur jargon qui se réclamait de la science et de l'universel affirmait détenir une vérité intangible donnant accès immédiat aux lendemains radieux. Sous le nom de « développement », le passage au moderne fut une errance sous l'impensable.

Lorsque cette entreprise de liquidation massive de la parole et du sens politique fut menée pendant deux décennies, elle produisit un état d'hébétude généralisée. Tous les mensonges devenaient possibles. Le terrain était prêt pour l'expression islamiste et ses représentations extrêmes. Venus avec un langage de prédication proche du corps et des soucis de l'existence, ils dressèrent un islam monolithique qui ne souffre pas la contradiction interne, polarisèrent l'opposition entre Islam et Occident, et proclamèrent le projet d'une restitution du propre (au double sens de l'exclusif et de l'immaculé) à travers un autre genre d'immédiateté, celle de l'accès à *la plénitude originaire du politique*. C'est la promesse du retour à l'âge d'or de la fondation islamique où le commencement et le commandement étaient réunis en un même principe, entre les mains du *prophète-fondateur-législateur,* puis de ses quatre successeurs ; temps supposé d'une justice idéale sur terre, avant la chute dans la division et la sédition interne

---

1. Sigmund Freud, *Totem et Tabou* (1912-1913), trad. M. Weber, Paris, Gallimard, 1993, p. 314.

(*fitna*) que connaîtra par la suite la communauté [1]. L'une des causes de l'extrémisme islamiste se déclare par l'émergence d'une catastrophe au sein du langage : celui-ci ne parvient plus à traduire pour le peuple une expérience historique particulièrement intense, celle de l'époque moderne où il ne s'agit pas seulement de la transformation scientifique et industrielle du monde, mais de la conjonction entre cette puissance de transformation furieuse et le désir d'être un autre. Or, l'extrémisme « islamiste » est mû par une impulsion qui n'est que l'image inversée du désir d'être un autre : *le désespoir où l'on veut être Soi,* d'après la formule de Kierkegaard [2]. Mais qui est *Soi* ? Son identité est définie par son origine et son origine se tient dans une quadrature de traits uniques : *une* religion (l'islam), *une* langue (l'Arabe), *un* texte (Le Coran), auxquels est venu souvent s'ajouter *le national* ici et là.

Du désir d'être un autre, au désespoir où l'on veut être soi, c'est ainsi que l'époque a basculé, en nous enfermant dans une confrontation dont les termes figurent chacun l'impossible.

---

1. Après la mort du prophète en 632, la communauté islamique a connu, parallèlement à une grande expansion, la guerre civile. Voir à ce sujet : Hichem Djaït, *La Grande Discorde*, Paris, Gallimard, 1989.
2. Søren Kierkegaard, *La Maladie à la mort*, trad. P.-H. Tisseau, Paris, Robert Laffont, 1984, p. 1207.

2

Retour et détours

Islam et islams

La conscience du fait « islamiste » fut très lente. Il a fallu beaucoup de temps pour revenir de la croyance en un devenir linéaire de progrès, admettre qu'il ne s'agissait pas d'un phénomène passager, et commencer à appréhender ce qui arrivait. Gardons à l'esprit l'étendue humaine concernée par les événements. Derrière les mots d'« islam » ou d'« islamisme », il y a une réalité multiforme d'un milliard d'hommes répartis entre plusieurs continents, à travers des sociétés très différentes, dans des aires culturelles hétérogènes, parfois sans communication entre elles. En ce sens, on a pu parler d'*islams* derrière l'Islam, tant la diversité des langues, des traditions, des histoires avaient créé des spécificités régionales et locales importantes. Que ce soit en Asie avec ses composantes indienne, pakistanaise, afghane et indonésienne, ou en Afrique avec le Maghreb au nord et le continent noir au sud du Sahara, que ce soit encore en Europe avec la Turquie, ses extensions slaves et les peuples de l'ex-URSS, ou bien au Moyen-Orient avec l'aire iranienne et le monde arabe – lequel ne constitue donc qu'une partie minoritaire dans ce vaste ensemble –, partout l'islam s'est greffé sur des cultures existantes qu'il n'a pas cherché à effacer mais auxquelles il a tenté plutôt de s'acclimater, en se laissant transformer par elles, exception faite d'un noyau théologique et juridique invariant.

Et cependant, malgré cette diversité et l'immensité de l'espace géopolitique et culturel concerné, partout apparaîtra cette poussée qui sortira de ses gonds une partie importante de la tradition et de ses adeptes conservateurs, pour jeter nombre d'entre eux vers ce que l'on a désigné par des vocables différents : l'« islamisme », les « mouvements islamistes », le « fondamentalisme », le « radicalisme islamique », ou bien encore l'« intégrisme ». La prolifération des dénominations dans ce contexte, sous l'effet d'une nouvelle sociologie politique de l'islam souvent pressée d'accompagner superficiellement l'actualité, n'a pas contribué à la clarification de la situation, mais elle a au contraire renforcé ce que j'appellerai *la résistance à l'intelligibilité de l'islam*. Celle-ci provient d'une vieille force de répulsion dans l'histoire de l'Europe occidentale contre laquelle le savoir des islamologues, malgré son accumulation, s'avère inopérant. L'obscurcissement s'est même amplifié au cours de la dernière période, en trouvant de nouveaux motifs dans l'actualité tourmentée. Les psychanalystes ne sont pas moins épargnés sur ce plan, Freud le premier en son temps, comme on le verra.

On ne vient pas à bout d'une telle résistance à l'intelligibilité en fixant arbitrairement le sens de termes qui se sont nourris d'un usage déréglé où s'amalgament plusieurs dimensions. Ce trouble de la nomination, avec la confusion dans la pensée qu'il implique, est un symptôme trop sérieux des bouleversements internes à l'islam et de la crise chronique de ses rapports avec ce qu'on appelle l'« Occident » pour le liquider simplement comme une mauvaise manière ou un abus de langage. On aimerait s'orienter progressivement dans ce chapitre en considérant l'obstacle dans sa portée signifiante. Il nous suffit pour le moment de rappeler les quatre aspects qu'il est nécessaire de distinguer lorsque l'on rencontre le signifiant « islam » : 1) La religion musulmane en tant que foi, dogme, rite ; elle s'ancre sur le phénomène de la révélation du texte coranique et sur la tradition du prophète dans sa conduite et ses paroles. 2) Les musulmans dans leur diversité, en considérant leurs modes de vie, leurs cultures, leurs différences de sensibilité et d'opinion. À ces éléments fondamentaux, il faut ajouter deux forces qui entrent particulièrement en jeu dans le trouble actuel. 3) Le courant fondamentaliste qui a existé de tout temps et qui prône la stricte application des prescriptions islamiques en référence au message originel. C'est l'islam conservateur et rigoureux qui se veut intemporel, qui refuse la littérature, la musique, la poésie, qui ne cherche pas à s'emparer de l'appareil étatique mais prône au contraire la distance, voire la séparation avec lui. 4) Les mouvements d'action politique qui veulent s'accaparer l'État, considérant que l'islam n'est pas seulement une religion mais qu'elle est aussi une idéologie et un système de gouvernement. Leur projet vise l'islamisation totale de la société et la création d'un État islamique. Ce sont ces mouvements, plus ou moins radicaux, plus ou moins violents, qui se sont imposés sur la scène publique au cours des années soixante-dix. Évidemment, d'autres forces existent comme les traditionalistes, les réformistes, les laïques, etc., mais aucune d'entre elles n'a porté le désespoir des masses autant que les militants politiques islamistes.

Que des interférences entre ces quatre aspects existent, c'est un fait qui doit être analysé chaque fois avec beaucoup de précaution. Mais on ne peut fondre dans la même notion d'*islamisme* ces différents éléments sans perdre la capacité de discernement. C'est bien parce que les musulmans, du moins dans la plupart des pays, n'ont pas confondu l'institution religieuse de l'islam d'une part, sa réalité humaine hétérogène d'autre part, le fondamentalisme d'un côté et la militance politique de l'autre, que le désespoir et la terreur n'ont pas tout emporté dans leur déchaînement.

Certes, tous les pays n'ont pas connu les transformations et les mises en scène de Bourguiba, loin de là. De même, la virulence et l'étendue du phénomène varient selon le contexte, en fonction de l'ampleur des violences économiques et politiques, des réformes sociales, de la *force plastique* de chaque peuple, selon l'expression de Nietzsche. Mais si la même protestation a surgi dans l'ensemble musulman, c'est bien que partout un même ébranlement parcourut le même socle.

Lorsqu'on assiste à la furieuse dislocation d'un monde que l'on a vu éclairé par la promesse de la liberté, quand chaque jour apporte un tourbillon de vociférations et de violences au nom d'une foi, lorsque l'on voit des femmes et des hommes qui étaient sans tourment éclater en imprécations où s'exprime un sentiment écrasant de culpabilité et de crainte vis-à-vis de leur Dieu, comme s'ils étaient chargés de crimes de sang, l'idée s'impose que quelque chose de vital a été touché, au point d'engendrer ce *désespoir politique* que l'on verra ensuite se déverser en hurlements de masse ou s'étancher dans les exactions et les meurtres. Comment peut-on penser cet ébranlement et ses effets dévastateurs ?

L'intérêt pour la psychanalyse

Pris dans le tourbillon d'événements qui ont apporté leur lot de drames et de désillusions, mon intérêt pour la psychanalyse s'est transformé de fond en comble. D'une aventure personnelle, d'une recherche limitée à « la psychologie individuelle », je suis passé à une perspective plus vaste : j'ai été amené à inscrire ma réflexion dans une dimension politique, au sens fondamental du concept, et à entrer dans un rapport étroit et continu avec les textes de Freud sur la culture et son malaise, sur la psychologie collective, sur la religion et les origines de la société. L'actualité permanente de l'islam sollicitait sans cesse un effort d'analyse et d'interprétation dans ce sens, face à un harcèlement inouï d'événements. Que l'on se rappelle les crises majeures vécues au cours des dix dernières années : l'affaire Rushdie, la guerre du Golfe, la Bosnie, l'Algérie, le conflit israélo-palestinien chronique et convulsif, toute cette logique d'intimidation et de terreur que le fanatisme a fait régner, comme l'affaire du voile, les fatwas, le meurtre des intellectuels, les massacres de populations civiles.

Cette actualité de l'islam m'imposait, mais je dois dire également *nous* imposait – avec les membres de la rédaction des *Cahiers Intersignes* [1] – une expérience inédite de

---

1. En créant en 1990 les *Cahiers Intersignes* comme espace de pensée entre l'Europe et l'islam, vectorisé par la psychanalyse, je ne pensais pas que ce projet allait rencontrer une telle actualité. Ce fut, avec quelques psychanalystes et écrivains, dont certains appartenaient déjà au *Groupe de Recherches maghrébines de l'université Paris VII* (créé en 1978), notre école de pensée. Ont fait partie de l'un de ces

l'inconscient et du politique, en un temps de transformation accélérée du monde, dans un entre-deux civilisations où chacune dans son propre cours se heurtait à l'autre réellement et imaginairement, sur un fond de contentieux historique réactualisé par des rapports d'interdépendance dont les logiques et les foyers étaient multiples. C'est peu dire que cette situation créait sans cesse des contradictions et des paradoxes en chaîne, nous obligeant à des déplacements et des renversements continuels de position, à envisager des points de vue multiples pour aboutir parfois à l'*indécidable* qui est peut-être la tentation – malheur ou lucidité – de l'être psychique à l'époque de la mondialité.

Simultanément, je me rendais à l'évidence dans le champ de la clinique et dans la vie quotidienne que, pour des sujets élevés dans la tradition de l'islam, on ne pouvait éluder la référence islamique dans l'approche de l'inconscient, et encore moins avec l'actualisation angoissante que produisaient l'activisme fondamentaliste et le militantisme politique. Cela ne signifie pas qu'il eut la moindre complicité avec le culturalisme dont j'avais déjà fait la critique et relevé les impasses. Je m'apercevais simplement que, pour le plus grand nombre, l'islam était toujours en effet et en cause dans les structures subjectives et transindividuelles. La distance politique par rapport à la religion était inconsistante, voire illusoire, parce que dépourvue de l'œuvre de séparation qui aurait ouvert des possibilités de dégagement, et sans doute aussi des refoulements, comme cela a pu se faire sur plusieurs siècles en Europe. Au mieux, c'était une démarcation qui ne faisait pas un nouveau marquage. La *révolution de l'interprète moderne*, selon l'expression de Pierre Legendre, n'avait pas eu lieu. La religion ne faisait pas retour car elle ne s'était jamais éloignée. Pis encore, tel un dormeur artificiellement mis en sommeil, l'islam se réveillait en sursaut et dévisageait le monde dans un état somnambulique.

En fait, pendant qu'une élite se croyait en plein accès à la modernité, qu'elle décalquait des plans sur les libres

---

lieux ou des deux d'une manière régulière, notamment : Zhor Benchemsi, Olivier Douville, Khélifa Harzallah, Jean-Michel Hirt, Abdelwahab Meddeb, Michel Museli, Okba Natahi, Nadia Tazi.

pensées, les minarets poussaient et leur ombre s'étendait. La modernisation n'était qu'une *imitation* (imitation et non *mimésis*) du moderne à travers laquelle fut construit un décor en trompe-l'œil.

Ce constat cruel et suffocant, dont on verra comment il faut en affiner le diagnostic, ne s'est formé que cinq ans avant l'affaire Rushdie (1989), qui est sans doute l'un des événements les plus symptomatiques de cette situation et de ses enjeux les plus graves. Aussitôt s'est imposée la nécessité de tirer les conséquences de cette sorte de dégrisement : conséquences théoriques et pratiques, politiques et psychanalytiques quant à l'engagement d'un projet intellectuel dont le cheminement aboutit à une recherche sur la *question des origines en islam* où la psychanalyse était mise à l'épreuve d'un transport, sur le plan clinique et théorique, vers un autre lieu que celui de sa culture d'émergence.

Transport de la psychanalyse, transport avec la psychanalyse, me voici revenant sur le lieu mythique des origines, alors que, par mon déplacement géographique et culturel vers l'Europe, j'avais cru m'en éloigner, attiré par le désir d'un autre savoir ! Suis-je jamais revenu de ce tour de l'histoire ? De mon étonnement devant ce qui fait retour, de ce à quoi je faisais ainsi retour ? Retour sans retour en vérité, puisque l'islam que je vais explorer ne sera plus jamais l'islam que j'ai reçu en héritage, mais un islam interprété à partir de la problématique de l'inconscient. La manifestation qui en a marqué l'apparition sur la scène publique a été le colloque organisé au Collège international de philosophie, en mai 1987, sous le titre : « La psychanalyse aux abords de l'islam [1] ».

---

[1]. Ce colloque a eu lieu les 15 et 16 mai 1987 sur le site de la montagne Sainte-Geneviève, organisé avec l'écrivain Abdelkébir Khatibi dans le cadre d'une direction de programme intitulée « Raison et déraison en islam », entre 1986 et 1989. Les actes de cette rencontre ont été publiés dans le premier numéro des *Cahiers Intersignes* en 1990, à Paris.

Le tourment de l'origine

Pourquoi ce transfert vers l'origine, qui est sans doute aussi un transfert de l'origine ? Passons rapidement sur les motifs d'implication personnelle, qu'il me suffit d'indiquer en disant qu'un sujet ne peut se détourner de l'ordre de la « vérité historique » (c'est ainsi que Freud désignait la « teneur de vérité » qui est dans la religion) qui a déterminé son enfance, sans qu'elle le rattrape d'une manière ou d'une autre. Tout l'enjeu sera alors de transformer cette vérité de l'origine en provenances. Autrement dit, de l'accueillir et de reconnaître sa genèse imaginaire et symbolique pour pouvoir penser le champ des effectivités qu'elle trace.

Dès que je commençai à prêter attention au discours des courants islamistes, je m'aperçus que la question des origines était leur hantise et leur passion, et qu'ils parvenaient progressivement à coller les masses à elle, à travers une promesse qui n'ouvrait pas d'horizon d'attente mais portait à une régression vers l'initial où le temps ne serait qu'une répétition à l'identique de ce qui a déjà eu lieu à l'époque de la fondation islamique.

Cette tentative de *coller les masses à l'originaire* avait un effet de sidération et d'incrédulité chez certains, mais produisait un état hypnotique qui subjuguait beaucoup de gens du peuple et des classes moyennes. Elle autorisait une disposition infantile de la mémoire, un anachronisme où l'archaïque et l'idéal occupaient tapageusement la scène publique. Les manifestations de l'abject se multipliaient partout, à même les corps, dans l'habillement, dans la façon d'être et de se tenir ensemble, comme si la moisissure était garante de l'authenticité. Le langage devenait le ressassement d'un bric-à-brac ancestral. Pour certains, il était même injuste qu'ils soient nés à cette époque. On les vit adopter ce qu'ils supposaient être les paroles, les gestes, les attitudes des gens de l'« aube de l'islam ». L'actualité était sans cesse rapprochée des événements premiers et perçue tel un palimpseste de l'antérieur, qui, en remontant à la surface du temps vécu, engloutissait le présent.

Il arrive que l'on soit pris d'un fou rire devant le ridicule de ces « réal-remake », mais le caractère funeste de cette passion de l'origine se rappelle très vite à l'observateur, parce qu'elle charrie avec elle des sentiments d'injustice, d'humiliation, de haine, une houle de ressentiments alors croissants. Vouloir à ce point rejoindre l'origine n'allait pas sans une volonté de vengeance effrayante des temps présents. La misère sociale et psychique était rapportée à une défection à l'égard de l'origine qui se trouvait en souffrance d'avoir été coupée du cours auquel elle avait donné lieu. On essayait donc de persuader les gens que, séparés de la source, ils participaient à son tarissement, et que leurs malheurs du moment n'étaient que le juste châtiment du crime d'éloignement des commencements. Aussi leur être ne trouverait-il sa raison que dans la *réappropriation du propre* de ce qu'ils étaient. Cette conjonction entre l'immaculé et l'exclusif, entre la propriété et la propreté, entre l'appartenance et la pureté que la notion de *propre* recèle en français est significative du salut que cette idéologie promettait, et par conséquent du péril qu'elle veut conjurer.

Que signifie ce *désir politique de l'origine* et la terreur qui l'accompagne ? Qu'est-ce que ce retournement vers des scènes originaires et la lutte à mort qui s'engage autour d'elles et en leur nom ? Comment interpréter ce désir d'exil du présent, ce futur réduit à un passé fini à partir duquel ne peut se dire que le même, de sorte que l'actuel n'est plus que l'ombre de ce qui a déjà eu lieu ? Cette rétraction du devenir n'est-elle pas le degré zéro du messianisme, son envers ou peut-être l'effondrement de sa perspective, ce que la religion a toujours essayé de maintenir ?

J'ai pensé, alors, que la position psychanalytique que j'essayais de soutenir ne pouvait avoir de sens dans cette situation critique qu'à se porter vers ce *tourment de l'origine* [1] dans lequel nous étions entrés, et ne cessons

---

1. Cette expression m'a été inspirée par un texte de Jacques Derrida : « Qual, quelle, les sources de Valérie », *Marges de la philosophie*, Paris, Minuit, 1972. Ces deux termes qui signifient en allemand le « tourment » (« *qual* ») et l'« origine » (« *quelle* ») sont extraits d'une citation de Hegel qui affirme que la conscience propre de Soi se constitue comme séparation de la source. Nous y reviendrons.

d'être aujourd'hui encore. Il s'agissait, bien sûr, d'approcher cette situation comme l'expression symptomatique d'un trouble qu'il faut tenter d'identifier, mais il en allait aussi d'un enjeu de survie devant la menace d'anéantissement du langage et de la civilisation que ce collage à l'originaire répandait autour de lui.

L'enlèvement à l'origine de Freud

Dans cette conjoncture, *L'Homme Moïse et la religion monothéiste* de Freud, écrit à une époque qui sourdait d'un grave péril (1939), a pris un relief particulier dans ma réflexion. Il ne s'agit pas de comparer le déferlement de l'« islamisme » à celui du national-socialisme, comme cela a été fait à la légère ces dernières années. Ces analogies ne servent pas la pensée et reproduisent le travers de ceux qui veulent vivre le présent dans une « fidélité iconique » au passé, selon l'expression de Nietzsche [1]. C'est bien plutôt la façon dont Freud s'est colleté le *démon de l'origine* qui me paraissait digne d'intérêt.

On se souvient du tremblant incipit de ce livre : « *Enlever à un peuple l'homme qu'il honore comme le plus grand de ses fils* […]. » En effectuant cet enlèvement à l'origine, en essayant de montrer que Moïse était étranger au peuple hébreu, Freud a légué dans son dernier ouvrage une construction qui oppose à l'autofondation du *propre*, à sa clôture, l'hospitalité originaire du « grand étranger » (ainsi qu'il surnommait Moïse) comme condition de la civilisation. Toute religion, toute culture, toute communauté de mémoire ou de langue ne peut être Soi à son commencement, ne peut venir à Soi avant d'avoir fait l'épreuve de l'Autre et de l'Étranger. C'est pourquoi le propre de Soi est une résultante dont la condition est une impropriété originelle.

Freud déconstruisait ainsi en 1939, dans la période la plus sombre de l'idéologie de l'origine et de la pureté en

---

1. Friedrich Nietzsche, « De l'utilité et des inconvénients de l'histoire pour la vie » (1874), *Considérations inactuelles I et II*, trad. P. Rusch, Paris, Gallimard, 1990, p. 106-107.

Europe, l'*unicité* originaire, pour proposer une écriture multiple et répétée de l'origine, toujours hétérogène et extérieure à la totalité que l'on veut imposer en son nom. Sa disparité, nous dit-il, est temporelle, géographique, matérielle et langagière ; jusqu'au fondateur lui-même qui n'échappe pas au caractère composite de son identité puisque, selon Freud, il y aurait au moins deux Moïse ! C'est l'idée d'une *origine infinie* qui semble à même d'exprimer le geste déconstructif de *L'Homme Moïse*, une origine infinie qui est *infinition* de l'origine.

Ce geste, le plus radical dans la culture du monothéisme quant à l'« idéal ethnique » (l'expression est de Freud), vient d'un homme qui, au moment même où il est menacé à cause de ses origines, choisit de *tracer-ouvrir* ce que Pierre Fédida a appelé le « point de fuite de l'origine ». Dans ce livre intitulé *Le Site de l'étranger*[1], l'auteur voit dans *Le Moïse* le moment culminant du dégagement du père, pensé comme renoncement, retrait, silence du neutre qui donne au langage son site (*point de fuite de l'origine*) menacé par « le retour monstrueux de la masse ». C'est en méditant ce geste de Freud dans *Le Moïse* que j'ai tenté une première approche de la question des origines en islam.

L'ouvert à l'origine

Le but de ce premier essai[2] était en effet, face à la représentation de la plénitude originaire que l'extrémisme commençait à diffuser, de revenir sur les traces de l'expérience du fondateur, et de montrer à quel point elle fut une traversée périlleuse. La réinvention d'un autre monothéisme n'était pas un acte de suffisance, elle ne relevait pas de la logique de l'assurance narcissique et de l'autoconception du sujet prophétique, mais d'une épreuve d'angoisse, d'incertitude et d'exposition à l'effacement où rien n'a failli avoir lieu. La différence (l'un des Noms du Coran) au

1. Pierre Fédida, *Le Site de l'étranger*, Paris, PUF, 1995.
2. Fethi Benslama, *La Nuit brisée* (Muhammad et l'énonciation islamique), Paris, Ramsay, 1988.

regard des autres monothéismes ne s'écrivait pas en lettres indélébiles sur des tables cristallines, mais passait par l'épreuve préalable du retrait et de l'agonie du Soi transi par un espacement où le lieu a eu lieu.

Dès les premières explorations dans les récits biographiques du prophète, cette expérience paraît marquée par un *retrait* initial installant le vide dans le cœur de l'enfant Muhammad. À l'âge de quatre ans, orphelin de son père avant de l'être de sa mère, délaissé chez une nourrice, il a la vision terrifiante de trois hommes vêtus de blanc qui lui ouvrent la poitrine, lui enlèvent le cœur pour y effectuer un retrait de chair obscure, où la lettre trouvera par la suite son lieu comme *rebord* dans le corps infantile, puisque la lettre en arabe est littéralement « bord » (*harf*). C'est cette opération qui marque l'événement de l'Ouvert (*fath*) comme don du retrait. L'Ouvert est le signifiant originaire de la religion mahométane (*al-fath al-muhammady*) et de sa spiritualité. Mais il est vrai que l'institution théologique et plus encore l'extrémisme se fondent sur l'oubli de la vérité de cette expérience et sur le retournement de sa signification en « victoire », puisque le même signifiant désignera postérieurement la « conquête militaire ». C'est ainsi que le manque devient un comble.

L'opération d'ouverture se prolonge ensuite dans une succession d'épreuves où ce qui prendra statut d'*islam* n'acquiert de propre que par sa provenance de l'*Étranger* venu loger dans cette encoche du narcissisme infantile. La provenance n'est pas une réception passive, elle est l'effet d'une transposition dans la langue, puisque la révélation coranique se considère comme une réception dans l'idiome arabe du texte archi-originaire de l'Autre, appelé la *mère du livre* [1]. Si « lis » fut l'injonction inaugurale du texte islamique transmise sous la contrainte de l'ange (Gabriel), c'est parce que c'était déjà écrit, tout est déjà écrit sur *La table gardée*. L'origine ne serait alors qu'une opération de déchiffrement d'un texte ancien que le prophète aurait accueilli dans l'entame de Soi, d'où procé-

---

[1]. Ce qu'on appelle en islam « *la mère du livre* » est « La Table gardée » auprès de Dieu de toute éternité, dont les livres monothéistes ne seraient que l'émanation. Elle est en somme le matriciel du texte.

derait l'invention d'un texte à venir. Lire signifie donc porter en gestation le texte de l'Autre. C'est l'opération première de la Loi. La Loi en islam ne sauve d'aucune faute originaire, ne plie que secondairement à la raison et au droit universels ; son action préalable est d'*ouvrir* à la différence interne et au champ du possible à travers un espacement dans la chair. L'*intrus* [1] dans le cœur de l'homme est le langage. Il s'ensuit que l'homme n'est jamais tout à fait l'homme. Il est intimement étranger à son espèce [2].

La seconde dimension de l'*épreuve de l'étranger* résidait dans le rapport aux versions précédentes du monothéisme, et notamment au texte biblique où l'origine de l'islam est présagée à travers l'histoire d'Agar et d'Ismaël avant le commencement proprement islamique. Rappelons, en effet, que le livre de la Genèse met en scène le drame de la stérilité d'Abraham et de Sarah, et le recours à la servante Agar fécondée par le patriarche pour obtenir une postérité. Après la naissance miraculeuse d'Isaac, Ismaël, qui est le fils aîné d'Abraham, sera chassé avec sa mère à l'instigation de Sarah afin qu'il n'hérite pas de son père (Gn. 21, 12-14). Mais le Dieu de la Bible avait fait préalablement à Agar et à son fils la promesse d'engendrer d'eux une grande nation. Ismaël sera considéré par la tradition biblique comme l'ancêtre éponyme des douze tribus arabes de Transjordanie et du nord de l'Arabie (Gn. 12, 25). Nous étudierons au deuxième chapitre cette séquence décisive dans le récit des origines de l'islam. Car son fondateur va instaurer le monothéisme arabe qu'est l'islam à ses commencements comme une articulation généalogique à Abraham par Ismaël, et comme émanation d'une filiation

1. Ce mot ne peut plus être écrit sans avoir en vue un texte philosophique récent de Jean-Luc Nancy sur la greffe d'organe que réalise la technique médicale : *L'Intrus*, Paris, Galilée, 2000.
2. C'est pourquoi, fondamentalement, on pourrait dire qu'il n'y a pas d'humanisme en islam, si l'on entend par là la philosophie qui pose que l'homme trouve son essence dans son humanité et l'invite à être en adéquation avec elle. *L'homme comme mesure de l'homme*, formule que Nietzsche raillait, relève de la présomption œdipienne qui ne peut que finir dans l'aveuglement.

monothéiste première par le fils aîné, déjà annoncée dans les feuilles du Père (*çuhuf ibrâhim*). L'islam était en somme une promesse biblique. Son fondateur la lit, en rappelle la mémoire et la fait tenir.

De fait, le concept d'*origine* en islam se trouve scindé entre l'*entame* et le *commencement*. L'entame précède le commencement, elle est toujours une ouverture et un tracé dans la mémoire de l'Autre et peut donc demeurer longtemps en attente d'un début de lecture. En ce sens, il n'y a jamais de commencement. Quand le coup d'envoi est donné, l'*entame* ne se réduit pas pour autant, elle continue à travailler l'histoire d'une manière inconsciente, par-delà le commencement qui en procède et qui l'enveloppe.

Cette plongée dans la langue et les textes anciens de l'islam m'a donné l'occasion de connaître de près une histoire religieuse qui ne m'a pas été transmise selon les voies traditionnelles par la génération précédente, ou bien l'a été d'une manière spiritualisée et laïcisée, c'est-à-dire lacunaire théologiquement. C'est donc à partir d'une rupture que j'accédais par mes propres moyens à la découverte du langage qui sous-tend l'ordre du discours islamique et son institution. Il est vrai, comme le soulignait Freud, que l'origine d'une religion « possède en soi quelque chose de grandiose [1] », d'autant que, dans le cas de l'islam, son émergence (VIᵉ siècle) se forme *sous l'œil de l'histoire* selon l'expression d'Ernest Renan, tant l'archive est abondante. Le fait de travailler à partir d'une discontinuité dans la transmission confère une liberté dans l'interprétation de ces matériaux et une distance vis-à-vis de toute une région sensible du refoulement, auquel l'héritage en continuité plie davantage le sujet. Là réside une césure aux conséquences considérables qui peut se transformer en une ligne de fracture violente avec la tradition sur le plan subjectif et politique.

1. *L'Homme Moïse, op. cit.*, p. 231-232.

Les Versets sataniques

Cette ligne ne passe pas seulement entre tolérants et fanatiques, entre rationalistes et croyants, entre la logique de la science et celle de la foi, mais entre une position qui pense trouver *une vérité* de l'origine dans les textes de la tradition – et cela peut se faire par des procédures rationnelles, armées d'un bon discours de la méthode historienne – et une autre position qui considère ces mêmes textes comme *une fiction* ou comme une fable. L'opposition se durcit ici dès lors que le fictif est appréhendé comme ce qui n'est pas vrai, comme ce qui n'est pas réel, donc n'a pas d'être, ou *n'est pas*. D'un côté, on affirme trouver dans les énoncés sur l'origine une parole transparente à ce qu'elle signifie : la vérité, l'être, l'absolu. De l'autre côté, on la soupçonne de relever de la fausse monnaie, en rappelant que la vérité de l'événement est toujours compromise par le passage nécessaire dans un texte, dans un travail d'écriture et d'auteur, et que, même si l'événement est vrai, son exposition par le langage l'entraîne dans le fictif, c'est-à-dire dans ce que nous appelons aujourd'hui du nom de *littérature*.

Ce conflit, notons-le, est présent dans le texte coranique dès ses débuts, quand la parole de Dieu se défend d'avoir un quelconque rapport avec celle des poètes qualifiés de menteurs divagants, qui entraînent les hommes dans l'errance [1]. Autrement dit, dès le commencement islamique, la différence entre *divin-vrai/poétique-mensonger* inquiète la parole coranique et travaille son discours de la loi. Au VIᵉ siècle, nous ne sommes plus au temps de l'écrit biblique comme réceptacle véridique du logos divin sur l'origine et le destin du monde. Entre-temps, la bibliothèque monothéiste s'est beaucoup enrichie, et ses écritures ont retenti de maintes controverses. Aussi l'énonciation coranique comporte-t-elle d'emblée une guerre interne

---

1. Par exemple S. XXVI, 224-226 : « De même les poètes sont suivis par les errants. Ne vois-tu point qu'en chaque vallée ils divaguent et disent ce qu'ils ne font point. » Dans le passage suivant, l'accusation à l'égard du prophète est clairement exprimée : « Et [les infidèles] ont dit au contraire : "Amas de rêves, il l'a forgé, c'est un poète" […] », S. XXI, 5.

au texte, un conflit violent entre parole de vérité et dire de fiction, dont l'épisode des *Versets sataniques* est la manifestation la plus extrême.

Cet épisode est connu en islam et commenté par de nombreuses sources scripturaires [1], mais il demeurait refoulé chez le croyant ordinaire. De quoi s'agit-il ? Au milieu de la révélation d'une sourate affirmant l'unicité absolue de Dieu, Satan aurait emprunté l'identité de l'ange de la révélation, l'archange Gabriel, pour faire l'éloge de déesses féminines du panthéon arabe préislamique. Le prophète énonce donc que l'UN partagerait son royaume avec l'intercession de quelques-UNES ! Certes, cet incident survient au moment où le prophète est à la recherche d'un arrangement politique avec ses adversaires polythéistes adorateurs de ces déesses. Satan aurait donc profité de la tentation du compromis pour fausser la parole vraie, sans que le prophète s'en aperçoive sur le moment. Quoiqu'il soit rapidement revenu sur cette bévue, il n'en demeure pas moins que le mensonge a pu se manifester comme une parole de vérité, ne serait-ce que pour un court laps de temps.

La croyance dans l'origine n'existerait pas si son récit n'était crédité d'une vérité fondatrice, laquelle est dans un rapport d'adéquation entre *être et parole*. Sans dévoilement originaire de la vérité, il n'y a plus de transcendance, plus d'institution de l'origine, tout devient fable, simulacre ou délire. Or, c'est sur cette ligne de fracture entre *vérité et fiction* que s'ouvre l'affaire Rushdie. Et la terreur qui accompagne tout intellectuel du monde musulman qui touche au matériau de l'origine, les violences réelles qui ont eu lieu n'auraient aucune raison d'être si notre époque n'était l'exposition tragique à la défaite de cette division.

Quand l'affaire Rushdie éclata, la défense de l'auteur et les querelles secondaires avaient fait oublier la lecture de l'œuvre : *Les Versets sataniques* [2]. Or ceux-ci étaient la

---

1. Tabarî, *At-târîkh* (Xe siècle), trad. H. Zotenberg sous le titre : *Mohamed sceau des prophètes*, Paris, Sindbad, 1980.
2. Salman Rushdie, *Les Versets sataniques*, Paris, Christian Bourgois éditeur, 1989.

réalisation sur le plan littéraire d'un retour à l'origine, afin de pulvériser sa vérité théologique et de la réduire à des matériaux composites que l'on peut assembler à sa guise, comme dans les jeux d'éléments mobiles qu'affectionnent les enfants. L'auteur prend appui sur l'épisode des *Versets sataniques,* où le dire mensonger a pris momentanément l'apparence de la vérité, pour proposer une suite à cette usurpation : et si Satan avait continué à dicter la révélation sans que l'on s'en aperçoive, et si la vérité n'était qu'un mensonge travesti, et si tout n'était que fiction ? La conjecture de ce roman part donc de cette supposition dérobée que la vérité de l'origine a pu être infiltrée par les susurrations du mal et devenir une histoire d'errance, de confusion, un mélange inextricable de vrai et de faux, de réel et de fictif.

Le roman débute par la chute des deux principaux personnages, musulmans d'origine indienne, d'un avion qui explose au-dessus de Londres. On peut dire que cette chute entraînera dans son sillage tout le récit des origines de l'islam en une histoire de rire, de jeu, de travestissement des hommes et des événements du commencement islamique, lesquels restent toutefois reconnaissables pour toute personne élevée dans la tradition. Tout tombe : les hommes, leur identité, leur parole originaire, leur sainteté dans l'exil et l'égarement infinis. Une lecture attentive de ce roman [1] montre qu'il s'agit d'une mise en pièce du *corps textuel du Père* dans la tradition, effectuée avec préméditation, avec le dessein manifeste de confronter les islamistes à l'inanité de leur retour. Là où il y avait vérité, sainteté et salut originaires, il n'y a plus qu'un éclat de rire, un jeu enfantin aux mains d'une imagination sans foi ni destination. J'ai proposé d'appeler « exil vertical » cette chute du mythe du père, coextensif à l'entrée dans le monde moderne, qui aboutit à la dispersion de l'unité de son récit dans la littérature, laquelle n'est en un sens que le mode de vie en diaspora de son signifiant, issu de l'origine pulvérisée.

---

1. Je me permets de renvoyer à l'essai que j'ai consacré à ce sujet : *Une fiction troublante*, Éditions de l'Aube, 1994.

On connaît la suite : l'accusation de blasphème, la condamnation à mort, les manifestations et les violences partout dans le monde musulman. À cela, l'auteur répondait qu'il n'y a de blasphème que là où il y a croyance ; or, bien que né dans un milieu musulman, il avait le droit de penser que ce récit n'a pas valeur de vérité et de proposer à tous, au nom de la littérature, un nouveau pacte dont voici les termes : « Peut-être seront-ils [les musulmans] aussi d'accord pour reconnaître que le tapage fait autour des *Versets sataniques* n'avait au fond qu'un but : savoir qui devrait détenir le pouvoir sur le grand récit, l'Histoire de l'Islam, et que ce pouvoir doit appartenir en part égale à tout le monde. Que, même si mon roman n'en avait pas la compétence, il représentait une tentative, qui n'était pas moins importante, de raconter à nouveau l'Histoire. Que, si j'ai échoué, d'autres devront réussir, parce que ceux qui n'ont pas le pouvoir de raconter à nouveau cette Histoire qui domine leur vie, de la penser, de la déconstruire, d'en plaisanter, et de la changer au fur et à mesure que les temps changent, sont véritablement impuissants, parce qu'ils ne peuvent penser de manière nouvelle [1]. »

Ce que Salman Rushdie préconise, c'est la littérature comme action de justice à l'égard de l'origine, afin qu'elle cesse d'être le domaine réservé d'une autorité exclusive. Son récit ne doit plus rester consigné dans une archive commune et intouchable, ou touchable seulement par qui de droit. La phrase : « [...] ce pouvoir doit appartenir en part égale à tout le monde » indique clairement la nature du pacte proposé, celui d'un jeu de libre usage [« déconstruire », « plaisanter », « changer »] à travers lequel chacun y va de sa partition. L'arche où se conserve la mémoire du commencement passe donc de la juridiction du droit divin à celle du droit commun des sujets. Sa vérité devient proprement subjective. Quelque chose comme un droit à la littérature se constitue dans ce franchissement.

Au cours de ces années de tumulte autour des *Versets sataniques* et de son auteur, il m'a semblé qu'un tel franchissement avait mobilisé d'une manière intense la figure d'Œdipe et réactualisé ses enjeux tragiques quant à la

---

[1]. Salman Rushdie, « Mille jours en ballon », *Libération*, 13/2/92.

question du sujet et de la vérité face à la puissance du religieux. À l'arrachement devant la sphinge de la possibilité de répondre à l'énigme du destin par soi-même correspond, dans le cas de Salman Rushdie, l'enlèvement de l'origine à la pieuse garde de la tradition. À la position autoréflexive œdipienne qui consiste dans le geste de se désigner soi-même comme celui dont il s'agit dans l'énigme – geste où s'affirme la conscience de soi et l'égocentrement apollinien-socratique (« Homme, connais-toi toi-même ») – correspond la supposition sous-jacente au pacte proposé par Salman Rushdie, à savoir que tout homme est « auteur », que quiconque peut s'emparer de ce qui fut la prérogative divine : écrire le sens du monde, en procédant de soi-même comme ressource. Autrement dit, la vérité de l'origine, c'est le sujet qui en répond, et le sujet répond : tout est littérature. En ce sens, Salman Rushdie a joué sur la scène du monde une nouvelle version du conflit tragique entre la liberté du sujet (d'écrire) et la puissance du *fatum* (les écritures religieuses de la vérité). Rien du tragique œdipien n'a manqué dans ce théâtre réel, ni le thème de l'innocent coupable qui a été au centre du débat entre les défenseurs et les détracteurs de l'écrivain ; ni non plus la prescience chez ce dernier d'aller au-devant de sa propre condamnation, puisque, dans l'avant-dernière page des *Versets sataniques,* Salman Rushdie fait dire à son principal personnage cette phrase stupéfiante : « [...] et il pensait enfin à lui-même qui allait mourir pour les vers qu'il avait écrits, mais n'arrivait pas à trouver sa condamnation à mort injuste [1] ».

On pourrait intituler cette nouvelle version de la tragédie : *Œdipe écrivain,* ou mieux encore *Œdipe autographe,* pour désigner une autre dimension dans la transgression œdipienne. Il ne s'agit pas seulement du rapport entre le sujet du désir et le savoir tel que, depuis Freud, nous avons appris à le lire, ni non plus du sujet de la science et de la philosophie, mais de la littérature en tant que son sujet se fonde sur l'écriture de soi comme la visée même de l'acte d'écrire. Le tour essentiel de cette écriture de soi, qui embrasse toute chose, consiste à donner à la

---

1. *Les Versets sataniques, op. cit.,* p. 584.

vérité une structure de fiction et à mettre en scène, derrière l'absolu du livre, le pullulement des Moi dans l'histoire.

Allons plus loin encore. Salman Rushdie nous montre que ce n'est que lorsque la vérité est ramenée à une structure de fiction que l'identification du sujet de la littérature au Père est assumée. Alors que, pendant cinq cent soixante-cinq pages, l'auteur a mis en pièces le récit de l'origine, ne lui épargnant aucun outrage, subitement il fait comparaître son principal personnage, Saladin Chamcha, devant le lit de mort de son père. Dans les vingt dernières pages, le roman bascule dans le dévoilement de ce qu'il est en fait de part en part : une machination dans l'orbite de la question du père, de son mythe corporel, de son corps mythique, ou encore de la réécriture littéraire de sa métaphore. Simultanément, la cruauté haineuse qui a été à la pointe de l'écriture romanesque – si l'on veut bien admettre que la haine consiste à dénier à l'autre ou à sa parole un savoir sur le bien – tombe et se mue en amour pour le père et ses signifiants. Il écrit : « Tomber amoureux de son père après de longues décennies de colère était un sentiment serein et beau ; quelque chose qui redonnait la vie, qui la renouvelait, avait envie de dire Saladin, mais ne le fit pas, parce que cela lui sembla vampirique : comme si en suçant cette nouvelle vie il faisait dans le corps de Changez [le prénom de son père] une place pour la mort. Il se tut, et, pourtant, Saladin se sentait d'heure en heure plus près de ses multiples moi anciens et rejetés, ces Saladin – ou plutôt Salahuddin – alternatifs qui s'étaient détachés de lui au fur et à mesure qu'il avait fait différents choix dans la vie mais qui, apparemment, continuaient à exister, peut-être dans les univers parallèles de la théorie des quanta. »

Du même coup, la voie est dégagée pour que le sujet accueille le retour de la lettre dans son nom : « Si seulement il avait pu être cet homme-là pendant toute sa vie, se prit à souhaiter Saladin (qui pour la première fois depuis vingt ans avait commencé à trouver agréable le son de son nom complet et non anglicisé). Comme il était difficile de retrouver son père au moment où l'on n'avait plus qu'à lui dire adieu. »

Or, le retour de la lettre conduit le sujet vers une articulation symbolique entre le père mort individuel et le Père fondateur de l'islam, l'homme Muhammad dont il venait pourtant de découdre le récit biographique : « Maintenant, tu peux enfin arrêter de jouer. Oui, cela ressemblait au début d'une nouvelle phase, dans laquelle le monde serait solide et réel, et dans laquelle il n'aurait plus la large silhouette d'un père entre lui et la tombe inévitable. Une vie d'orphelin, comme celle de Mahomet ; comme celle de tout le monde. Une vie illuminée par une mort étrangement radieuse, qui continuait à briller, dans son esprit, comme une sorte de lampe magique. »

Le *fictionnement* de la vérité religieuse n'aboutit donc pas seulement à une folle profanation, mais, en passant par la lettre et le corps mort du père (cette dernière méditation se fait devant son cadavre), elle ouvre la conscience du sujet à une détermination de son existence par le nom du père. Car ce mot « orphelin » est l'un des signifiants majeurs de la fondation islamique, puisqu'il désigne l'épreuve même de l'homme Muhammad qui, abandonné par tous, d'abord par son père et sa mère morts, ensuite par ses pères substitutifs décédés, crut, après une première période de tarissement de l'inspiration divine, que Dieu aussi le laissait tomber. C'est de cette épreuve de l'orphelinat, en tant qu'abandon par les pères, que le mot « islam » va surgir pour désigner la religion du Dieu qui sauve dans l'abandon même, ou qui fait de l'abandon le sauf de l'être. Et si l'on se rappelle que le Dieu de l'islam s'adresse au prophète en l'appelant l'« orphelin » *(al-yatîm)*, on peut saisir, en suivant Jacques Lacan, qu'il s'agit là de l'un des *Noms du Père* en islam [1].

N'est-il pas étrange, tout de même, qu'un roman qui a été dénoncé comme blasphématoire et considéré comme portant atteinte à la figure du prophète aboutisse ainsi à l'identification au fondateur de la religion et à l'assomption de son nom ? Cela indique assez que ce qu'on appelle littérature consiste en un détour pour mettre à l'œuvre, hors la vérité religieuse, ce que l'existence du sujet doit à

---

1. Jacques Lacan, *Le Séminaire des Noms du Père* (1963), partiellement paru dans *L'Excommunication*, supplément à *Ornicar ?* 1977, 8, 110-111.

la nomination qui l'a fondé dans le langage. À moins que la littérature ne soit elle-même une espèce de religion ! Le culte de la sainteté de la lettre quand elle promeut la vérité dans une structure de fiction partagée.

Ainsi, par-delà la violence et le vacarme planétaire qu'elle a déclenchés, l'affaire Rushdie révèle-t-elle de quoi est fait le tourment de l'origine : *l'ébranlement des rapports entre vérité, langage et subjectivité en islam*. Non seulement nous sommes à l'époque d'une subversion majeure de la structure traditionnelle, mais de plus nous assistons à l'émergence de nouveaux détours dans l'élaboration des métaphores fondatrices.

Que ce soit par le sujet de la littérature et non par celui de la science que cette subversion éclate au grand jour n'est pas anodin. Il faut dire que, dans les années qui précédèrent l'affaire Rushdie, nous étions nombreux à penser qu'une confrontation majeure avec les forces religieuses allait se produire. Mais nous imaginions qu'elle viendrait plutôt du discours philosophique ou scientifique. Nous avions à l'esprit le modèle des Lumières et des grandes démystifications historiennes, telle celle qui fit perdre à la Bible sa prérogative immémoriale du livre le plus ancien écrit par Dieu lui-même, à la suite du déchiffrement des tablettes mésopotamiennes par l'archéologue G. Smith, en 1872 [1].

Le choc dans le cas de l'islam est venu de là où on ne l'attendait pas, de la fiction littéraire qui mettait en scène la vérité de l'origine comme artifice. Il faudrait alors se demander pourquoi. Est-ce parce que la théologie islamique sclérosée par des siècles d'immobilisme avait fini par faire accroire que l'origine était un réel qui résiste au dévoilement signifiant ? Le moindre souffle imaginaire l'a donc placée dans la posture de l'outragée qui voit subitement son défaut intime exposé. La possibilité du mal au cœur de la sainteté du verbe, qui est le noyau vibrant du mystère de la création, devient une menace sur sa créance. L'épisode des *Versets sataniques* ne montre-t-il pas, en effet, que la perversion est originaire dans le discours de la

---

[1]. Cet épisode est rapporté par Jean Bottéro, *Naissance de Dieu*, Paris, Gallimard, 1986, p. 21.

vérité et de sa révélation ? Mais si le prophète a témoigné que la sainteté n'était ni donnée une fois pour toutes, ni immunisée contre le mal, l'institution de l'islam a voulu par contre colmater cette faille pour construire au cours du temps sa souveraineté comme souveraineté du vrai et du bien, absolument prémunie. En ce sens, *Les Versets sataniques* de Salman Rushdie sont le retour du refoulé de l'institution islamique au point le plus cruel, là où l'*impossible immunité* a été signifiée, mais écartée [1].

Cependant, si cette impossible immunité revient par l'écriture, c'est que les circonstances l'ont permis. Certes, Salman Rushdie est bien l'auteur de l'acte qui propulse le retour du refoulé, mais l'action de la littérature dont il se réclame dépasse son cas individuel. Elle relève du processus historique de la modernité qui atteint dans son développement ce point que Nietzsche avait annoncé dans la fameuse phrase : « Parménide a dit : "On ne pense pas ce qui n'est pas" ; nous sommes à l'autre extrême et nous disons : "Ce qui peut être pensé doit être certainement une fiction." [2] » Si notre condition moderne aboutit à l'idée, à la croyance, à l'idéologie que l'être ne peut être pensé que parce qu'il est fiction, alors la littérature aura été et sera, pour longtemps encore, l'expérience chargée d'assumer cette affirmation jusqu'à ses ultimes conséquences [3].

Tous ces développements indiquent suffisamment en quoi la crise de l'affaire Rushdie n'est pas une question de

---

1. La distinction que je propose entre la position du prophète et celle de l'institution islamique est nécessaire, même si Muhammad a contribué directement à l'édification de cette institution. On pourrait dire que l'homme de la révélation du verbe coranique a été en même temps l'instituteur de l'islam, c'est-à-dire l'équivalent à la fois de Jésus et de saint Paul dans le christianisme. Plus exactement, il y eut chez le prophète de l'islam une première phase christique et une seconde paulinienne.

2. Voir à ce sujet le commentaire et les développements de Philippe Lacoue-Labarthe, in *Le Sujet de la philosophie*, Paris, Aubier-Flammarion, 1979.

3. Ce que Guy Debord a appelé la « société du spectacle » n'est donc pas la cause de la désintégration du rapport à la vérité, comme il le soutient. Si désintégration il y a, elle proviendrait plutôt du *fictionnement* de l'être et de la vérité, dont résulte le « spectaclisme » généralisé,

blasphème, comme l'islam en a tant connu depuis quatorze siècles, mais relève d'une mutation dans la civilisation qui bouleverse le régime des rapports entre vérité et subjectivité, en affectant les scènes originaires collectives. Salman Rushdie aura été tout à la fois l'*agent* d'un acte et en même temps *agi* par un processus historique qui ouvre la possibilité que quelqu'un vienne produire cet acte. Cette position de l'agent agi ou de l'actant acté n'est pas sans rappeler celle de l'innocent coupable.

À partir de cette analyse, notre position de travail s'en trouve modifiée :

– Côté *actant* : défense inconditionnelle de l'auteur, de sa vie, de son droit à l'expression libre [1] ; il n'y a pas de doute que, sans cela, plus aucun travail intellectuel n'est possible. D'ailleurs, le simple fait de la condamnation à mort d'un écrivain a ouvert la possibilité d'en tuer d'autres, un peu partout dans le monde musulman, et particulièrement en Algérie.

– Côté *processus historique :* la nécessité s'impose de rouvrir la question. Suffit-il de décider, devant les textes religieux, qu'il s'agit de fictions pour que le problème soit réglé ? Si Salman Rushdie ne croyait pas à leur vérité, pourquoi a-t-il voulu l'enlever, la retourner en son contraire et proposer sa distribution ? Est-ce que le retournement d'une vérité et le partage subjectif de son texte n'est pas encore cette vérité, voire son accomplissement ? L'opposition vérité/fiction n'appartient-elle pas elle-même au langage de la métaphysique ? C'est exactement ce qu'écrit Philippe Lacoue-Labarthe en commentant la phrase de Nietzsche citée plus avant : « Mais on voit que la fiction n'est rien qui tienne par soi-même, qui puisse se dire et s'affirmer autrement que par référence à la

---

et non l'inverse. Mais la conception métaphysique de la vérité et de sa restauration, telle qu'elle circule dans le texte de Guy Debord, permet-elle d'aller dans ce sens ? Guy Debord, *La Société du spectacle* (1967), Paris, Gallimard, 1992.

1. Je renvoie ici à ma prise de position au lendemain de la condamnation à mort de Salman Rushdie dans un texte paru dans le quotidien *Libération* du 16 février 1989. Cf. également le livre collectif, auquel ont participé cent intellectuels arabes et musulmans à l'instigation de Nadia Tazi et d'Eglal Herera : *Pour Rushdie*, Paris, La Découverte/Carrefour des littératures/Colibri, 1993.

vérité. Invoquer la fiction comme le fait perpétuellement Nietzsche, depuis *Humain trop humain* surtout, c'est encore parler le langage de la vérité, faire l'aveu qu'il n'y en a pas d'autre [1]. »

De l'effectivité de la religion

On se souvient comment Freud raille, dans *L'Avenir d'une illusion* [2], ce qu'il appelle « la philosophie du *comme si* », et la rapproche du *credo quia absurdum* des théologiens (Je le crois parce que c'est absurde). Pour lui, on ne peut se contenter de considérer les doctrines religieuses simplement comme des fictions : « Il faut se demander en quoi consiste la force interne de ces doctrines, à quelles circonstances elles doivent leur efficacité qui ne dépend pas de leur reconnaissance par la raison [3]. » Et de proposer une explication de cette force interne à travers la problématique du désir et de l'*effectivité* (*Wirklichkeit*) des formations imaginaires.

L'hypothèse de Freud est que l'une des sources de l'efficacité des religions réside dans leur capacité d'illusion. L'illusion, dit-il, n'est pas l'erreur ; elle n'est pas fausse comme le délire, bien qu'elle s'en rapproche ; elle n'est pas non plus nécessairement en contradiction avec la réalité, ou même irréalisable ; ce n'est pas davantage une falsification. L'illusion est une force. Une force liée à un désir très ancien qui vise son accomplissement, en renonçant à toute accréditation auprès de la réalité. Cette force trouve son origine dans la détresse infantile de l'abandon que chacun a connu, à un moment ou un autre de son existence, et de la volonté de s'en prémunir en inventant une puissance tutélaire, comparable à celle que l'on attribue au père, qui veille sur soi pour prévenir le désespoir. C'est pourquoi, tout en correspondant à une menace réelle dans le passé, l'illusion en est le déni énergique, à un point tel qu'elle devient irréfutable. Seul un lent travail de démobilisation de la garde illusoire permet, avec le temps,

---

1. *Op. cit.*, p. 14.
2. Sigmund Freud, *L'Avenir d'une illusion* (1927), *Œuvres complètes*, XVIII, p. 169.
3. *Op. cit.*, p. 170.

d'aboutir au surmontement de la crainte infantile, et la sortie « à la rencontre de la vie hostile », selon le vers de Schiller. L'illusion trouve sa racine dans un désespoir vécu dont elle veut prévenir le retour.

Les convictions irréligieuses de Freud ne l'empêchent donc pas de reconnaître que l'illusion religieuse se constitue autour d'un *réel*, celui de la détresse humaine infantile, et qu'elle est de ce fait plus proche de la vérité historique de cette détresse que la rationalisation secondaire qui la dénie. Néanmoins, en remplissant une fonction protectrice face à ce réel, en voulant éviter le désespoir, la représentation religieuse travestit la vérité et la transforme. Autrement dit, la catégorie freudienne de l'illusion qui n'est ni l'erreur, ni l'opposé de la réalité, ni la vérité, ni non plus son contraire, vise l'*impossible*. En un double sens : d'une part, en tant que la détresse humaine est impossible à éliminer, puisqu'elle relève d'un manque essentiel qui ne peut être comblé. D'autre part, en tant que la réponse religieuse est une réponse par l'impossible à cet impossible, dans la mesure où elle promet la résolution du manque et fait de Dieu son comble. Avec la conception freudienne de l'illusion, nous sortons donc de l'opposition *vérité/fiction*, pour aller vers la problématique d'un rapport nouveau : *impossible / effectivité de l'imaginaire*. Nous disons bien *rapport* et non opposition. L'effectivité des formations religieuses tient à l'agencement imaginaire qu'elle produit autour de l'impossible, agencement par lequel elle fait foi.

Tel est l'un des enseignements que je tire de l'affaire Rushdie et d'une relecture de *L'Avenir d'une illusion* à la lumière de cet événement : les *fictions des origines* ne se posent pas autour de la question de la vérité, et ne s'opposent pas à elle, mais doivent être pensées au regard de l'*impossible*. Comment l'imaginaire des origines en islam reçoit-il l'*impossible*, autour de quelles structures de fiction reconnaît-il sa souveraineté, quel rapport entretient-il avec la question du père ? C'est ainsi que se précise la tâche dont on trouvera le résultat dans cet essai. Ce serait là mon *détour* de l'origine en islam. Je l'entends à tous les sens de ce terme : s'écarter et écarter, modifier un tracé, changer de dessein, suivre un chemin difficile, etc.

3

L'abrogation

Poser le problème des fictions de l'origine à partir de l'impossible modifie du même coup la perception du tourment et de sa causalité. Nous aimerions, dans les pages qui suivent, tenter d'éclairer l'idéologie islamiste, en ayant à l'arrière-plan l'hypothèse suivante : la vérité que cette idéologie voudrait restaurer, en recourant à la loi coranique pour la garantir comme naguère, est un masquage de l'impossible auquel le monde moderne confronte le système de la tradition. Autrement dit, le *tourment de l'origine* est d'abord le symptôme d'un descellement de la solidarité traditionnelle entre la vérité et la loi (*haqîqa* et *chari'a*) laissant le sujet avec un excès de réel et de jouissance qui lui fait horreur, puisqu'il ne trouve pas, dans son univers imaginaire et symbolique antique, ce qui pourrait l'endiguer. D'où le *recours à l'origine* dans l'espoir de restaurer le bouclier de l'illusion religieuse. Toutefois, comme ce bouclier s'est fissuré à l'épreuve du monde historique et scientifique contemporain, il faut le *rechaper* en y amalgamant les matériaux nouveaux appartenant à ce monde. Comme on le verra, la mouvance islamiste n'est pas le vecteur d'un simple retour de la religion ainsi qu'on l'a prétendu, mais une nouvelle composition idéologique hétérogène ; plus exactement, la composition islamiste ne voit le jour que parce qu'il y a décomposition de la religion qu'elle intensifie à travers le geste même qui veut sauver sa vérité.

Mais d'où vient cette idée de *retour à l'origine*, à quel *topos* de la tradition islamique se rattache-t-elle, de quelle façon s'inscrit-elle dans la logique interne de l'idéologie islamiste ? Ces questions nous conduisent, dans le sillage de l'affaire Rushdie, vers une enquête sur l'émergence des mouvements islamistes et l'agencement historique de leur discours. Le résultat laisse découvrir comment naît un délire collectif.

Retour et interprétation

Le concept de *retour* dans la tradition est le cœur de l'herméneutique islamique pour laquelle l'origine n'est retrouvée que pour autant qu'elle est perdue et voilée dans l'acte même de sa représentation. Ce principe instaure la fonction générale de toute interprétation. Esquissons rapidement ce cadre. Deux concepts majeurs le balisent strictement :

– celui de *tafsîr,* qui veut dire littéralement « expliquer et commenter ». Notons que *tafsîr* est l'anagramme de *tasfîr,* qui signifie le dévoilement. La science de l'exégèse, qui lui correspond, fait remonter sa naissance à l'époque du prophète qui était amené lui-même à expliquer à ses compagnons le sens du texte révélé. Par la suite, elle s'organisera en une méthode qui sera celle des commentateurs traditionnels dans les siècles suivants et qui se caractérise par le respect de la lettre du texte, par le recours à l'autorité des exégètes de la première génération et par le renoncement à l'interprétation personnelle. Elle se présente comme une compilation impersonnelle où l'auteur juxtapose toutes les traditions pouvant apporter une explication au texte coranique. Il suit celles-ci verset par verset, mot à mot, prend la précaution d'indiquer les chaînes des garants, et n'avance que rarement et avec beaucoup de prudence une opinion personnelle.

– Le second champ est celui du *ta'wîl*. Ce terme qui signifie littéralement « le retour à ce qui est premier » désigne l'*interprétation* en tant qu'elle essaye de dépasser les limites de l'exégèse pour aller au-delà de la lettre. Depuis Avicenne, s'épanouissant dans la mystique et dans la philosophie, le *ta'wil* est un processus spirituel créatif qui recourt à la cosmologie, à l'anthropologie et à la théologie de l'Antiquité, en supposant un sens ésotérique sous le sens obvie. Il s'agit d'une opération herméneutique qui se présente comme une progression faisant communiquer, d'une part, un mouvement de recherche intérieure, et, d'autre part, un dévoilement d'horizons nouveaux qui s'ouvrent à mesure que se rejoignent la connaissance de soi-même et la compréhension du monde extérieur. L'interprétation allégorique y tient une place importante, comme chez le grand théosophe mystique Ibn Arabî. Nous étudierons ici même un exemple dans le sous-chapitre intitulé : « Le sacrifice et l'interprétation » (III, 3).

Le philosophe Al-Jurjânî (XIVe siècle) a proposé la définition suivante du *ta'wîl* : « C'est le renvoi du mot, d'un sens apparent à un sens supposé, si le sens supposé s'accorde avec le Livre et la tradition, comme lorsque Dieu dit qu'il "extrait le vivant du mort" [...] [1]. » L'interprétation est donc une opération de déplacement dans le langage qui trouve sa mesure (ou sa démesure) dans un acte d'engendrement à partir de la mort. C'est ce rapport qui constitue un retour à un sens premier, un sens orienté par la mort en tant qu'elle est l'initial du sens [2]. D'où le fait que, chez les penseurs de l'islam, l'origine se définit par son inaccessibilité, exactement comme l'indique Ibn Mandhûr, auteur de l'encyclopédie lexicale du *Lisân* : « Originer une chose est la tuer par le savoir, c'est alors connaître son origine [3]. » L'origine est donc le meurtre de la chose. Autrement dit, l'interprétation est une opération de connexion de la parole avec la mort dont l'acte créateur consiste à faire prévaloir la finitude, ouvrant la signifiance infinie.

---

1. Acharif Al-Jurjânî, *Kitâb atta'rifât*, Beyrouth, Dar Al-kutub al-'ilmyya, 1988, p. 50-51.
2. Le passage coranique suivant, sur le cycle de l'existence, l'indique nettement : « Vous étiez mort et il vous a fait vivre, puis il vous fera mourir et vous fera revivre, puis à lui vous reviendrez » (S. II, 27).
3. La phrase en arabe est : « 'asala 'achchy'a : qatalahu 'ilman fa 'arafa aslahu ». Ibn Mandûr, *Lisân Al'arb*, Dar Lisân Al-'arab édit, Beyrouth, s. d., t. 1, p. 68-69. Hachem Foda me signale que « tuer la chose par le savoir » est une expression qui signifie métaphoriquement l'examiner jusqu'à son épuisement. Il n'en demeure pas moins que « tuer la chose » dit littéralement le meurtre de la chose.

Avec l'idéologie islamiste, nous sommes loin de ces opérations, car c'est l'*accessibilité à l'origine* qu'elle prétend réaliser, c'est sa présence et non sa représentation qu'elle veut prescrire.

Retour, théorie et délire

En effet, l'histoire du mouvement islamiste nous apprend un fait que le discours de la politologie mentionne en passant, sans s'y arrêter vraiment, comme si c'était un élément secondaire. Il s'agit de l'événement inouï que nous appellerons *l'abrogation de l'origine* [1] qui a eu lieu lorsque les bases théoriques de l'islamisme ont été jetées à la fois en Égypte (Hassan Al-Banna, 1906-1949), et en Afghanistan (Abû Alâ Mawdûdî, 1903-1976) au début du siècle dernier. C'est l'Égyptien Sayyid Qutb qui a repris ces bases et les a constituées en une doctrine dont l'idée centrale est que les musulmans seraient revenus au temps de la *jâhiliya*, c'est-à-dire à l'époque qui précède la fondation islamique ou à la pré-origine.

Sayyid Qutb arrive à cette conclusion étonnante par le raisonnement suivant : il opère d'abord une distinction logique entre l'islam et les sociétés islamiques, puis constate que ces sociétés ne sont plus gouvernées par la loi islamique (*chari'a*) dans la mesure où elles ont adopté l'État moderne et le droit qui lui correspond, inventé par l'Occident laïque. Donc, contrairement aux apparences, ces sociétés ne sont plus musulmanes. L'islam s'est en quelque sorte retiré d'elles, ou plutôt elles l'ont renié. Alors à la

---

1. Les développements qui suivent ont pu être précisés lors d'un exposé au Groupe de Cordoue, créé à la suite de la rencontre de 1992 qui a eu lieu dans cette ville, à l'initiative de l'Association Freudienne Internationale. Depuis et jusqu'à ce jour, durant ces années difficiles, un travail commun entre juifs, chrétiens, musulmans et laïques autour des textes des trois religions monothéistes a pu s'effectuer et donner lieu à des débats et des rencontres de haute tenue. En tant que membre extérieur, je souhaite mentionner l'importance qu'a prise pour moi ce lieu, en hommage et en mémoire à tous les participants. J'aimerais citer particulièrement les noms de Denise Sainte Far Garnot et Pierre-Christophe Cathelineau pour leurs efforts à le faire exister.

question : « Que sont devenues ces sociétés ? », la réponse est simple : elles ont régressé vers l'époque de la barbarie et de l'ignorance de la loi divine, c'est-à-dire vers l'*anté-islam* [1]. En somme, elles ont évolué à l'envers et traversé le mur du temps en deçà du commencement. L'action requise se déduit de ces prémisses : il faut « ré-islamiser » les musulmans, lesquels ne seraient en quelque sorte que des *pseudos*. Les mouvements islamistes se donneront en conséquence pour tâche le dégagement de la *pré-origine*, en faisant « repasser » les musulmans par l'origine. C'est ce que les *émirs* effectuent réellement, en allant jusqu'à faire signer à des femmes et des hommes musulmans des attestations ainsi libellées : « Aujourd'hui [date] je suis entré dans la religion de l'islam sous la main de l'émir [un tel] [2]. » Cette théorie, qui place d'un coup les musulmans *hors origine* et pour laquelle on pourrait reprendre littéralement la formule de Shakespeare dans *Hamlet* : « *The time is out of joint* », autorise par ailleurs les groupes extrémistes violents à tuer et à massacrer sans scrupule, comme en Algérie, en répétant l'argument de la régression : ce sont des apostats, pis, des simulacres de musulmans dont la mort rendrait service à l'islam. Davantage encore, leur meurtre les absoudrait de leur péché d'avoir régressé vers *la pré-origine* et d'être devenus des musulmans en apparence. Aussi les massacreurs, en se penchant sur leurs victimes pour les immoler, leur annoncent-ils la bonne nouvelle de leur rachat et leur demandent-ils grâce pour l'acte qu'ils vont commettre.

Quelle est la posture de ces émirs qui « ré-islamisent » les musulmans, sinon celle d'être enlacés à la scène originaire collective et de se tenir au portique des commencements, où ils jouissent de commander la mort en prélevant la dîme de vie et de chair ? On peut dire que c'est là une définition radicale de la posture fanatique, de la source même de sa terreur et du délire en masse qu'elle engendre. En un sens, elle réalise une forme d'inceste que l'on pour-

---

1. Cette thèse est formulée notamment dans Sayyad Qutb, *Fî dhilâlî al-qur'ân*, Dar Achurûq, Beyrouth, 1968. Voir à ce sujet en français : Olivier Carré, *Mystique et politique. Lectures révolutionnaire du Coran par Sayyid Qutb*, Paris, Presses de la FNSP/Éditions du Cerf, 1984.
2. Nous avons eu accès directement à ce type d'attestation.

rait appeler l'*incestuel politique* : la croyance en la présence intégrale et compacte de l'origine soudée à la communauté assouvie. C'est pourquoi, dans le cas de l'idéologie islamiste, il n'y a pas simplement de *retour à*, expression où peut se réserver la métaphore et la visée interprétative en signifiant l'éloignement de la source, mais le *recours délirant à l'origine,* recours qui n'est possible que dans la mesure où il y a *anéantissement de l'interprétation.*

Si les processus de déracinement de la métaphore et de destruction de l'interprétation sont continuellement à l'œuvre dans la civilisation, que se passe-t-il pour qu'ils prennent la forme d'une psychopathologie de masse, organisée à travers un délire construit comme une théorie ? Assurément, la réponse à cette question n'est pas simple. Toujours est-il que l'acte qui le sous-tend, c'est-à-dire l'*abrogation de l'origine,* est resté impensé dans le discours des sciences sociales et politiques sur l'idéologie islamiste. Il en est de même du mécanisme fondamental lié à la notion de « retour » qui se prête aussi bien au processus d'élaboration théorique qu'au délire. Certes, on peut dire que d'un côté « le retour » dans l'interprétation engage l'invention d'un rapport à l'ancien, rapport qui ne prétend avoir accès à l'origine que par la métaphore d'une métaphore ; tandis que le « retour » délirant se donne comme une remontée du cours du temps, jusqu'à cette invagination où la métaphore se retire en deçà de la forme de l'origine. Le « retour » n'est plus ici traction, mais rétraction vers l'informe où la fonction imaginaire se décompose, donnant l'origine à voir comme une chair, comme un organe collectif, une bouche ouverte sur une angoisse politique sans fond. Un groupe ou une communauté désorientée peut ainsi régresser en perdant la capacité spirituelle du commun. Le délire collectif lui confère en quelque sorte un corps primitif qui échappe à l'interprétation symbolique, comme s'il y avait un besoin impérieux d'avoir des sensations physiques de la chose originaire à même les corps, des corps imbriqués les uns dans les autres. C'est pourquoi les islamistes ne cessent de donner à voir sur eux-mêmes, publiquement, les multiples manifestations de ce phénomène, et de témoigner d'une résurgence organique de l'origine commune sur un mode stigmatique. Reste à penser les conditions historiques et structurelles qui conduisent à de tels états.

On pourrait rapprocher l'*abrogation de l'origine* de ce qui eut lieu le 8 août 1164 à Alamût, jour où le grand maître des chiites ismaïliens proclama l'abolition de la Loi. Cet événement dont rend compte magnifiquement le livre de Christian Jambet, *La Grande Résurrection d'Alamût* [1], est-il du même ordre que celui qui s'est produit dans la théorie de l'islamisme contemporain ? Ce qui s'est emparé d'une secte résidant dans un enclos perché sur les montagnes iraniennes, où un maître met fin à la législation positive de l'islam et annonce à ses disciples le commencement de la religion intérieure et spirituelle, est-il comparable avec ce qui s'est produit à une si grande échelle dans l'idéologie islamiste ?

Les deux décrets, malgré leur apparence révocatoire commune, reposent en fait sur des prémisses totalement opposées. Car si, dans le cas de la secte chiite, il s'agit de la promesse messianique en tant qu'elle ouvre un horizon d'attente sur un futur où la Loi n'aurait plus lieu d'être – puisque l'homme intérieurement accompli ne serait plus en conflit avec le dehors –, en revanche, avec le mouvement islamiste et sa croyance dans la perfection de l'origine, il n'y a pas de futur utopique, il n'y a pas d'horizon d'où surgirait une quelconque venue puisque le meilleur est advenu, l'apothéose a déjà eu lieu. Tout ce qui est possible a été donné dans un passé insigne que le devenir ne peut que décomposer. Le soleil de la Loi est au zénith depuis sa révélation, dissipant toute ombre sur terre. La mélancolie est dès lors la seule posture d'attente du Jugement dernier, à moins d'une précipitation dans la terreur. Le mouvement islamiste serait plutôt un renversement du messianisme, l'antimessianisme comme désespoir du temps.

S'ouvre ici une autre question : existe-t-il dans le système islamique, dans sa constitution originaire, des éléments antimessianiques fondamentaux de nature à expliquer, au moins partiellement, l'émergence en son sein d'une idéologie qui place l'âge d'or et le salut à l'origine ?

---

1. Christian Jambet, *La Grande Résurrection d'Alamût*, Paris, Verdier, 1990.

Dans un premier mouvement, on pourrait répondre par l'affirmative. Rappelons, en effet, que la prédication du fondateur de l'islam s'affirme dès le début comme *un retour à la religion première d'Abraham*, que le judaïsme et le christianisme auraient transformée en trahissant sa lettre. Aussi en appelle-t-il à une réconciliation monothéiste universelle autour de l'acte de renoncement du père au sacrifice du fils. À cela vient s'ajouter le fait que Muhammad s'annonce comme le sceau des prophètes, le terme dernier d'une chaîne qui commence avec Adam. Le retour à l'origine se double donc d'une clôture de l'histoire monothéiste. L'islam se propose comme la fin qui reprend le commencement, comme un recommencement qui infinitise l'origine. Ce bouclage rend le messianisme impossible.

D'un autre côté, en affirmant que le Christ n'a pas été crucifié, qu'il n'est pas mort, qu'il demeure vivant auprès de Dieu dans l'attente de son retour sur terre pour établir le règne ultime de la justice et de la paix, l'islam rend en même temps le messianisme possible ; au point de donner à la fin du monde un sens christique. Christique et non chrétien, bien sûr.

Le messianisme est donc à la fois possible et impossible en islam. On pourrait, de ce point de vue, faire une lecture de l'histoire des crises à l'intérieur de cette civilisation, comme oscillation, ou comme lutte antagoniste entre messianisme et antimessianisme. Il est même possible que cette opposition détermine un grand nombre de schèmes de la pensée islamique. L'hypothèse que je formule, mais à laquelle je ne peux apporter ici aucune démonstration, est que le *soufisme* s'offre comme une solution hyperbolique qui conjoint ces contraires dans l'expérience privée individuelle, où la mélancolie et l'espérance, le fini et l'infini ouvrent la possibilité de penser le sujet humain comme mortel immortel, achevé inaccompli. Il culmine dans un monument d'élaboration psychique et spirituelle à travers la théorie de l'*imaginal* d'Ibn Arabî [1], dont nous donnerons dans cet essai quelques exemples.

---

1. On doit à Henry Corbin en France d'avoir montré l'ampleur de cette théorie, quoiqu'en la tirant parfois du côté de Jung, notamment

Cependant, les lignes de partage qui traversent de part en part la tradition islamique, si elles indiquent des lieux de fracture, voire quelques propositions syntaxiques de ses catastrophes, ne permettent pas pour autant d'expliquer, ni de rendre compte de l'ampleur de l'ébranlement présent.

---

dans *L'Imagination créatrice dans le soufisme d'Ibn Arabî*, Paris, Flammarion, 1958. Jacques Lacan mentionne ce livre dans son séminaire sur *L'Éthique de la psychanalyse* (livre VII, 1959-1960) à propos de l'amour courtois, puisque la théorie d'Ibn Arabî est aussi une théorie de l'amour envers la face de l'Autre dans le monde imaginal. Il y a au moins une autre occurrence où Jacques Lacan revient sur Ibn Arabî, c'est dans une conférence en 1960 aux Facultés universitaires Saint-Louis, sur invitation de J-P. Gilson. Dans la transcription dactylographiée qui nous a été transmise, Jacques Lacan évoque l'épisode de la rencontre et le dialogue entre Averroès et Ibn Arabî en Andalousie, et affirme que sa posture en tant que psychanalyste est du côté de ce dernier, plutôt que du côté du philosophe. *Cahiers du Collège de Médecine*, 12, 1966, p. 459.

4

Un corps pourrissant

Comment prendre la mesure de l'exposition du sujet à l'excès de réel et de jouissance, qui est selon notre hypothèse la conséquence du descellement moderne de la solidarité entre la vérité et la Loi dans la tradition, sinon en écoutant ceux qui disent leur désarroi et leur rage, ceux qui portent dans leur corps les stigmates de la décomposition de la religion, notamment à travers la *déroute de l'interdit* ? Nous allons prendre appui sur l'exemple du cri de protestation d'une femme, qui a atteint l'ampleur d'un texte diffusé à plusieurs centaines de milliers d'exemplaires dans le monde arabe. Il fait partie de cette littérature dont le prix dérisoire et l'accessibilité ont tant contribué à l'expansion de l'idéologie islamiste auprès des masses. Que l'auteur soit une femme n'est pas sans incidence quant au fond de la question, puisque le corps de la femme dans cette tradition relève, presque dans sa totalité, de la puissance qui affole la vérité et la Loi [1]. D'où le voile comme quintessence de l'interdit. Ce qui nous intéresse particulièrement, dans ce témoignage, c'est qu'il met en scène la crise dans la culture, non pas comme une affaire d'idées ou de représentations, mais dirons-nous dans le langage de la psychanalyse – de « représentance » –, c'est-à-dire en tant qu'elle touche une fonction du travail psychique qui lui est imposé par sa liaison au corporel. Il n'y a pas, de ce point de vue, d'enjeu de civilisation qui ne soit séparable de l'économie pulsionnelle.

1. Cf. le sous-chapitre intitulé « Le voile ».

Le voile de la douleur

Le titre du livre de Nimat Sidqi *'at-Tabrruj* [1], que l'on pourrait traduire par « L'Exhibition », reprend un concept coranique qui va droit au but : il s'agit d'un terme péjoratif qui désigne l'attitude de la femme lorsqu'elle se donne à voir dans sa toilette avec ostentation. Il connote particulièrement l'action de montrer et de se montrer trop, de défier la vue de l'autre en se mettant en scène d'une façon saillante [2], ce qui convoque le registre de l'obscénité phallique. On pourrait rendre toutes ces significations à travers le vocable de *monstration* qui dit l'excès de montrer et son caractère hors norme, voire d'épouvante.

Nous nous en tiendrons ici à quelques extraits de l'introduction du livre, suffisamment significatifs quant aux enjeux les plus essentiels. C'est sur le ton de l'indignation et de l'avertissement que le livre commence :

> « J'ai été affligée des plus grandes souffrances devant le degré d'abaissement et d'humiliation auquel est parvenue la femme égyptienne, en exposant honteusement son corps et sa féminité dans les rues, dans les lieux publics et sur les plages. J'ai vu notre société, hommes et femmes compris, fermer les yeux devant cette décomposition, voire l'accepter, s'en féliciter et en jouir, sans s'apercevoir qu'elle les mène vers l'abîme de l'égarement et de l'infidélité à Dieu et à son livre. Derrière cela, il y a une calamité à venir qui va balayer cette société. Ne seront sauvés que ceux qui interdisent le mal et qui avertissent de leur chute ceux qui sont inconscients. »

Dans la suite, l'auteur justifie la légitimité de son discours en se fondant sur l'incitation théologique à dénoncer le mal, et en faisant état de son trouble intime devant l'effondrement généralisé de l'interdit. C'est au croisement de ces deux arguments que se profile la hantise d'un *corps commun* outragé. Nimat Sidqi en vient alors à mettre en scène la visée essentielle de son propos :

---

1. Nimat Sidqi, *at-tabrruj*, Éditions Bouslama, Tunis, 1985, p. 53.
2. *Burj*, substantif du verbe *baraja*, qui désigne une tour.

« Non, messieurs, nous devons crever cet abcès avec le bistouri, avec force pour le nettoyer de ce pus et brûler la blessure pour la purifier s'il le faut [...]. L'épidémie du choléra s'est répandue parmi vous, comment vous taisez-vous ? Ses victimes se sont multipliées, sa contamination s'est étendue, les cadavres vivants s'étalent autour de vous, ne craignez-vous rien ? »

Le corps commun est donc infecté, malade, cadavérique, il a perdu son *immunité* et simultanément sa dignité. Cependant le tour spécifique de ce discours ne tient pas uniquement à la mise en scène d'un *corps politique* dévasté, mais au fait qu'il va montrer la dévastation dans le corps propre du sujet. C'est une parole de martyr qui se lève, afin de témoigner pour tous de la manifestation de Dieu dans un corps pourrissant :

« Allah m'a guérie de cette épidémie qui s'est diffusée dans mon milieu, il m'a guéri par une maladie douloureuse dans mon corps, il a rendu la santé et la guérison à mon âme [...].

« À la suite de l'arrachage d'une dent, j'ai souffert des douleurs ininterrompues qui m'ont privé du goût du sommeil et de la nourriture pendant un mois entier, car les attaques de la douleur ne cessaient ni le jour ni la nuit.

« La tumeur s'est amplifiée au point que ma joue a failli éclater ; elle s'est développée jusqu'au cou et à la tête, mon œil en fut fermé. Les médecins et les chirurgiens étaient dans le désarroi, la médecine est devenue impuissante, et le traitement difficile à trouver, il n'y avait plus aucun espoir dans la guérison.

« Mais voici que la main d'Allah le généreux efface la maladie et la douleur, enlève paisiblement la blessure et chasse la tumeur. Les médecins ont été pris de stupeur devant cette surprise époustouflante. Ils ont dit avec humilité : vraiment Dieu est puissant et clément, il fait revivre les ossements en poussière. »

La puissance religieuse du *corps politique de l'interdit*, sa capacité à faire foi, réside dans le corps du sujet qui s'offre pour produire en lui l'attestation vivante du tourment divin et de son pardon. Que dit-il ? Je jure par mon corps que Dieu est là, que mon corps n'est pas dans mon corps comme la chair est dans la chair, soudée à elle-même et compacte. Il est blessé, ouvert, séparé par le mal qui l'a infecté. C'est dans cette mesure où le corps a été touché, dans son *immunité*, qu'il pourra être sauvé par la suite, en recevant la guérison et le salut, la santé et la sainteté. Mais l'auteur ne se contente pas ici de témoigner de cette quintessence de l'expérience religieuse qui est l'expérience de l'effondrement de l'immunité et du retour de l'*indemne,* comme le souligne Jacques Derrida [1]. Son but est de faire surgir, à l'adresse des autres, une autre signification plus radicale et plus décisive :

> « Au cours de ma maladie, une dame est venue me rendre visite, et m'a dit complaisamment : tu ne mérites pas ce supplice, toi qui es une femme croyante qui fait sa prière, qui fait le pèlerinage à la maison de Dieu. Quels péchés as-tu commis pour que Dieu te punisse par ces souffrances ? J'ai répondu en hurlant : ne dis pas cela, Dieu n'opprime nullement les gens, ce sont les gens qui sont injustes... Je suis coupable, je mérite cette punition. De plus, cette bouche que Dieu a châtiée par la maladie et la douleur, mettait du rouge à lèvres, n'interdisait pas le mal, ne recommandait pas le bien. Ce visage qui a tant gonflé s'embellissait avec les poudres ; ce corps cloué au lit s'ornait de vêtements élégants. Et cette tête douloureuse, embrasée par le feu de la fièvre, ne se dérobait pas derrière le voile comme dieu l'a ordonné, la voici donc couverte par le bandage médical qui l'entoure totalement comme un voile. Je ne me suis pas voilée par le voile de la pudeur, alors Dieu m'a voilée avec le voile de la douleur. J'ai couvert ma bouche et mon visage des teintures et des pommades, Dieu l'a giflée par le supplice et l'infamie. »

S'éclaire ainsi le sens final de la *déroute de l'interdit* et la décomposition de son corps politique : l'accroissement de la culpabilité, donc de la dette sacrificielle, et le surgissement du *Dieu vengeur* qui manifeste son désir par le supplice. La visée de ce texte, comme du prêche islamiste, est de proclamer le règne de la figure la plus angoissante du *Dieu obscur* [2]. C'est à la fois une conséquence de la

---

1. Jacques Derrida, « Foi et savoir », *La Religion*, Paris, Seuil, 1996, p. 9-86.
2. Jacques Lacan écrit : « [...] le sacrifice signifie que, dans l'objet de nos désirs, nous essayons de trouver le témoignage de la présence du

décomposition de la religion et en même temps une tentative de la restaurer à travers une action énoncée par le dernier mot de ce texte : « *des criminels nous nous vengerons* ».

Néanmoins, cette proclamation du règne du Dieu obscur s'accompagne, et c'est même là toute sa raison d'être, d'une volonté de rétablir l'économie religieuse entre représentation et pulsion, économie ébranlée par la transformation contemporaine de la société. L'expression « voile de douleur » l'indique clairement : ce qui a été bafoué au niveau de la prescription morale fait retour par la souffrance du corps. Le corps paie toujours les dettes de l'âme.

La Dette

Notons que *sacré* et *interdit* sont désignés par le même terme en islam, le terme arabe de *harâm*, lequel est une forme du radical « h.r.m » qui a donné *harîm* : pudeur, domicile, épouse, d'où *harem* dans les langues européennes. Il en résulte également les termes de dignité (*hurma*), de voile (*hirâm*), de tabou (*mahrim*), de frustré, de vénérable, de respectable (*mahrûm*). Ibn Mandhûr, dans son encyclopédie lexicale du *Lisân* (XIIIe siècle), rassemble en une phrase la direction de ces déclinaisons en proposant cette définition : « *ce qu'il est interdit de toucher* [1] ».

On ne peut mieux dire que dans la religion il y va de l'*intouchable*. Cela s'entend au moins selon trois acceptions : il y a d'une part l'intouchable en tant qu'il vise la dimension sensible d'un corps avec lequel on ne doit pas entrer en contact. C'est le tabou. Il y a d'autre part l'intouchable au sens de l'*indemne* qui correspond à l'une des significations du mot *islam*. Ce terme provient, en effet,

---

désir de cet Autre que j'appelle ici le *Dieu obscur* », *Les Quatre Concepts fondamentaux de la psychanalyse*, Paris, Seuil, 1973, p. 247. Le *Dieu obscur* est un vieux problème dans la tradition du commentaire biblique, comme le rappelle Thomas Römer, *Dieu Obscur*, Labor et Fides, 1998.
[1]. Ibn Mandhûr, *Lisân Al-'arb* (XIIIe siècle), Dar Lisân Al-'arab éditeur, Beyrouth, s. d., t. 1, p. 165.

de la racine « *s.l.m* » qui signifie « échapper au danger », « être sain et sauf ». Le mot « islam » nomme donc le *sauf de l'être* après la traversée du péril. L'intouchable désigne ainsi celui qui bénéficie de l'immunité. La notion d'intouchable rejoint ce que Freud avait dégagé, dans *Totem et Tabou*[1] et dans *L'Avenir d'une illusion*[2], concernant les sources psychiques des représentations religieuses. Devant la détresse vitale du sujet et la menace que fait peser sur lui l'hostilité du monde, qu'elle soit projetée sur le monde ou qu'elle vienne de lui, la religion offre le bouclier de l'illusion protectrice, mais non sans une contrepartie qu'indique la troisième dimension majeure de l'intouchable : ce qui est rendu *abstrait*, en posant à la place du corps substantiel un corps métaphorique. Autrement dit, cela implique la substitution de l'intelligible au sensible. Ces aspects se rejoignent dans l'exigence générale d'un nettoyage, d'une purification corporelle, d'un *retrait de chair*. C'est ce dont témoigne Nimat Sidqi d'une manière exacerbée.

Que cela soit sous la forme d'une simple mise à distance, d'un voilement ou plus radicalement d'un retranchement (circoncision, scarification, sacrifice), le *retrait de chair* est ce qui confère au bouclier de la religion sa crédibilité. L'illusion reçoit créance à travers le réel du corps marqué, trépané[3], ouvert, bref de la chair espacée et transie par une destruction salvatrice. C'est à ce prix que le corps est fondé à exister légitimement et à accéder à une légalité de jouissance qui, du fait du retrait, ne peut être totale. Mais si le mécanisme de l'instauration de l'illusion protectrice réside dans l'alliance avec une perte réelle dans le corps, il est avéré qu'il n'y a pas de perte qui règle tout d'un seul coup, et pour solde de tout compte. Cette perte-là, la perte en une fois, est la mort. Donc, toute la question sera de faire perdurer ce qui est perdu, comme étant à perdre encore. Faire perdurer la perte, voici ce qui créerait la foi dans l'indemnité du sujet, ou l'illusion de son immunité. Plus la conviction qu'il a encore quelque chose à

1. S. Freud, *Totem et Tabou* (1912), *Œuvres complètes*, t. XI, Paris, PUF, 1998.
2. *Op. cit.*
3. Cf. à ce propos Pierre Ginésy, « Trépan », et ma réponse à ce texte, parus tous deux dans *Césure*, n° 13, Paris, 1998, p. 10-39.

perdre se maintient, plus il aura l'impression qu'il est préservé ! L'immunité est la capacité de redevance.

Tel est le fondement général de la *Dette* qui structure l'une des conceptions religieuses majeures dans le monde. Ce que la tradition du christianisme latin a appelé *religio* porte le nom de « Dette » (*dîn*) en islam, à l'instar des religions de l'Inde [1]. La *Dette* instaure l'obligation du retrait, mais, inversement, sans le retrait il n'y a pas de dette. On pourrait dire : au commencement, il y a le retrait. Un tel énoncé s'entend au sens où rien n'a lieu si le Tout-un n'est pas entamé. La tradition du judaïsme le suggère déjà à travers l'idée d'un Dieu qui se retire pour laisser de l'espace à sa création. D'où la dette inextinguible à l'égard du créateur dont l'acte suppose une autolimitation, un sacrifice de soi, l'épreuve du manque. Si l'on considère l'épisode d'ouverture (*fath*) et du retrait de chair du cœur de l'enfant Muhammad, il est assez clair qu'il présage que la lettre coranique sera fondée sur un prélèvement dans le narcissisme infantile. La lecture relève donc de la reconnaissance de dette. De façon générale, les mystiques musulmans ont inlassablement commenté ce *hadîth* (parole du prophète) où Dieu dit : « J'étais un trésor caché et j'ai aimé à être connu. Alors j'ai créé les créatures afin d'être connu par elles. » Chaque créature est ainsi en position de miroir de Dieu [2], résultant du manque qu'il a éprouvé pour aimer se connaître. Chaque existant est un reflet qui témoigne du retrait divin pour inventer l'extériorité supportant son image. C'est cette structure qui renvoie la passion d'être connu de Dieu au pathos d'une tristesse infinie, aspirant à trouver dans l'autre un sujet compatissant. En ce sens, tout sujet *a/est* une dette de connaissance à l'égard de Dieu, puisque connaître équivaut à reconnaître l'être dont on est le triste soupir. Nous sommes ici plus proches du Dieu sublime d'Ibn Arabî, plutôt que du Dieu obscur de Nimat

---

1. Pour les religions de l'Inde, c'est l'homme lui-même qui est *dette*. Cf. Charles Malamoud, « Psychanalyse et sciences des religions », *L'Apport freudien*, Paris, Bordas, 1993, p. 587-591.

2. Jean-Michel Hirt dans *Le Miroir du prophète*, Grasset, Paris 1993, a essayé de montrer comment le Coran relève du paradigme du miroir pour le croyant. Cette interprétation est donc à l'inverse de la tradition qui fait du sujet le miroir du Coran et de Dieu.

Sidqi [1]. Il nous faudrait penser une complexion qui serait simultanément *être et avoir* une dette, afin de rendre compte de cette problématique. Car, pour le sujet, il n'y a pas de dette qui soit simple avoir ou qui relève uniquement du registre de l'être. Il y a sans cesse passage, excès et déversement de l'un dans l'autre.

Du côté de la dette de substance, comme de la dette de connaissance, si le retrait force l'omnipotence, il crée simultanément l'espacement entre soi, entre soi et l'autre où la jouissance se médiatise par un passage à vide vers le langage dans lequel elle se perd et devient *réjouissance*. Ce modèle concerne aussi le capital. La dîme que chaque sujet doit prélever sur ses biens aurait le pouvoir d'accroître son capital dans l'acte même de le diminuer ! C'est précisément le sens du mot dîme en arabe (*zakât*). Qu'est-ce que ce gain par la perte, sinon le jet d'une part à soi hors de soi ? Même s'il s'agit d'une part impure ou maudite (G. Bataille), le paiement de la dette crée une communication du sujet avec le dehors, une dilatation de son être à travers le retrait. Aussi vaut-il mieux parler d'un jeu entre *dette et retrait, dette et extension* dans un mouvement incessant de conversion.

Toutes ces opérations supposent l'*abstraction,* ainsi que la racine latine *ab-trahere* (tirer) l'indique nettement. *Le Robert, dictionnaire historique de la langue française,* précise que ce n'est qu'ultérieurement que l'on est passé de l'idée d'enlever en tirant et d'arracher à l'idée d'enlever d'un ensemble par la pensée [2]. Comme si le retrait était à la fois un enlèvement et un don : le don du retrait produit la pensée. Appelons *abstract* cet acte donnant à retirer ou retirant-donnant où se fonde toute foi.

---

1. Cf. à ce sujet l'étude éclairante de François Balmès qui distingue chez Freud deux écritures de dieu : le dieu sublime de Moïse dans *L'Homme Moïse et la religion monothéiste*, et le dieu de *Totem et Tabou* issu du père de la jouissance absolue, in *Freud et Moïse : écriture du père* I, Toulouse, Érès, 1997.

2. *Le Robert, dictionnaire historique de la langue française*, sous la direction d'Alain Rey, Paris, Dictionnaires le Robert, 1992, t. 1, p. 7.

Examinons la signification islamique de cette « religion » qui est *Dette*. L'article *dîn* tel qu'il est traité par le *Lisân* [1] en aborde tous les registres et montre l'ampleur de l'espace qu'elle recouvre. Il y a d'abord le registre de la Dette comptable où la racine « *d.y.n* » a donné les mots de « créance », de « gérance », de « récompense », de « débiteur », d'« emprunteur », de « prêteur », de « vendeur » ; étant entendu dès le départ que l'*endetteur-rétributeur* (dayyân) est Dieu. Dans le registre de la Dette comme pouvoir, la même racine a produit : « forcer », « contraindre », « obliger », « servir » et « obéir », « soumettre ». Dans le registre de la Dette en tant que rectitude, le radical « *d.y.n* » a généré : le « tiers », le « juge » (se disent aussi *endetteurs*), le « jugement », la « loyauté », la « fidélité », l'« énoncé de la sentence ». Dans le registre de la Dette en tant que mal et maladie, nous rencontrons les vocables suivants : « être endommagé », « être frappé d'un mal », « devenir malade » et « mourir », puisque « la mort est dette pour chacun », précise le *Lisân*. Dans le registre de la Dette comme appareil de dogmes, la racine « *d.y.n* » a engendré les mots de « croyance », de « culte », de « prêche ». La Dette comme police regroupe les termes de « cité », de « citadin », de « civilité », de « civil », de « ville » (*madîna* qui a donné *médina*). À chaque article, le *Lisân* propose à un moment ou un autre, en une phrase fulgurante, l'orientation fondamentale de toutes les déclinaisons d'une chaîne signifiante. Concernant la Dette, on y lit : « Toute chose (*chay'*) non présente est *dîn*. » Aussi peut-on dire que, dans l'univers de la langue arabe, ce qu'on appelle du nom de *religion* dans le monde chrétien se présente clairement comme un système de *créances* [2] là où la chose s'est retirée. Le retrait de la chose est la cause de la religion.

---

[1]. Cette encyclopédie lexicale rédigée par Ibn Mandhûr au XIIIe siècle, aux confins du sud tunisien, est un monument de la langue arabe qui fait autorité. Nous nous y référerons sans cesse dans cet ouvrage. Article *dîn*, *op. cit.*, t. 1, p. 757-759.

[2]. Le terme de *créance* dans la langue française est intéressant à cet égard, puisque Le Robert signale qu'il est dérivé du radical *cre*– des formes anciennes de croire, et se trouve dans crédit, accréditation, crédence.

La religion est dans les limites de la chose : elle ordonne, commande, garde par un halo de piété et d'interdits l'absence, le vide ou l'abstraction de la chose. Si, comme Freud le pensait, la religion est un imaginaire qui a une effectivité (*Wirklichkeit*), il faudrait penser la catégorie de cet imaginaire, qui n'est pas le fantasme, sans se rabattre trop vite sur le symbolique pour clore l'affaire.

Il est assez clair que nous rencontrons ici l'enjeu sous-jacent de *das Ding*, telle que la psychanalyse l'a théorisée, en tant qu'il s'agit de la chose maternelle qui doit rester l'objet exclu de la jouissance ; d'où se lève la loi humaine la plus fondamentale comme distance absolue à cette chose [1]. Si le nom de la communauté en islam « *'Umma* » laisse bien entendre, par la proximité du mot *mère* « *'Um* », de quelle nostalgie est fait le commun de la communauté [2], on perçoit néanmoins un écart phonématique (la bouche ouverte en terminaison), lequel trouve toute sa portée à travers le radical commun (*a.m.m*) qui signifie : « tendre vers », « s'approcher sans atteindre l'objet ou le but » et « aller de l'avant » (ce qui a donné *imam*). La Dette se présente donc comme la gardienne d'une position *asymptotique* des membres de la communauté par rapport à la chose.

Comment maintenir l'asymptote ? Par un évidement de la jouissance interdite, par son nettoyage, par la création d'un champ désertique autour de la chose. Cet évidement viserait dès lors à la fois une zone intime du sujet et en même temps ce qui fait son *contact* avec la communauté. Ce serait le lieu du pivotement entre le narcissisme et les

---

1. S. Freud introduit la chose (*das Ding*) dès « Esquisse d'une psychologie scientifique » (1895), *La Naissance de la psychanalyse*, Paris, PUF, 1956. Jacques Lacan, dans *Le Séminaire VII*, reprendra cette problématique et lui donnera une amplification et un relief qui en font désormais l'une des questions centrales en psychanalyse, aux croisements de la théorie de l'inconscient, de la jouissance, du langage et de la loi. *L'Éthique de la psychanalyse*, Paris, Seuil, 1986.

2. Les noms sont nostalgiques des choses, disait quelque part Ibn Arabî. S. Freud dans *Malaise dans la culture* (1929) pense l'écriture comme langage de l'absent, substitut du corps maternel dont « la nostalgie persiste toujours ». *Œuvres complètes*, t. XVIII, p. 272.

idéaux, entre le Moi idéal et l'Idéal du moi. Sauf que le vide n'est pas un lieu, mais *hors lieu*, *a-topos*. Dans le monde traditionnel, la *Dette* (religion) est gardienne de ce cercle de viduité, alors que, dans les sociétés dites modernes, on peut supposer que c'est le politique qui devrait s'en acquitter.

Lorsque la fonction d'évidement ne peut plus être maintenue, apparaissent alors ces points de pourriture et d'horreur dans les corps, vécus comme des points de jouissance d'un Dieu méchant. L'abcès doit être vidé, dit l'auteur de ce *texte-cri*, qui veut témoigner que le réel du corps pourri s'est amalgamé avec l'imaginaire du corps politique. De ce point de vue, on pourrait penser l'idéologie islamiste comme le symptôme de l'effondrement, dans divers lieux du monde musulman, de cette fonction d'évidement assurée jusque-là par la *Dette*, sans qu'elle soit remplacée, sinon lacunairement, et que cette idéologie constitue une tentative désespérée pour retrouver l'indemnité perdus, en *s'auto-immunisant*. Le texte de Nimat Sidqi se place dans cette logique du nettoyage de la putréfaction afin de recouvrer la santé et le salut que la communauté aurait perdus dans l'épidémie de la déroute de l'interdit.

Or, comme le note Jacques Derrida dans la conférence citée sur *Foi et savoir*, le processus d'auto-immunisation « consiste, pour un organisme vivant, on le sait, à se protéger en somme contre son autoprotection en détruisant ses propres défenses immunitaires [1] ». Nous allons examiner ce processus à l'œuvre dans l'idéologie islamiste.

---

1. *Op. cit.*, p. 59. La réflexion de Jacques Derrida à ce sujet est complexe. Il n'est pas question de la commenter ou de la résumer ici. Il me semble que les observations que j'ai faites sur l'islamisme recoupent les développements philosophiques de l'auteur sur les rapports entre religion et science, autour de la logique de l'indemne.

5

L'auto-immunisation

Qu'est donc le mouvement islamiste ? À cette question banale, il y eut pendant des années une réponse évidente : *un intégrisme.* Les termes « intégriste » et « islamiste » étaient interchangeables dans les discours. Dans une large mesure, cela reste le cas encore aujourd'hui. Dès le départ, la politologie a accrédité cette idée et lui a donné une caution d'expertise. Que n'a-t-on pas écrit sur le mode du « retour de Dieu » ! On a le sentiment qu'il s'agit d'un mouvement qui veut retrouver un système ancien dans sa totalité et appliquer intégralement son dogme, ce qui constitue la définition de l'intégrisme.

Décomposition et recomposition

En prêtant attention à la manière dont les islamistes s'expriment, et tout spécialement aux jeunes, très nombreux au sein des sociétés islamiques, cette thèse du mouvement islamiste comme mouvement intégriste n'a pas résisté à l'analyse. Bien évidemment, les islamistes se réfèrent beaucoup à la religion (la *Dette*) et revendiquent particulièrement le retour au rituel. Mais cette référence n'est pas la seule, d'autres registres sont fréquemment présents, tel celui de la science.

Jusqu'aux années soixante, le credo d'un croyant était fondé sur le Coran et la tradition ; il était très rare de voir la science moderne invoquée à l'appui des dires. Certes, il y a toujours eu une vénération pour le savoir à l'intérieur d'une tradition qui remonte jusqu'au prophète, mais il s'agit ici d'un ensemble de faits d'une tout autre nature. Jadis, le savoir de la science était en congruence avec l'ordre de la vérité divine, dont la théologie était la gardienne vigilante. Ce fut l'objet même du célèbre *Traité décisif* [1] d'Averroès (XIIe siècle), écrit en une période où la contradiction entre la religion et la philosophie avait commencé à troubler le sommeil de la métaphysique islamique [2], avant que la théologie ne la dissolve et plonge ce monde dans une narcose de plusieurs siècles. Or, si l'on essaie aujourd'hui de discuter avec un jeune islamiste à propos de sa croyance et de sa conception du monde, très vite l'argument scientifique ou pseudo-scientifique fuse et se mêle aux propos théologiques. Exemples : s'il ne mange pas de porc, ce n'est pas seulement parce que la loi religieuse l'interdit, mais aussi parce que la médecine a prouvé que le porc développe un ver dangereux dans sa chair (le ténia). L'hygiène sera invoquée aussitôt pour justifier les rites d'ablution. La pureté n'entretient pas seulement un voisinage avec la propreté, mais surtout avec l'asepsie. L'interdit de l'inceste aurait sa raison dans les lois de la génétique, pour prévenir la multiplication des gènes récessifs. La vérité même du Coran serait attestée par le fait que les découvertes récentes de l'embryologie correspondraient point par point à ce que le Coran avait décrit concernant l'évolution du fœtus. De tels arguments embrassent un très grand nombre de prescriptions religieuses. Ils sont amenés en recourant maintes fois à des citations coraniques et à des références scientifiques entremêlées.

La scolarisation massive a certainement conféré à la science une autorité, à laquelle la vulgarisation de masse a achevé de prêter la valeur d'une vérité transcendante.

---

1. Averroès, *Discours décisif*, trad. Marc Geoffroy, présentation par Alain de Libera, Paris, GF-Flammarion, 1997.
2. J'ai montré dans un article comment la pseudo-tentative de conciliation entre la religion et la science, prêtée à Averroès, tournait à une comparution de la religion devant la science. « La décision d'Averroès », in *Le Colloque de Cordoue, Ibn Rochd, Maïmonide, Saint Thomas*, Paris, Climats, 1994.

Mais, en fait, ce mélange des discours a été généralisé par les prêches et les écrits des dirigeants islamistes eux-mêmes. Cette stratégie discursive a donné lieu à une explosion de livres et de documents audiovisuels disponibles à très bas prix : leurs auteurs sont des scientifiques, parfois renommés dans leur pays, appelés ou se sentant appelés à témoigner, non seulement de la conformité de la vérité de la religion avec celle de la science, mais plus encore de la manière dont le Coran aurait anticipé des découvertes et des inventions techniques et scientifiques à la pointe de la modernité. L'examen de ces documents laisse l'impression d'un immense délire interprétatif qui, comme tout délire, sourd d'une angoisse de destruction et constitue une tentative de colmater de l'extérieur ce qui s'est aboli à l'intérieur. Dans l'un de ces documents audiovisuels, le geste du présentateur nous donnera matière à méditer : emporté par les mouvements passionnés de ses comparaisons entre le Coran et un ouvrage scientifique, il a fini par confondre les deux livres et brandit ce dernier à la place du premier [1].

Le scientisme qui infiltre le discours religieux est un fait massif, comme si la religion était devenue insuffisante à garantir, pour les croyants, l'ordre de vérité de jadis. En somme, on pourrait appliquer à cette génération la remarque de Freud dans *L'Avenir d'une illusion*, selon laquelle ils ne croient plus simplement, mais « *se font un devoir de croire* » [2], en invoquant des arguments extérieurs au registre de la foi. N'est-ce pas d'un trouble de la croyance religieuse qu'il faudrait parler, plutôt que d'un attachement intégral à celle-ci ?

Il en est de même de la dimension nationale et populiste dans ce type de discours. Alors que la conception théologico-politique de l'islam est universaliste, proscrivant

---

1. « Ceci est la vérité », cassette audiovisuelle, édition Ramou, Paris, s. d. Sur la couverture, on lit cette phrase : « Le signe inimitable de l'âge se manifeste lui-même dans un dialogue scientifique avec quatorze savants renommés. La vivante merveille du Coran tangible et rayonnante par-delà les siècles étonne aujourd'hui par des faits scientifiques dans différents domaines. » Il existe des milliers de documents de ce type, dans le monde musulman.

2. S. Freud, « L'Avenir d'une illusion », *Œuvres complètes*, t. XVII, p. 168-169.

toute distinction d'appartenance ethnique, régionale ou raciale entre un musulman et un autre, les mouvements islamistes sont rarement séparables d'une puissante expression nationaliste, à tel point que l'on peut se demander si la poussée du fanatisme national n'entraîne pas celle du religieux. L'idéologie islamiste hérite, en vérité, de cette sacralisation du national qui caractérise presque partout l'histoire contemporaine. Par exemple, dans les pays musulmans, le terme qui désigne les combattants nationalistes morts durant la lutte contre le colonialisme est le vocable canonique de « *chahîd* », c'est-à-dire de *martyr vivant auprès de Dieu*, d'après le statut que lui assigne le Coran. Ce fait a pris une dimension considérable en Algérie où l'on avance le chiffre invérifiable d'un million et demi de morts pendant la guerre de libération. La référence à cette masse de martyrs a constitué, dans le discours du régime FLN, l'un des éléments majeurs de légitimation de son pouvoir, ce qui a contribué à accréditer l'idée que le martyrologe est le fondement du politique. Ainsi le président Boumediene n'a-t-il pas hésité, lors de la nationalisation du pétrole algérien et de la confrontation qui s'en est suivie avec le gouvernement français de l'époque, à proclamer que le pétrole était le sang des martyrs [1] ! Cette transsubstantiation nationaliste et religieuse du corps politique n'est pas sans conséquences. Les islamistes en Algérie reprendront entièrement à leur compte la nationalisation du sacré ou la sacralisation du national, jusqu'à l'application sacrificielle dont feront preuve les mouvements extrémistes. Sans doute y a-t-il plus de théologie dans le politique qu'on ne le croit en général. Toujours est-il que les mouvements islamistes, loin de se contenter d'user des anciennes conceptions théologico-politiques de l'islam, ont, de toute évidence, annexé les notions politiques modernes de l'État national sans jamais abandonner la puissance *spectrale* du martyr

---

1. Sur cette question des martyrs, cf. les articles suivants : Fethi Benslama, « La cause identitaire » ; Yassine Chaïb, « Les martyrs des uns et des autres » ; Ramdane Babadji, « Le martyr, l'État et le droit » ; Khaled Ouadah, « Les témoins », in *Cahiers Intersignes*, n° 10, « Penser l'Algérie », Paris, 1995.

religieux, car ses dirigeants savent la force d'attrait qu'a pour quiconque la perspective de survivre à sa mort.

C'est dans le programme du FIS (Front islamique du salut algérien) que l'on rencontre la formulation la plus nette et la plus directe de ce dont il s'agit. Dès son préambule, il définit ainsi « les caractéristiques méthodologiques du Front » : « Le travail collectif, l'effort général usant de la volonté de la Oumma, est l'un des traits de la méthode scientifique du Front ». Le programme en vient ensuite, dans son introduction, à préciser les trois axes de son activité politique, ou les sources de son inspiration. La première est la *chari'a*, autrement dit la loi théologique de l'islam. La deuxième est la science : « Utiliser les ressources de la science de manière méthodique pour une saine approche des questions en suspens, afin de mieux cerner les problèmes ». La troisième est « l'aspiration du peuple algérien musulman ». Il n'y a donc pas de doute, les trois principales sources idéologiques du FIS sont : *la théologie, la science, le peuple*. Tout son programme est fondé sur le croisement entre ces trois notions. Et, au cas où on ne l'aurait pas suffisamment compris, le projet proprement dit les reprend et recommence par l'énumération que je rapporte intégralement :

> « Éléments de méthode :
> Les critères méthodologiques pour l'élaboration d'un plan politique
> scientifique sont :
> 1. La *chari'a* [la loi théologique de l'islam],
> 2. La science,
> 3. L'état d'esprit transitoire du peuple algérien. » [1]

L'idéologie islamiste n'est pas donc un phénomène intelligible dans les limites de ce qu'on appelle habituellement la religion ; il s'agit d'une mixtion composée à la fois de *théologie, de scientisme et de populisme*. Seul l'élément de référence à la loi théologique (*chari'a*) est proprement islamique. Les deux autres ingrédients, la science au sens moderne (au programmatisme et au méthodologisme près) et le peuple, qui est une notion gréco-latine, sont étrangers à son corpus

---

1. Programme publié par *Tribune d'octobre*, n° 11, 25 juillet 1989, repris en France par le n° 1 de la revue *Crises*, Paris, janvier 1994.

traditionnel. Car, en islam, ce n'est pas le peuple, mais la communauté de la « *'umma* » qui constitue le fondement théologico-politique de l'être-ensemble. Si elle est évoquée en passant dans ce document, ce n'est pas comme transcendance du politique, ainsi qu'elle devrait l'être en principe dans le discours de la tradition, mais en tant qu'elle entre dans le procès du *travail*, c'est-à-dire dans l'œuvre de négation et de transformation de la nature. Est-ce qu'un discours intégriste aurait accepté d'associer à la souveraineté de la loi divine d'autres souverainetés, et de placer sa conception de la communauté sous le primat de la négativité et de l'histoire ? Ne sommes-nous pas devant l'illusion du retour intégral de *la* religion, après avoir nourri l'illusion de sa fin ?

Théologie, scientisme, populisme : quelles que soient les proportions de ces éléments dans le chaudron de l'idéologie islamiste – et il existe sans doute des variations d'un groupe à un autre –, nous ne sommes pas face à un simple discours de retour à l'intégralité de la religion mais devant une invention, un nouveau mythe moderne inouï dans l'histoire de l'islam. L'aveuglement sur ce fait est un curieux phénomène du savoir politique contemporain.

Comment se fait-il que, dans l'idéologie islamiste, la religion islamique (*dîn*) ne soit plus le seul référent ? Avançons vers un premier niveau d'interprétation, compte tenu des éléments dégagés jusqu'ici. Il semble que cette idéologie n'ait été possible, comme nouveau mythe composite, que dans des sociétés où l'on assiste à un processus de *décomposition de la religion* ; au point qu'il ne soit plus possible de restaurer son autorité telle qu'elle fut, et qu'il soit devenu nécessaire de lui adjoindre des adjuvants et d'autres garants. Un islam formant un tout, un monde en cohésion, cela appartient au passé. La formule d'un savant musulman selon laquelle les islamistes ne sont pas des « *musulmans musulmans* » illustre le trouble d'un homme de la génération du début du siècle, ébranlé dans sa vision d'un islam égal à lui-même [1]. Elle est l'aveu d'une vérité cinglante : nous sommes bien entrés dans l'ère de l'inévidence du Soi islamique et du défaut, je ne dirai pas

---

1. Mohamed Talbi, « Islam et modernité », *Nouveaux cahiers du Sud*, n° 1, 1995, p. 59 et ss.

d'homogénéité qui n'a jamais existé, mais de cohérence telle qu'il fut jadis. L'inévidence de soi est partout la marque du trouble de l'identité moderne. Il y a bien un islam qui est fini.

On peut s'étonner que la science soit associée à la théologie. Mais il faut se rappeler que, depuis le reflux de la religion catholique, la croyance scientiste a eu, et a encore, de beaux jours en Europe. On peut faire de la science comme de n'importe quoi un usage religieux. N'oublions pas que beaucoup de dirigeants et d'idéologues, membres actifs des mouvements islamistes, appartiennent à la sphère techno-scientifique. Ils n'hésitent pas à proclamer la nécessité de s'approprier la technique « occidentale », en supposant qu'elle n'a aucun effet d'altération sur le *propre* de leur identité. Elle serait en quelque sorte neutre. Mieux encore, elle leur conférerait la puissance, pure force sans verbe ni sens, du moins le pensent-ils, permettant la réalisation d'un recommencement du commencement islamique. Le discours islamiste dénonce d'une main la dépropriation qu'il encourage à son insu de l'autre main. Il alimente ainsi, à travers l'illusion de la neutralité de la technique, le scandale de la croyance fanatique et sa fureur.

L'idéologie islamiste n'est donc pas simplement un mouvement religieux intégriste. Il y a, certes, un fragment de son programme qui appartient à la tradition religieuse, dont l'importance varie d'une tendance à l'autre en fonction du degré d'exigence du retour à la littéralité du texte et du rite, mais l'ensemble est le produit d'une mutation historique, une nouvelle espèce de mythe identitaire que je propose d'appeler : *le national-théo-scientisme*. Il n'y a pas de doute que ce mythe, qui voudrait lier et cumuler les trois souverainetés de la théologie, de la science et du peuple, est un mythe totalitaire. « Peu importe la tradition spécifiquement nationale, ou la source spirituelle particulière de son idéologie [...] », comme le souligne Hannah Arendt à propos du système totalitaire [1]. À l'instar d'autres exemples historiques en Europe et ailleurs, le discours islamiste est la version islamique de la crise moderne qui a

---

1. Hannah Arendt, *Le Système totalitaire*, Paris, Seuil, « Points », 1972, p. 203.

engendré une idéologie dotée de toutes les caractéristiques de l'idéologie totalitaire de masse.

Qu'il existe ici et là des groupes, des sectes, voire des mouvements intégristes ou rigoristes, tels que les talibans en Afghanistan, ne change rien à cette nouvelle donnée d'ensemble qui touche le fond même de ce qu'on entend par tradition, expérience et institution religieuse.

Serait-ce alors l'un des effets symptomatiques de cette situation que d'avoir donné le nom d'« *islamisme* » à ces mouvements ?

Jusqu'à ces dernières années, le mot « islamisme » désignait dans la langue française, et cela depuis le XVIIᵉ siècle, la religion islamique en tant que telle, à l'instar du judaïsme et du christianisme. Depuis que l'usage s'est répandu d'appeler ainsi l'activisme et l'extrémisme, *il n'y a plus de terme pour nommer la religion de l'islam stricto sensu*. Reste le mot « islam », qui a l'inconvénient d'être un fourre-tout désignant à la fois l'ensemble des peuples qui professent cette confession, la civilisation et la religion. C'est comme si l'on ne pouvait plus faire de distinction dans la langue entre judaïsme et judéité, entre christianisme et chrétienté. Même si, par une convention d'écriture, on propose d'attribuer à la civilisation l'initiale majuscule (Islam), le résultat est que nous sommes devant une perversion du langage né du détournement d'un nom commun. L'équivalent aurait consisté, par exemple, à appeler « christianisme » certains mouvements fascistes qui avaient mis en avant la religion chrétienne, ou bien « européanisme » une idéologie totalitaire qui se fondrait sur l'idée de l'européanité.

Quand Olivier Roy, l'un des spécialistes de l'islam contemporain parmi les plus estimés, propose, dans un ouvrage récent, en note de bas de page, d'appeler « islamisme » à la fois la religion islamique et les mouvements politiques dont l'idéologie se réclame de l'islam, la confusion qui en découle interdit de distinguer entre le phénomène de la foi, ses rites et ses dogmes, d'une part, et d'autre part la militance des mouvements politiques qui s'inspirent de cette religion [1]. On ne s'autoriserait pas pareille assimilation en

---

1. Olivier Roy, *Vers un islam européen*, Paris, Éditions Esprit, 1999, p. 10.

appelant « christianisme » à la fois les dogmes et la liturgie chrétienne, et le mouvement de l'Opus Dei par exemple, ou bien, dans le meilleur des cas, les démocrates chrétiens.

Islamisme est donc un concept sinistré qui a cessé d'exister, entraîné vers sa perte par la volonté de continuer à traiter l'islam comme un tout homogène, comme une totalité unifiée par la religion, au prix de la plus grande confusion. Au moment même où l'histoire accélère les processus de différenciation interne, de décomposition et de recomposition des idées et des forces, la résistance à l'intelligibilité de l'islam en Europe se renforce en imposant la figure d'une altérité massive et compacte, allant jusqu'au meurtre d'un concept. Le grand événement récent dans l'ordre du discours est donc la mort de l'~~islamisme~~ – écrivons-le désormais sous rature. Commençons dès maintenant à travailler avec de nouveaux vocables, *islamité* et *dîn*, à entendre *islams* quand on dit *islam*, à penser islam *fini* et *infini*, pour distinguer celui de la théologie, dont le système est historiquement achevé, d'un prolongement dépouillé des manifestations religieuses, mais qui reprend certaines caractéristiques fondamentales, éthiques et poétiques, dans l'ouverture au monde. Le signifiant « ouverture » (*f.t.h*), ne l'oublions pas, est le signifiant majeur dans l'expérience infantile inaugurale de l'islam, en tant qu'évidemment qui disjoint le soi de soi-même. Elle s'oppose, en principe, à la réparation par le narcissisme à travers l'adhérence à l'objet idéal de l'origine.

Après l'illusion de la fin de la religion, nous étions donc entrés dans le temps d'une autre illusion, celle du retour intégral du religieux. Or, de même que le *dîn* n'a pas disparu d'un coup, par le simple désir d'une élite de se trouver dans un autre monde, il n'est pas non plus réapparu ou revenu tel qu'il fut pendant des siècles, pour gouverner selon sa loi et par sa seule vérité souveraine. Quelque chose d'autre est arrivé, quelque chose d'imprévisible, de non conforme aux catégories de la science politique, un mélange inédit, mais qui n'est pas le résultat d'une volonté délibérée sachant par avance ce qu'elle voulait faire. Cette idéologie résulte d'une mutation dans l'univers symbolique et imaginaire, comparable à celle qu'effectuent les organismes vivants lorsqu'ils sont contraints à se transformer en fonction de l'évolution de leur milieu, utilisant tout à la fois les nouvelles données et l'héritage du passé. Quelle est la contrainte qui a entraîné cette composition inédite ? D'où vient la *décomposition de la religion ?*

Trouble du sens

À partir des précédentes analyses de ce qu'on appelle islamisme, il apparaît que la décomposition est d'abord une démolition insue. Car le geste substitutif de ce présentateur de télévision, montrant par inadvertance l'ouvrage scientifique à la place du Coran, est un geste emblématique qui condense un procès autodestructif. Ce processus est sans doute plus lisible chez certains scientifiques qui alimentent de leurs idées les militants comme le présentateur, et à partir de là les masses en attente de leurs discours.

Voici l'exemple de quelqu'un qui a acquis des compétences scientifiques et qui occupe des fonctions de responsabilité dans le domaine de la recherche [1]. Il ne s'agit pas d'un intellectuel organique connu dans les mouvements islamistes, c'est un auteur parmi des centaines d'autres, dont les livres, à très bas prix, se sont multipliés au cours des vingt dernières années. Ces textes visent en général la défense de l'islam et son accommodement au développement technologique et scientifique. Dans le cas présent, l'auteur défend également les deux autres religions monothéistes, et va jusqu'à reconnaître que « le sens profane et absurde n'empêche pas certains mécréants de respecter la vie et de la protéger », quoique, précise-t-il, par instinct à l'instar des animaux, et non en vertu d'une conviction morale comme les croyants. Le but de son livre, intitulé *Les Cinq Valeurs universelles et les quatre superbombes* [2], est de plaider pour une protection de la vie et de l'environ-

---

[1]. L'auteur, Hamza Mohamed El-Hachimi, est présenté sur la quatrième de couverture : il est directeur général de recherche, attaché à la Direction Générale de la Recherche et de la Formation Agricole en Tunisie. Il est ingénieur de l'ENEF de Nancy, diplômé de la Sorbonne en sciences naturelles, en géologie et en micropaléontologie.

[2]. Hamza Mohamed El-Hachimi, *Les Cinq Valeurs universelles et les quatre superbombes*, sans éditeur, ISBN 9973-17-727, t. 1, Tunis, 1996.

nement, menacés par la conjoncture capitaliste et industrielle occidentale, en associant la science et le Coran.

Or, cette association consiste à trouver des correspondances entre les conceptions scientifiques de l'environnement et celles de la nature dans le Coran. Par exemple, l'auteur essaie tout au début de montrer que le concept d'*écosystème* a son équivalent dans le texte coranique. Ce procédé est monnaie courante dans ce type de littérature. Dans un sous-chapitre intitulé « Prévenir est toujours meilleur que guérir », il commence par citer le passage coranique relatif à l'interdit de l'inceste : « Il vous est interdit d'épouser vos mères, vos filles, vos sœurs, vos tantes maternelles et paternelles, les filles de vos frères et sœurs, vos mères et sœurs de lait [1], les mères de vos épouses, vos belles-filles qui sont sous votre tutelle, nées de vos femmes avec qui vous avez consommé le mariage […] » [V. 23, S. 4, « Les Femmes »]. Il poursuit par ce commentaire : « À présent les sciences génétiques ont confirmé le bien-fondé de ces interdits, sauf en ce qui concerne le mariage avec les mères de lait et les sœurs de lait. La génétique a révélé que chaque être humain, comme tout être vivant, porte dans ses cellules des chromosomes qui renferment des gènes. Ces gènes écrits en termes biochimiques sur la chaîne d'ADN codifient tous les caractères de l'être vivant » [suit un long rappel de la théorie génétique, avec schémas à l'appui] ; et l'auteur d'enchaîner : « Il y a quinze siècles, ces connaissances génétiques n'existaient pas et c'est grâce aux interdits sexuels religieux que beaucoup de déficiences et de maladies ont pu être évitées au sein des sociétés judéo-chrétiennes et islamiques, ainsi que dans les sociétés où ces interdits sont appliqués. »

Quel est le but de cette manœuvre ? Il s'agit d'expliquer et de justifier la vérité de l'interdit par la biologie. Ce faisant, à son insu, l'auteur amène l'interdit dans la parole coranique à comparaître devant la raison biologique. Cette traduction de l'énoncé sacré en un savoir scientifique est

---

1. En islam, l'interdit de l'inceste entre consanguins s'applique à ceux qui ont été nourris du même sein, appelés « frères et sœurs de lait ».

auto-immune, à un double titre : *elle démantèle la logique langagière de l'interdit, au profit de celle des gènes, et déplace la référence causale,* puisque le biologique devient la raison d'être de la vérité de la parole. Dieu aurait promulgué l'interdit de l'inceste pour éviter la multiplication des tares génétiques, tel est l'énoncé sous-jacent à toute cette opération. Un véritable intégriste ou un fondamentaliste aurait refusé une telle traduction, ainsi que l'interprétation qui en découle. De façon générale, les intégristes ont horreur des traductions, car ils savent quel en est le prix. Leur « *intégralisme* », selon le mot d'Émile Poulat [1], n'est pas une absurdité du point de vue de la stricte défense du système religieux. Dès qu'il y a traduction d'un texte, la lettre de sa langue d'origine disparaît, et le sens bascule sous les lois de la langue d'arrivée.

La généralisation de cette pratique de traduction de la religion en biologie a pour conséquence non seulement de placer les signifiants religieux sous la barre du discours scientifique, mais aussi de refouler du registre causal le statut de *dire d'interposition* de l'interdit (*inter-dit*, selon la remarque de Pierre Legendre). La parole de l'interdit n'est plus *la cause* de l'espacement entre le sujet et son acte, de la différenciation du soi avec soi-même et avec l'autre, mais devient une prescription secondaire à la reconnaissance d'une cause fixée biologiquement. On peut penser qu'à terme les signifiants religieux tomberont dans une sorte de langue morte, en entraînant avec eux, dans leur naufrage, la fonction *inter-disante ou séparatrice de la parole,* c'est-à-dire du langage comme médiation fondamentale.

Peut-être est-ce là l'une des séquences du processus historique qui préside à l'émergence du sujet moderne, processus qui procède au dérobement de la fonction du langage, ainsi qu'il a été transmis depuis des générations. Certes, la condition du sujet moderne en Europe ne se réduit pas à cette rupture, puisqu'il y a eu aussi réinvention de cette fonction, notamment dans l'ordre politique. Mais nous sommes ici dans un autre contexte. L'invention du

---

1. Émile Poulat, « Intégrisme », *Encyclopédie Universalis,* t. 12, 1995, p. 416.

sujet moderne en Europe procède d'une longue gestation historique, jalonnée par des mutations et des crises multiples qui se sont déroulées sur plusieurs siècles. Depuis la Renaissance, dans tous les domaines de la civilisation, l'œuvre de transformation a requis l'effort répété de très nombreux interprètes, jusqu'à l'étape du dévoilement freudien de la psyché inconsciente. Rien de tel ne s'est produit dans l'islam. Son entrée dans le monde historique a été brutale et tendue par la lutte contre le colonialisme, ne laissant que peu de place à l'effort d'interprétation. La réception des sciences et des techniques n'a pas eu lieu selon un processus d'intégration inventif, mais sur un mode passif et fasciné, appréhendant les savoirs comme s'ils étaient tombés du ciel. En l'absence de toute fonction critique, sans accompagnement éthique et esthétique, on pourrait dire que cette modernisation s'est faite sans le nécessaire *travail de la culture* (*Kulturarbeit*, selon l'expression de Freud).

Cependant, l'invention politique européenne n'a pas été sans accidents, sans destructions aux conséquences tragiques. Un obscurantisme moderne né du biologisme s'est déclaré dans divers domaines de la vie sociale et politique, jusqu'à son expression radicale dans le nazisme. On pourrait même penser, sous cet angle, la nécessité de l'émergence de la psychanalyse qui redécouvre la fonction du langage saccagée, à travers une archéologie de la subjectivité prise dans le déchaînement des forces du génie biotechnique. Il s'agit d'une invention pour faire face à une violence historique d'une grande ampleur qui s'est attaquée à la racine de la métaphore psychique. Car un désespoir lancinant, une forme de barbarie logent dans cette mise *hors cause* de la fonction du langage, au nom de la science. Freud n'a pas pensé ce problème comme l'une des sources du malaise dans la civilisation moderne. Il l'entrevoit à un moment donné dans *L'Avenir d'une illusion*, mais il s'en éloigne très vite. Pourtant, l'invention de la psychanalyse est dans sa modalité éthique la réponse à cette dépropriation et à la folie individuelle et collective qu'elle entraîne.

L'exemple que nous venons de mentionner montre donc à l'œuvre l'effondrement de la cohérence de l'interdit en tant que noyau de la religion (*dîn*), par une subversion qui ruine ses fondements, qui dissout la logique du symbole dans le fonctionnement du vivant.

La question que l'on peut dès lors se poser est la suivante : qu'est-ce qui amène des croyants, qui vénèrent leur religion et l'honorent, à la démanteler ? Ou plutôt, quelle est cette force qui fait que l'objet de leur passion se défait entre leurs mains, dans le témoignage d'amour qu'ils lui prodiguent ? Comment penser cette contamination étendue et systématique de la religion par le discours de la science ? Une réponse globalisante du côté du rabaissement des qualités intellectuelles, ou des dispositions à la rationalité des hommes, n'est pas recevable, car s'il y a une vulgarisation populaire de ces thèmes, il existe aussi des cercles savants où ces problèmes sont discutés, et où l'on retrouve les mêmes pratiques à un autre niveau. On ne peut pas non plus se contenter de l'explication brute : parce qu'il y a la science, la religion recule. D'abord, selon notre hypothèse, la religion ne recule pas ici, elle se décompose, et la décomposition est un autre phénomène, plus complexe encore que le recul. Ensuite, cela ne dit pas comment un homme de foi en vient à introduire, à l'intérieur de sa croyance supposée suffisante, une autre raison réputée la contrarier. Comment penser les motivations inconscientes de cette conduite, son désir et son risque ?

Si nous revenons à l'introduction de l'ouvrage mentionné, nous trouvons des éléments susceptibles d'orienter l'analyse vers la logique de *l'auto-immunisation*, notamment en présence d'un montage de versets coraniques que l'auteur dispose dans des encadrés. Le but de ce montage (appelé schéma) est d'illustrer son propos introductif : « En posant la question pourquoi la vie, nous cherchons à donner sens à la vie, et à saisir son objet principal. Généralement deux sens opposés lui sont donnés par les hommes ; un premier sens sacré, transcendant et éternel et un autre sens profane, absurde et éphémère. Les deux sens sont mentionnés dans le livre sacré de l'islam, le Coran [1]. »

---

1. Voici le montage proposé :
1) Le sens sacré et transcendant :
• Pour adorer Dieu → « C'est à seule fin qu'ils m'adorent que j'ai créé les génies et les hommes » (S. 51, V 56).

L'interprétation de l'auteur en fonction de ce schéma est simple : la destruction du monde en cours, ce qu'il appelle « un génocide mondial » (en citant le commandant Cousteau) est dû à l'envahissement du sens sacré par le sens profane ou absurde, sous l'effet du développement de la technique à partir de l'Occident capitaliste. La solution prônée est de lester la science par le sens sacré du Coran, afin de juguler le sens absurde. En somme, en suivant l'auteur, le mélange entre la science et la religion que nous constatons dans l'idéologie islamiste serait la réponse à *un trouble du sens de la vie*. Qu'est donc ce trouble ?

Supposons que les propositions de ce texte soient susceptibles de nous éclairer sur le vertige qui a donné lieu à l'idéologie islamiste. Commençons par examiner le sens qui semble le moins compliqué d'après le schéma, le sens absurde. L'expression « ici-bas » indique bien qu'il s'agit du monde. Le monde aurait un sens absurde. Non pas absence de sens, mais un sens qui est contraire à la raison, inaudible par elle (*ab-surdum*). Le monde aurait donc le non-sens pour sens, ou bien le non-sens serait *le sens du monde* [1]. Selon l'un des passages coraniques cités (le troisième dans le schéma), l'athéisme est la croyance dans le non-sens du monde. Cependant, cette affirmation est faite du point de vue du sens sacré, lequel confère au monde un sens par la religion, ou si l'on veut à partir de l'autre monde. C'est-à-dire de la métaphysique.

• Pour subir l'épreuve → Dieu) qui a créé la mort et la vie pour vous éprouver, et afin de connaître les meilleurs d'entre vous à leurs œuvres » (S. 67, V 2).
→ « Toute âme subira la mort. Nous vous éprouverons, en matière de tentation, par le Bien et le Mal, puis à nous vous ferez retour » (S. 21, V35).

2) Le sens absurde :

« Il n'y a pour nous, disent-ils, que la vie d'ici-bas. Nous mourrons et vivons spontanément. Seul le temps qui passe nous fait périr. Ils ne possèdent nulle science, ils ne font que conjecturer » (S. 45, V 24).

1. C'est le titre d'un livre de Jean-Luc Nancy, qui a nourri ma réflexion sur ce point. Jean-Luc Nancy *Le Sens du monde*, Paris, Galilée, 1993.

La source du sens pour la religion part de la finalité de la création des hommes qui est d'« *adorer Dieu* ». Dieu crée les hommes pour recevoir d'eux l'amour en retour. Les hommes sont donc en position de miroir de Dieu, comme les mystiques musulmans l'ont dit en interprétant le Coran. Pour la religion, le sujet est assujetti à cette orientation originaire du sens, à ce sens du sens, qui est *la capture de l'homme dans la jouissance spéculaire de l'Autre*. Quant à la mort, elle constitue une seconde orientation du sens, celle de l'épreuve qui délimite une traversée éthique individuelle ici-bas, au terme de laquelle l'homme, en tant que créature, revient à son créateur (« à nous vous ferez retour », dit l'un des passages cités). Le système fonctionne ainsi selon le principe d'un double renvoi vers Dieu dans l'amour et dans la mort. C'est ce que les deux extraits coraniques du schéma veulent mettre en exergue, sous l'enseigne de « sens sacré ».

Où réside le problème ? Le vertige de l'auteur de ce livre vient de ce que, par la technique et la science, le monde n'est plus soumis à l'orientation du sens selon la structure du double renvoi, mais se transforme lui-même en une source de sens, c'est-à-dire en *un monde qui devient son propre sens* (Jean-Luc Nancy). Ce sens est obtenu au prix d'une œuvre de négativité effrayante (production et consommation = destruction) qui détache l'homme du rapport spéculaire à l'Autre. Alors, non seulement Dieu ne constitue plus l'unique source vers laquelle le sens revient, non seulement le monde produit son propre sens, mais en outre ce sens n'a plus de destination identifiable ; il se déverse, on ne sait où, nulle part et sans retour. Il y a donc tout à la fois un excès du sens du monde et une déperdition effroyable du sens dans l'infini sidérant.

Si nous essayons d'éclairer le trouble du sens du point de vue métapsychologique, tout dans ce texte tend à dire, à sa façon et dans son langage, l'idée d'une modification historique, non pas seulement du rapport à la mort, mais de l'effectivité de la pulsion de mort [1]. Car si, dans l'organisa-

---

1. Cette hypothèse, nous l'avons formulée dans deux articles : « La dépropriation », *Lignes*, n° 24, 1995, et « L'oubli de l'éthique », *Che*

tion religieuse, la mort reste contenue à l'intérieur de l'ordre symbolique en orientant le sens vers l'Autre, dans la situation où le monde est son propre sens, la mort est hors de toute emprise symbolique, ne dispense nulle orientation, n'est au service d'aucune altérité [1]. Sa destructivité ne consiste pas seulement à enlever la vie mais relève d'une dépropriation radicale des qualités éthiques différentielles, posée par la tradition, dont l'homme comme miroir de son créateur. Bref, la mort dans ce monde ne serait plus la mort, tout comme l'homme ne reflète plus d'autre face que la sienne prise dans le monde. C'est pourquoi l'auteur de ce texte, à l'instar d'autres scientifiques croyants, cherche à enchâsser les significations scientifiques et techniques à l'intérieur du sens sacré afin de contenir l'emballement de la négativité et de restaurer la structure théologique du double renvoi et de la circularité.

Mais cette opération était dès le départ vouée à l'échec, car elle repose sur une tentative désespérée de maîtriser un *traumatisme* de la foi chez le sujet de la religion. Dans le présent texte, comme dans toute cette littérature, et de façon générale dans l'ordre du discours islamiste qui veut arraisonner la science, nous percevons quelque chose comme une *rencontre fatale* avec l'appareil de vérité scientifique ; rencontre qui a engendré une effraction après laquelle la cohérence psychique de la religiosité ne peut plus être gardée. En quelques phrases, un physicien de la mouvance islamiste nous permet de nous en approcher :

> « Dès le début, écrit-il, j'ai compris que la vérité de la science ne contredit pas la vérité de la religion mais l'éclaire d'une lumière éblouissante. Car la science montre dans le réel

---

vuoi, n° 7, 1998. Nous nous contentons ici de noter les éléments de cette modification entre les discours de la religion et de la science.

1. Les quatre superbombes qui libèrent la mort de son emprise dans le sens sont selon l'auteur : « la bombe DPM » qui concerne l'explosion démographique ; « la bombe C », celle de la consommation exagérée ; « la bombe SST » qui réunit le sexe, le sida et la toxicomanie ; « la bombe IF » relative à l'information fausse qui développe un imaginaire planétaire incontrôlable. *Op. cit.*, p. 6.

(*wâqi'*), dans le détail et au présent, la vérité que le Coran avait déjà prévue et promise. Elle ne fait que donner la preuve de ce qui était contenu dans les nobles versets. Nous n'avons plus aucune excuse comme les anciens qui devaient endurer le sens caché jusqu'au jugement dernier. Il faut désormais que l'amour de la science soit à la hauteur [*fî mustawâ = au niveau*] de l'adoration de Dieu [1]. »

D'après ce témoignage, la rencontre fatale peut être située dans l'instauration d'un rapport inédit à la vérité par la science, où l'*épreuve* (endurer le sens caché) est abolie au profit de la *preuve* et l'*ajournement* laisse place à l'*immédiateté* du dévoilement. C'est l'entrée dans un contact fascinant avec la *vérité dans le réel* qui subjugue le sujet au point de lui faire ressentir un amour pour la science à la hauteur de l'adoration de Dieu. Quelque chose comme une expérience foudroyante avec la nudité de la vérité a eu lieu.

On voit bien ici le mécanisme de l'auto-immunisation : si, dans le système religieux, le sujet doit s'en remettre aux signes révélés derrière lesquels la vérité reste dérobée en deçà de toute démonstration, la démarche scientifique procède par un dévoilement explicatif des raisons, elle fait intervenir *une vérité du réel* se montrant sans dérobade chaque fois qu'elle est convoquée par le calcul ou dans le dispositif expérimental. C'est cette vérité du réel, dont la manifestation est suffisante, qui exerce sur les croyants une séduction telle qu'ils lui remettent les clefs des signes divins. Pour eux, la science vient *réaliser* l'écriture sacrée, ou mettre à nu la vérité.

Dès lors, une mutation structurelle dans les fondements de la foi s'opère : les procédures de légitimation basculent sous les prérogatives de la science, laquelle est investie de l'autorité qui authentifie la vérité de la religion. D'où le fait que l'interdit de l'inceste reçoive sa validité en tant que solution biologique, d'où cette littérature où le discours de la science se porte sans cesse garant de la révélation. La science le peut, puisqu'elle aurait le pouvoir de produire

---

1. Ahmad Hilal, *La Vérité au service de la vérité* (al-haq fî khidmati al-haq), Le Caire, Dar al-islâmiyât, s. d., p. 3.

une vérité pure, la vérité *sans le dire d'interposition*. Il y a là une croyance qui est à la racine de la mutation vers la civilisation moderne, celle de l'abdication du langage devant une vérité du réel, *sans sujet*.

6

La césure moderne et le désespoir des masses

Les développements qui précèdent n'ont pas la prétention de rendre compte ni d'expliquer d'une manière exhaustive un phénomène aussi considérable que l'ébranlement d'un vaste ensemble comme le monde musulman. Il s'agit plutôt de repérer certains foyers de tension, de rupture ou de transformation dont le centre de gravité a été identifié comme le *tourment de l'origine*. Derrière la tentative d'une restauration forcenée du gouvernement de l'origine se cache en fait la dislocation du rapport à son mythe souverain. Le *tourmentum* signifie bien le supplice, la douleur, la peine qui résonnent de mille plaintes sur toute l'étendue de ce monde, comme une atteinte narcissique collective. L'analyse de deux événements majeurs a permis d'en éclairer les enjeux décisifs.

L'affaire Rushdie et l'*abrogation* de l'origine montrent la portée historique et structurale de ce tourment. D'un côté, un acte subversif des métaphores originaires impliquant des remaniements du corps textuel du père, dont les éclats sont projetés sur la scène du monde, au nom d'une justice littéraire qui donnerait pour tous un égal accès au texte, à sa vérité comme fiction. C'est la littérature comme partage subjectif de l'origine, comme vie en diaspora de tout récit. De l'autre côté, une manœuvre périlleuse qui expulse la communauté en deçà de la métaphore du commencement pour lui faire rebrousser le temps dans lequel elle se serait égarée. Là, c'est plutôt un délire de représailles contre l'histoire moderne accusée de désabriter les fidèles, de les enfermer dehors dans une incroyance insue.

Le retour à l'origine comme mot d'ordre ne s'entend ni comme un mouvement du présent vers le passé, ni comme un passé qu'il faut rendre présent, mais comme la rentrée d'un passé d'avant le commencement, d'une antécédence anachronique et anarchique, vers l'arche matricielle de la loi. Il s'agit de renaître à l'origine en venant de la pré-origine. Assurément, on peut le dire dans la langue de Hamlet : *islam is out of joint*.

Qu'est-ce que cette sortie des gonds veut dire pour la psychanalyse, sinon que la *métaphore psychique* est atteinte, que son miroir ne pivote plus autour de l'axe de l'origine éternelle, et qu'une série d'événements l'ont précipitée dans une autre temporalité. Gilles Deleuze évoque *Hamlet* et l'œuvre de Kant en soulignant que le temps n'y est plus celui du mouvement cosmique et céleste autour de l'origine, ni non plus le temps météorologique du monde rural, mais celui de la ville, lequel n'est assujetti à aucune autre condition que lui-même : s'ouvre ainsi l'ordre du temps pur comme ordre du changement interminable[1].

C'est un fait que l'« exil vertical » qui résulte de l'origine pulvérisée de Salman Rushdie coïncide avec l'« exil horizontal » des masses paysannes aux parages des agglomérats urbains. Mais le monde musulman n'a connu ni la figure d'un Hamlet ni l'œuvre d'un Kant, et si peu de baliseurs du passage des temps. Quand les temps tournent dans l'innommable et l'impensable, le devenir se heurte à la fureur, au délire de spoliation, à la volonté de vengeance. C'est le règne des martyrs.

Précisément, l'analyse du tourment nous a conduits dans le même mouvement à approcher la tourmente. À l'écoute du discours islamiste qui subjugue les masses, nous avons décelé que, contrairement aux idées reçues, loin d'être un simple retour du religieux, il est plutôt la manifestation désemparée de la décomposition de la religion et de sa recomposition dans une nouvelle idéologie totalitaire moderne : le *national-théo-scientisme*. Décomposition et recomposition ne sont pas déterminées par un jeu d'idées selon l'air du temps, mais par le système de régulation de la vie des corps. En l'occurrence, il s'agit de la déroute de

---

1. Gilles Deleuze, *Critique et clinique*, Minuit, Paris, 1993, p. 42-43.

toute l'économie de jouissance que l'ordre théologal avait jadis puissamment structurée.

Une civilisation peut tomber malade si les résistances aux revendications pulsionnelles qu'elle a érigées ne suffisent plus. À défaut d'inventer de nouveaux modes de subjectivation à travers lesquels s'effectue une distribution plus appropriée des limites, on voit apparaître en son sein des forces morbides et cruelles, en même temps qu'un appel réactif à des formes radicales de répression pulsionnelle telles que l'instauration du règne du Dieu obscur, ainsi que nous l'avons constaté avec l'exemple du *voile de douleur*. Il y a là quasiment un cas d'école qui illustre l'avertissement de Freud dans *Malaise dans la civilisation*, lorsqu'il écrit : « Le sentiment de culpabilité est le problème le plus important du développement de la culture [1]. »

La décomposition de la religion et sa recomposition idéologique recèlent encore un autre enjeu à côté de celui de la jouissance : derrière le *trouble du sens*, il en va d'une modification du champ de l'altérité, de la mort et de la vérité. D'où la tentative pathétique de rétablir l'orientation gardienne de la finalité du sens dans un circuit fermé qui conduit de Dieu à Dieu. Quand le sens n'est plus orienté par l'autre monde, quand l'homme n'est plus le miroir de l'Un, quant la mort n'y reconduit plus, alors le circuit fuit de tous côtés et « prend le néant » de toutes parts. Désespérément, la science est appelée pour colmater les brèches, mais le métal de sa vérité, qui semble en apparence se prêter à un nouvel alliage avec le matériau théologique, le corrode plus intensément encore en attaquant le noyau de son atome de vérité : le langage. L'illusion selon laquelle la science poursuit les mêmes buts que la religion signe allègrement le protocole d'abdication des *noms* devant une vérité du réel qui ne peut aboutir qu'à la brutalité autorisée.

---

1. *Op. cit.*, p. 82.

De la mutation dans la civilisation

Nouvel ordre du temps, modification de l'économie de jouissance, transformation du champ de l'altérité et de la mort, émergence d'un nouveau régime de vérité : en ressaisissant les repères de cette analyse dans un plan d'ensemble, nous sommes mieux à même d'entrevoir en quoi consiste une mutation dans la civilisation. À partir du cas de l'islam, nous pouvons conférer à cette notion une signification précise. Il y a mutation dans la civilisation chaque fois que des changements atteignent les constituants de ce pentaèdre (le temps, la jouissance, l'altérité, la mort, la vérité) et entraînent une nouvelle donne dans les liens des hommes entre eux et dans leur rapport au monde ; de sorte qu'un travail de la culture (*Kulturarbeit*) est nécessaire pour rendre la donne assimilable par la vie psychique individuelle et assurer ses ancrages inconscients dans la collectivité humaine. C'est là que réside la capacité de subjectivation du vivant appelé homme, hors de laquelle il ne diffère pas de tout autre animal, si ce n'est par sa puissance de massacre. Nous savons qu'il y a un point de désubjectivation à partir duquel il devient l'animal le plus redoutable.

Si l'Europe a connu une mutation similaire d'où a émergé le sujet moderne, nous avons rappelé que non seulement elle s'est déroulée sur une longue période, mais surtout qu'elle fut guidée, et parfois anticipée, par des œuvres dans tous les domaines de la culture ; œuvres qui ont permis de penser ce qui arrivait, ou du moins de le donner à la représentation individuelle-collective. De larges pans de cette mutation sont restés longtemps impensés, notamment lorsqu'il s'agit de l'architecture invisible de la culture et de ses soubassements pulsionnels. L'émergence de la psychanalyse trouve sa racine dans l'urgente nécessité d'éclairer la transformation radicale de la subjectivité et de ses vérités, que j'ai proposé de désigner comme passage de la *psyché de Dieu à la psyché de l'inconscient*. Ce changement ne relève pas du seul registre de la représentation ; ce serait négliger le bouleversement dans les corps, plus précisément dans les agencements pulsionnels dont l'ordre moral et légal a pu à un moment donné régler l'économie générale de jouissance. Pour la psychanalyse, le travail de la culture, en tant que fonction de *représentance* entre le sujet et le collectif, n'est pas séparable de l'enjeu pulsionnel [1].

Le processus de mutation du monde islamique, s'il évoque par certains aspects celui de l'Europe, se déroule dans des conditions historiques, sociales et politiques d'une tout autre nature. Succinctement, trois traits le caractérisent : un mode d'entrée dans la modernité marqué par la violence coloniale [2] ; une rapidité foudroyante des processus de transformation et la manière dont ils sont dérobés par l'idéologie économique du développement ; la rareté des œuvres qui éclairent le présent et prospectent l'avenir. De ce fait, on peut considérer le cri de révolte islamiste comme une protestation en masse sous les effets cruels de la transformation de leur monde et du défaut de mise en œuvre de la *Kulturarbeit,* transformation rendue de ce fait impensable, absurde, déchirante.

Ces vers de *La Septième Élégie* de Rainer-Maria Rilke, l'un des poètes européens qui a été le plus intensément à l'écoute de la détresse dans la mutation moderne, disent le tragique de cette condition :

« Tout mystérieux retournement du monde a ses déshérités, tels que
   ce qui était ne leur appartient plus, et pas encore, ce qui s'approche.
   Car même le plus proche est lointain pour les hommes. »

Les masses se sont trouvées doublement déshéritées : par leur précipitation dans la misère des espaces urbains

---

1. Tout ce que Freud a écrit sur la culture repose sur cette base sans laquelle la psychanalyse n'apporte rien de nouveau à ce sujet. Plus récemment, Nathalie Zaltzman a contribué à remettre au travail cette théorie, en la confrontant aux témoignages sur les camps nazis à propos de la destruction des hommes et de leur survie dans ces conditions extrêmes où les ancrages individuels-collectifs de la *Kulturarbeit* sont abolis. Nathalie Zaltzman, *De la guérison psychanalytique*, Paris, PUF, 1998.
2. Le livre d'Alice Cherki, *Frantz Fanon, Portrait*, Paris, Seuil, 2000, montre l'ampleur de cette violence sur le plan psychique.

désolés et dans l'indigence quant à la représentation de leur situation humaine nouvellement imposée. De puissants processus de *révocation subjective* se sont déclarés à une échelle inédite. J'entends par là les formes de destitution massive qui se produisent lorsque, pour des hommes, les conditions de leur monde ne se laissent plus appréhender par les repères de vérité de leurs subjectivités. Ils se trouvent dès lors menacés dans l'intérêt pour eux-mêmes, dans la persévérance de leur être, dans la consistance du commun de leur communauté.

Si les hommes peuvent endurer des situations extrêmes de pénurie matérielle, en revanche, en tombant dans une telle destitution, ils désespèrent, délirent, se révoltent, et parfois finissent dans un état de carence tel qu'ils acceptent n'importe quelle transfusion de sens. La honte d'être un homme *révoqué subjectivement* conduit à vouloir contourner le monde au présent pour voir si, par-derrière, l'origine comme paradis inaugural de la vérité n'est pas encore ouverte. Ce schème suppose assurément un mouvement régressif devant l'interruption provoquée par la mutation. La phrase : « Ce qui était ne leur appartient plus, et pas encore, ce qui s'approche » désigne un suspens et un dessaisissement qui évoquent ce que Hölderlin a appelé la *césure*, c'est-à-dire le moment vide et délié du transport tragique où font défaut toute articulation, toute alternance [1].

Certes, le vers suivant « Car même le plus proche est lointain pour les hommes » rapporte la césure à l'étrangeté radicale de l'homme au regard de ce qui fait le propre de son être. Mais ce n'est nullement une consolation, car ce qui est en jeu ici, c'est la fragilité de la forme humaine et le trouble de sa reconnaissance. Et, pour Rilke, ils sont effroyablement menacés dans les concentrations de masse.

Dire qu'il y a une césure violente dans l'islam contemporain qui ébranle en lui les modes traditionnels de subjectivation, c'est ouvrir la problématique cruciale des identifications et des idéaux : à travers elle, nous pensons en psychanalyse la constitution de l'appartenance de chaque homme à l'espèce humaine comme un processus faisant

---

1. Cf. Philippe Lacoue-Labarthe, *L'Imitation des modernes, op. cit.*, p. 67-68.

appel au travail de la culture et pouvant être mis en échec dans certaines circonstances.

Depuis de nombreuses années, tant du point de vue de l'observation clinique que des événements sur la scène mondiale, le développement contemporain de la civilisation va de pair avec l'intensification d'une crise de l'identité généralisée. Les masses, et pas seulement dans le cas de l'islam, sont entraînées un peu partout vers des revendications identitaires folles, qui peuvent déboucher sur les exactions les plus cruelles, sous le motif de *s'approprier le propre* de ce qu'elles sont. On n'hésite pas dans le même mouvement à proclamer la destruction du propre de l'autre, à vouloir l'enlever à lui-même et à sa propre humanité, pour le laisser dans la nudité de l'animal écorché ou se l'annexer. J'ai proposé d'appeler *dépropriation* à la fois ce sentiment d'être menacé dans le propre de ce que l'on est, et en même temps la volonté de vouloir en déposséder l'autre, parce qu'il empêcherait le « Soi » ou le « Nous » de la communauté d'être le même. La *dépropriation* semble excéder le concept classique de pulsion de mort, dans la mesure où elle ne s'arrête pas à la réduction à l'inanimé mais vise l'anéantissement de qualités relatives aux identifications, aux généalogies symboliques, aux altérités. La dépropriation serait donc à la racine des processus transindividuels qui nourrissent la haine génocidaire [1].

Si l'on veut bien ne pas se contenter d'accoler à chaque fois le mot « fascisme » à ce phénomène et essayer d'aller plus avant dans l'explication de ce qui nous arrive, il faut bien chercher la trace d'une vérité historique qui touche à ce point de haine et de jouissance de l'identité. Il me paraît aujourd'hui possible, en ayant particulièrement en vue le monde musulman, de formuler un schème en trois propositions :

1 – Que la mutation moderne entraîne nécessairement une césure des ancrages identificatoires partout où elle a lieu. Cette césure n'est pas accidentelle, elle caractérise la modernité en tant que telle. Elle est systématique. Elle correspond à

[1]. Fethi Benslama, « La dépropriation », *Lignes*, n° 24, février 1995, p. 34-62.

un processus d'évolution ample dans la transformation de la subjectivité humaine qui se poursuivra sur une très longue période historique, dont l'Occident lui-même n'est pas sorti à l'heure actuelle. On ne peut se prononcer sur ses fins, au double sens de « finalité » et de « terme ». Nous ne savons pas non plus si l'humanité a connu une mutation de cette ampleur dans l'ordre de la subjectivité, puisque l'histoire et l'anthropologie, l'historicité des modes « d'être sujet » restent à faire. Mais une chose au moins est sûre, c'est qu'il s'agit d'un processus à haut risque pour l'ensemble de l'humanité, et ce d'autant plus qu'on le méconnaîtra et que l'on s'intéressera davantage aux risques écologiques pour se détourner des dévastations subjectives. La négation du psychique est une variable exponentielle dépendante de ces dévastations qui se traduisent en psychoses individuelles et collectives, en massacres et en génocides.

2 – Lorsque la césure moderne des identifications a lieu précipitamment, sans le travail de la culture correspondant, et que les déconstructions qu'elle opère sont en grande partie insues, elle se transforme en un processus désastreux de *révocation subjective* à grande échelle qui déchaîne le *désespoir des masses*. Certes, ce désespoir est d'autant plus dévastateur qu'il se conjugue avec la misère et le ravage des espaces de l'existence, mais ses causes résident dans la perte des ancrages inconscients individuels-collectifs et s'expriment dans la crainte identitaire de perdre la face ou la figure.

3 – Un tel désespoir peut se traduire par un mouvement de régression des formations humaines vers des configurations archaïques, individuelles et collectives où s'exprime à ciel ouvert la hantise identitaire, qui appelle en général à une réparation collective de la « figure » et incrimine l'autre, la minorité ou la communauté voisine, jugée responsable de ce processus de perte de la face. L'agressivité qui en découle visera dès lors à effacer la face de l'autre.

Du côté de la psychanalyse, on ne peut se cantonner aux vues développées par Freud dans *Malaise dans la civilisation* (1930) et les textes sur la culture pour aborder ces problèmes contemporains en Europe et ailleurs. Penser avec *Malaise* et « Au-delà du Malaise [1] » est un enjeu de fond pour la psychanalyse, si l'on veut bien considérer, ainsi

---

1. Selon le titre du livre de Ghyslain Lévy, *Au-delà du malaise*, Paris, Érès, 2000.

que Jacques Derrida le propose, que la cruauté psychique est, « sans alibi », l'affaire de la psychanalyse [1]. On voit du reste que la prise en compte de cette exigence se fait jour d'une manière de plus en plus insistante dans les travaux psychanalytiques en France [2].

Du désespoir avec Freud et par-delà

Considérons le problème qui nous intéresse ici particulièrement, celui qui est traité dans *L'Avenir d'une illusion* (1927), où Freud aborde la place de la religion dans la civilisation et son devenir. Il est intéressant de noter que la notion de *désespoir* vient sous la plume de Freud pour caractériser justement ce qui survient lorsque l'illusion religieuse s'effondre. Relisons l'apostrophe de son interlocuteur imaginaire (en fait le pasteur Pfister) dans les dernières pages : « Il vous faut défendre l'illusion religieuse de toutes vos forces. Si elle vient à être discréditée – et elle est vraiment assez menacée –, alors votre univers s'écroule, il ne vous reste qu'à désespérer de tout, de la civilisation et de l'avenir de l'humanité [3]. »

Certes, Freud se montre en même temps prudent par rapport à la religion sur des points qui concernent directement la crise contemporaine de l'islam. Tout en pensant la religion comme une illusion, il ne la considère pas moins comme participant de la défense de la civilisation, puisqu'elle soutient l'Idéal du moi des hommes. Rappelons que sa thèse centrale est qu'il n'y a de culture que pour autant que les hommes réussissent à s'imposer des restrictions pulsionnelles draconiennes, au moyen du refoulement et de l'interdit. L'interdit frustre les hommes,

---

1. Jacques Derrida, *État d'âme de la psychanalyse*, Adresse aux États généraux de la psychanalyse, Paris, Galilée, 2000.
2. Les États généraux de la psychanalyse (8-11 juillet 2000, à Paris), à l'initiative de René Major, ont été de ce point de vue l'une des impulsions significatives à l'échelle où les problèmes doivent se poser, c'est-à-dire du monde ; et se poser jusqu'à interroger la raison d'être même de la psychanalyse, comme l'a fait le livre d'Élisabeth Roudinesco *Pourquoi la psychanalyse ?*, Paris, Fayard, 1999.
3. S. Freud, *op. cit.*, p. 78.

de sorte que chacun d'entre eux devient virtuellement un ennemi de la culture qui est pourtant le bien de tous. Bien sûr, les hommes trouvent par ailleurs des compensations à leurs frustrations, mais le point de vue de Freud, ici, est que la culture moderne impose beaucoup plus de restrictions, surtout s'agissant des plus défavorisés ; d'autant qu'elle leur demande d'avoir une appréhension rationnelle plutôt que religieuse de l'interdit.

La culture moderne veut fonder socialement l'interdit, dit Freud, c'est-à-dire lui donner une origine humaine et rationnelle. Il plaide pour ce fondement rationnel, mais le fait est que l'investigation psychanalytique montre que l'homme, tant sur le plan général de l'espèce que du point de vue individuel, n'a accès à cet interdit que d'une manière passionnelle, accès par lequel précisément la religion approche l'interdit. Autrement dit, si les représentations religieuses sont si puissantes, c'est parce que le bouclier de leur illusion contre la détresse est plus proche du caractère émotionnel et corporel de la condition humaine. D'où son efficacité, d'où aussi la difficulté de s'en dessaisir rapidement. « C'est certainement une entreprise insensée que de vouloir supprimer de force et d'un seul coup la religion », prévient-il. De même, il serait illusoire de croire que l'illusion religieuse reculerait devant un plus grand engagement des effectivités rationnelles, si le désespoir corporel humain n'était pas pris en charge par des constructions qui en accueillent les impérieuses et passionnelles exigences, pour les reconnaître, leur proposer des solutions de substitution et les limiter.

Malgré cette prudence, Freud ne laisse pas moins grand cours à sa conviction que l'idéal de la science va se substituer à celui de la religion, maladie infantile de l'humanité. Or, nous voyons bien, avec le cas de l'islam, que le problème est bien plus compliqué encore dans la mesure où la religion ne s'effondre pas, mais entre en décomposition et en recomposition avec des éléments propres au discours et à l'idéal scientifique. Nous sommes dans une situation où il y a en réalité une *mixtion d'illusions* : la religiosité et le scientisme s'amalgament et se renforcent l'un l'autre, donnant lieu à des produits dérivés comme le culturalisme, pour aboutir à un désastre de la subjectivité où l'on en vient à regretter le sujet de l'institution religieuse de jadis, avec lequel, au moins, Dieu ne se dérobait pas dans les replis du différentialisme et de l'identité culturelle.

En fait, contrairement à ce que Freud laissait entendre, le désespoir n'est pas le terme de la mésaventure de la subjectivité religieuse. Il est à son tour le point de départ d'un nouvel état, celui d'un *mixte d'illusions*. L'explication structurale, c'est en même temps Freud qui nous en donne la clé, lorsqu'il dénonce la gourmandise du Surmoi. Plus que la nature qui ne souffre pas le vide, le Surmoi, plutôt que de rester à sec devant les césures, choisit de manger à tous les râteliers. Cette remarque vaut pour la situation du sujet en islam, mais aussi pour le sujet en Occident, qui vit un autre type de mutation le conduisant également, d'une autre manière, à des effondrements d'idéaux, à des désespoirs et au recours à des mixtions d'illusions, par exemple entre l'hypersubjectivité et la forclusion du sujet dans la raison calculante, entre le mode gestionnaire et l'humanitaire, entre l'hypertechnicité et des fragments magico-ethniques.

Du désespoir des masses dans le monde islamique

Le désespoir n'est pas une catégorie de la science politique, on n'en trouvera pas trace dans son langage. Or, le mouvement islamiste, et *a fortiori* son aile extrémiste, n'est pas pensable si on ne l'appréhende pas comme le témoignage le plus puissant de notre temps du *désespoir des masses*.

Dans un texte intitulé « Les islamistes sont-ils les ennemis de la modernisation ou ses victimes ? », l'islamologue Abdelmajid Charfi, après avoir tenté d'analyser les conditions d'émergence du mouvement islamiste, écrit en guise de conclusion : « Est-il juste après tout cela de traiter le problème des islamistes en dehors des causes qui l'ont engendré, de se contenter de les défendre ou de les mettre en prison et dans les camps de détention ? Ne convient-il pas plutôt d'intensifier nos efforts pour les sauver et sauver la société dans son ensemble de leur solution désespérée, en réduisant les causes de ce désespoir (*ya's*) [1]. »

À la base de ses développements, A. Charfi, qui conjoint l'érudition et l'observation de la réalité de son milieu, propose d'opérer une distinction entre *modernité* et *modernisme*. La modernité est le type d'une civilisation inventée il y a deux siècles, en Europe, et qui s'est étendue à toute la planète. Le modernisme, quant à lui, est l'imitation de la modernité, son application aveugle, donc son échec, parce qu'il est considéré d'une manière dogmatique comme la meilleure des civilisations possibles. Le modernisme serait en ce sens l'idéologie fourvoyée de la modernité. L'analyse de Charfi repose sur cette thèse selon laquelle les islamistes sont le produit réactif du modernisme en tant que déboire de la modernité.

Sur certains points, cette conception rejoint celle de Michel Foucault dans ses réflexions à propos de l'Iran insurgé contre le Chah. Ainsi, en 1978, deux ans avant la chute de la monarchie, écrit-il dans un quotidien italien : « J'ai eu alors le sentiment de comprendre que les événements récents ne signifiaient pas le recul des groupes les plus retardataires devant une modernisation trop brutale ; mais le rejet, par toute une culture et tout un peuple, d'une modernisation qui est en elle même un archaïsme » ; et il ajoute un peu plus loin : « Avec l'agonie actuelle du régime iranien, on assiste aux derniers moments d'un épisode qui s'est ouvert il y a bientôt soixante ans : une tentative pour moderniser à l'européenne les pays islamiques. Le Chah s'y accroche encore comme à sa seule raison d'être. Je ne sais s'il regarde déjà vers l'an 2000. Mais son fameux regard, je sais qu'il date des années vingt [2]. »

La réflexion de Charfi se consacre pour l'essentiel à décrire la généalogie du désespoir islamiste résultant du modernisme. Il commence par rappeler la situation déplo-

---

1. Abdelmajid Charfi, « Les islamistes sont-ils les ennemis de la modernisation ou ses victimes ? », *Labinât,* Sud-Édition, 1994, p. 95.
2. Michel Foucault, « Le chah a cent ans de retard », *Dits et écrits*, 1954-1988, t. III, Paris, Gallimard, 1994, p. 679-683.

rable des sociétés islamiques au début du siècle, avant l'apparition des mouvements nationaux d'émancipation du colonialisme. Un monde marqué par les fléaux de la pauvreté, des épidémies et de l'analphabétisme. Des sociétés exsangues, plongées dans une léthargie entrecoupée par des révoltes que le pouvoir colonial réprime avec férocité. Seul l'ordre traditionnel, charpenté par la religion, maintient en survie les communautés humaines, des communautés repliées sur elles-mêmes dans une économie de subsistance, sans secours et sans recours.

Une partie des élites intellectuelles et politiques avait conscience de l'état léthargique de leurs sociétés, du régime d'exploitation économique et de déni des droits que le colonialisme imposait. Certaines d'entre elles étaient le produit du système éducatif colonial qui avait introduit l'enseignement moderne dans quelques établissements pour répondre à ses besoins en cadres capables d'appliquer sa politique. C'est cette élite qui se retourne contre le système colonial et voulut réformer sa société.

Comme la référence religieuse était la référence dominante dans la culture de l'époque, les élites réformatrices, pour se faire comprendre de leurs peuples et les mobiliser contre le colonialisme, utilisèrent un langage imprégné de religion, mais d'un type nouveau qui n'est ni celui des traditionalistes et conservateurs, ni celui des milieux populaires.

À ce stade, je dirai que la description de Charfi commence à laisser apparaître les ingrédients de la césure moderne des identifications où l'on voit comment, à travers un vaste jeu de contradictions historiques, va se réaliser la sentence : « Ce qui était ne leur appartient plus, et pas encore, ce qui s'approche ». À commencer par ce mode d'utilisation du religieux dans le discours d'émancipation du colonialisme : la religion qu'ils mettent au service du politique n'est plus la religion du passé, et le politique n'est pas non plus le politique au sens moderne qui pose son autonomie par rapport au religieux.

Mais, surtout, à partir du moment où ces élites accèdent à un État national, héritier direct de l'État colonial, le processus gagne une puissance d'effectivité et de rapidité étourdissante. Dans tous les domaines de la vie sociale : famille, éducation, autorité, santé, démographie, droit, etc., Charfi montre comment les réalisations n'aboutissent pas, ou n'aboutissent qu'à rompre la transmission de l'ancien et à décimer son sens, sans pouvoir installer autre chose qu'une modernité incapable d'assumer l'institution humanisante. Apparaît alors d'une manière flagrante la structure redoutable de la double négation « *plus le passé... et pas encore l'avenir* », où, si l'on veut bien prêter l'oreille, on pourrait entendre le « ni... ni » du nihilisme. Ce n'est pas là la conclusion de Charfi ; mais s'il y a un désespoir islamiste tel qu'il en décrit les grandes scansions, il n'a pu se produire qu'à partir d'une exposition insoutenable au vide de la césure, aux *révocations subjectives* en masse qu'elle a entraînées, pour devenir par réaction une quête effrénée des vérités qui restaure la subjectivité, jusqu'à ce rebroussement au paradis de l'origine.

Cependant, jusqu'à quel point la distinction entre modernité et modernisme est-elle valable ? Ne se laisse-t-on pas aller à innocenter des processus historiques dont la mise en place ne peut s'effectuer que par une très grande violence ? Peut-on faire l'économie de l'émergence de l'État moderne et de son intervention directe dans la césure des identifications ?

L'État et le Moi

Prenons l'exemple du patriarcat. La puissance et la légitimité de son système de sujétion résident dans le postulat que l'institution de la filiation et l'institution du pouvoir sont tout un ; ce qui revient à dire que *c'est la logique de la naissance qui commande*. Le père assure la fonction d'une médiation qui perpétue l'union des deux principes, transmise par Dieu en passant par les ancêtres. Car Dieu est la coalescence originaire du commencement et du commandement, de la vie et du pouvoir, de la nature et du droit. L'identification la plus fondamentale et la plus directe de l'individu avec le père passe par cette *coalescence*, selon une logique qu'un auteur musulman ancien a appelée la *politique naturelle de Dieu* [1]. Ainsi, dans le système traditionnel, la transmission paternelle n'est pas frappée par la séparation entre la logique de la naissance (la famille) et le politique (la tribu), puisqu'elle a la fonction de les maintenir unies. C'est là le fondement du patriarcat qui donne à la fonction paternelle une si grande vigueur en faisant du géniteur un père et un chef : un *Patriarche*. On voit bien aussi comment le patriarcat se conforte de ce que Freud a appelé « l'identification *directe* au père de la préhistoire individuelle », bien que Freud ne l'assimile pas seulement au sexe masculin du père géniteur. Or l'État moderne ne peut s'instaurer autrement qu'en séparant la logique de la naissance, qui est celle de la famille, et la logique politique de la tribu, pour créer un autre espace politique plus vaste, et notamment celui de la société civile.

Cette séparation, sans laquelle on ne comprend pas la transformation des *complexes familiaux* [2] et l'étiolement du patriarcat – ce qui n'est pas sans effet sur la fonction paternelle, bien qu'en théorie on se doive de les distinguer – a des conséquences directes sur la formation du sujet. Car la structure du Moi et de ses idéaux est différente avec ou sans séparation entre la communauté de la naissance et la communauté politique. En effet, dans la condition de non-séparation, la vigueur patriarcale de l'imago paternelle assure à l'*idéal du moi* une capacité de rassemblement et d'adhérence qui accorde au *Moi* un grand potentiel de résistance à l'éclatement. Le Moi dans cette situation n'a pas besoin de mener des combats ou des actes de résistance acharnés contre la multiplicité des identifications que l'on rencontre chez le sujet moderne, pour lequel l'État a opéré la séparation entre la famille et l'espace politique. C'est pourquoi, dans l'ordre de la subjectivité pré-

---

1. Il s'agit de Miskawayh, philosophe du Xe siècle. Cf. ici même, le sous-chapitre intitulé : « Lui Lui ».
2. Selon le titre de livre de Jacques Lacan *Les Complexes familiaux*, qui n'aborde pas la place de l'État, pourtant essentielle à l'intelligibilité causale de ce qu'il a appelé « le déclin social de l'imago paternelle » en Occident. Jacques Lacan, *Les Complexes familiaux* (1938), Paris, Navarin éditeur, 1984.

moderne, le *Moi* ne revêt pas cet aspect héroïque qu'il a chez le sujet moderne et semble toujours en retrait, au point que l'on puisse parler de « démoïsation » du sujet. Cela est d'autant plus vrai qu'un tel sujet est incité sans cesse à manifester son amour et sa soumission au Patriarche, bref à le porter indéfectiblement à la place de son *Idéal du moi,* de sorte que la tentation du reflux narcissique, cause des maladies psychiques graves, est continuellement contrariée au profit de cette puissante captation.

La libération du sujet moderne de la figure du Patriarche comme *Pèrechef* (j'écris les deux vocables en continuité à dessein) ouvre bien évidemment de grands espaces de liberté avec une multiplicité d'objets d'identification où tout est possible, y compris pour des chefs qui veulent être des pères, ce qui n'est pas du tout la même chose qu'un père qui est d'emblée chef. C'est bien parce qu'il n'y a plus de *Pèrechef* que, dans les sociétés modernes de masse, les foules peuvent mettre un chef à la place de leur *Idéal du Moi*. On pourrait parler ici d'une séparation des pouvoirs de l'identification que le monde traditionnel maintenait confondus : entre le père géniteur, le père symbolique et le maître.

Rappelons la remarque de Freud qui vient après le fameux passage sur l'identification *directe* au père de la préhistoire individuelle, identification qui assurerait, selon lui, une *résistance* à la diversité menaçante des identifications d'objet : « Que celles-ci [*les identifications d'objet*] prennent le dessus, qu'elles deviennent par trop nombreuses et excessives et inconciliables les unes avec les autres, alors un résultat pathologique est proche. Cela peut aller jusqu'à un éclatement du moi, les identifications prises une à une s'isolant les unes des autres par des résistances, et peut-être le secret des cas de ce qu'on nomme personnalité multiple réside-t-il en ceci que les identifications prises une à une accaparent alternativement la conscience. Même quand cela ne va pas jusque-là, se dégage le thème des conflits entre les diverses identifications dans lesquelles le moi diverge brusquement, conflits qui en fin de compte ne peuvent être totalement qualifiés de pathologiques [1]. »

En somme, la logique d'universalisation de l'État moderne est en corrélation étroite avec l'émergence d'un sujet au Moi héroïque, à la mesure de la diversité des identifications d'objet qu'il entreprend et de la divergence qui le guette de ce fait. La littérature moderne, de James Joyce à Salman Rushdie, ne fait que témoigner de ce Moi devenu multiple. Quoi de plus logique, alors, qu'au bout d'un certain parcours ce Moi se fasse serviteur et se laisse servir par une *mixtion d'illusions* ? Le vertige de notre culture actuelle serait plutôt du côté d'une menace de divergence du Moi chez le sujet. La consommation encourage la multiplication des objets d'identification, par exemple à travers le système des marques, qui dit bien son nom.

Mais n'avons-nous pas déjà été avertis par Hegel de cette évolution, puisque sa philosophie de l'État a été d'abord une philosophie du Moi ? Il suffit de revenir à la *Realphilosophie d'Iéna* [2] pour voir jusqu'à quel point les fondements de l'État et du Moi sont les mêmes, et comment l'unité du Moi moderne n'est pensable que dans la mesure où il est multitude et mouvement dans la nuit tout autour.

Que l'État soit le grand opérateur de la césure moderne des identifications n'aurait donc rien d'étonnant. C'est précisément ce que rappelle Étienne Balibar dans *La Crainte des masses* [3], lorsqu'il en vient à théoriser une conception de la civilité qui intègre l'enjeu des identifications collectives, tout particulièrement dans les périodes de mutation. Il écrit : « Plus précisément l'idée de Hegel est qu'il faut que les identités et les appartenances primaires [famille, clan, religion, région, etc.] soient virtuellement détruites pour être, non pas purement et simplement éliminées, mais

---

1. S. Freud, « Le moi et le ça » (1923), trad. C. Baliteau, A. Bloch, J.-M. Rondeau, *Œuvres complètes*, t. XVI, Paris, PUF, p. 275.
2. Jacques Taminiaux, *Naissance de la philosophie hégélienne de l'État*, commentaire et traduction de la *Realphilosophie*, Paris, Payot, 1984.
3. Étienne Balibar, *La Crainte des masses*, Paris, Galilée, 1997, p. 60.

reconstruites en tant qu'expressions particulières et médiations de l'identité politique collective ou de l'appartenance à l'État. » Et l'auteur d'ajouter un peu plus loin : « [...] La déconstruction des identités primaires, même et surtout comme prix d'une libération, est un processus en lui-même extrêmement violent, une "désincorporation" ou un démembrement de l'individu et de l'appartenance qui fonctionnait pour lui comme adhérence [1]. »

Nommer le désespoir des masses dans le monde islamique, c'est dire que l'État moderne aux mains d'une élite postcoloniale a (à l'exception relative d'un Bourguiba) déclenché un processus incontrôlable de destruction insue de l'ordre ancien des identifications primaires, pour mettre à sa place des simulacres de construction, sans parvenir à réaliser autre chose qu'une série de désarticulations. L'immédiateté de la tradition à elle-même est rompue et dessaisie de sa conscience, sans qu'une nouvelle *Kulturarbeit* se substitue aux modes de transmission détruits, pour instaurer en fin de compte une entremise déchirante de délégations répressives, plus féroces que celles des patriarches. L'idéologie islamiste est la réponse en *mixte d'illusions* à la *révocation subjective* que cette césure a effectuée en masse.

Quelle est la position du psychanalyste devant cette condition ? Il ne tient pas pour négligeables la brutalité des mutations, ni les privations qui les accompagnent. Freud ne les avalise jamais au nom du progrès et considère plutôt qu'elles font courir un danger à la civilisation. Il se refuse aussi à toute forme de restauration de l'ordre ancien, mais n'accepte pas non plus la condition actuelle, sans nier pour autant la nécessité et l'aridité de la perte. En ce sens, nous rejoindrions avec lui ce fragment de Nietzsche : « [...] On s'interdit tout chemin détourné menant à des arrière-mondes et à de fausses divinités – mais l'on ne supporte point ce monde-ci, que l'on ne saurait vouloir nier pour autant. [...] [2]. » Pas de retour en arrière, pas de soumission

---

1. *Op. cit.*, p. 49.
2. Nietzsche, « Fragments posthumes », *Œuvres complètes*, t. 11, Paris, Gallimard, p. 243.

à l'actuel, pas de négation du réel, auxquels il faudrait ajouter les trois actes positifs qui soutiennent l'élaboration du psychanalyste : entendre la fureur, nommer le désespoir, analyser ses figures.

7

Post-scriptum

Après le 11 septembre

La sidération devant l'effroyable et le ressassement des images terrifiantes de l'attentat du 11 septembre ont vite cédé la place à un immense forum à l'échelle mondiale pour expliquer les causes de cet acte et saisir sa portée d'événement dans le nouveau siècle commençant. L'effraction réelle s'est transportée dans la pensée et dans l'univers du discours. Les paroles lues et entendues tranchent avec la torpeur de ces dernières années où l'histoire était supposée finie. Quelque chose comme un désir de relire le monde dans l'obscure poussière des tours s'est déclaré partout sous nos yeux exorbités. Notre franc-parler croît avec le pressentiment que l'ignoble aujourd'hui pourrait n'être que l'annonce d'un demain plus terrifiant. Toutefois, il existe un risque que des interprétations qui paraissent fournir dans l'urgence une raison vraisemblable au lancinant « pourquoi ? » aillent par le chemin le plus court, et, plus grave encore, ne produisent les illusions qui alimentent les mythes identitaires haineux à venir.

Un thème explicatif surgi aussitôt après les attentats me semble appartenir à ce risque. Il a trouvé un écho rapide et fut propagé par un grand nombre de médias sur la planète. Il est en passe de devenir la vérité de l'événement et le point de mire de ce qui vient. Il s'agit du motif de l'*humiliation et de l'islam*, d'un islam humilié qui répondrait par la terreur sacrificielle, en se vengeant des États-Unis d'Amérique, voire de ce qu'on appelle l'Occident, accusés d'être les auteurs de cette humiliation.

Ce motif est d'un maniement dangereux, d'autant qu'il contient une part de vérité qui relève de la sphère des « affects politiques » déplacés et détournés des véritables raisons. Sous les dehors d'un acte de reconnaissance d'un tort, qui a pu ici ou là s'énoncer sous le mode du *mea culpa* : « Nous avons humilié les musulmans », il dresse une série de pièges infernaux qui authentifient le projet de guerre des civilisations et ouvre un crédit illimité pour la terreur à venir.

D'abord, il infère que ceux qui ont planifié l'attentat expriment l'islam et les musulmans et qu'ils sont engagés dans une logique d'honneur et de dignité à recouvrer. Quel parfait alibi pour poursuivre dans la même voie, et quelle meilleure soudure avec le désespoir des masses ? Nous savons que l'humiliation par l'autre est un affect puissant qui déplace les masses et permet d'impulser les logiques sacrificielles les plus extrêmes pour recouvrer la dignité outragée. Quand l'exemple de l'humiliation du traité de Versailles comme cause de la Seconde Guerre mondiale vient à l'appui de cette interprétation [1], la légitimation du ressentiment et de la vengeance est coulée dans le roc de la vérité historique.

Ce motif suppose également que l'islam ou les musulmans sont assimilables en une entité unie pouvant sentir et vouloir, éprouver, baisser la même tête (le sens ecclésiastique du latin *humiliare*). Or rien n'est plus fallacieux qu'une telle assertion ; si l'islam est le nom d'une religion, sa réalité humaine, culturelle et politique est multiple et diffractée. L'actualité en a fait la démonstration quelques jours après l'attentat, à travers l'accueil que les musulmans du Kazakhstan ont réservé à la visite du pape. Ils constituaient les deux tiers de la foule qui assistait à la messe [2] ! L'explication ne tient pas compte non plus du vide théologico-politique qui s'est ouvert dans l'islam au début du siècle dernier, puisque, depuis l'abolition du califat (1924), nul ne dispose du pouvoir souverain d'exception de déclarer la guerre. Tout appel au *jihâd* adressé aux musul-

1. Cf. par exemple l'article de Pierre Hassner, *Le Monde* du 23-24 septembre 2001.
2. *Le Monde* du 24 septembre 2001.

mans relève de l'imposture. Il n'y a plus que des guerres nationales, ou bien le fait de caïds qui rêvent de devenir les papes d'une religion qui n'en a pas. L'islam n'a pas d'unité, n'a pas de centre, n'a pas de souveraineté politique, il n'a de cohésion que par un noyau théologique et rituel limité qui s'est fondu dans les cultures où il a pénétré. Aucune institution n'en détient le magistère, à l'instar de l'Église catholique.

S'il est vrai que les masses dans le monde arabe endurent depuis des dizaines d'années une condition dégradante sur tous les plans, en réduire les ressorts à l'humiliation par l'Occident ou les États-Unis, c'est commettre une imposture intellectuelle quant aux mécanismes qui ont abouti à cette condition. La victimisation par les seules forces extérieures ne peut que détourner l'attention des causes internes et perpétuer la position passive qui caractérise la posture de l'humilié, en tant qu'il reste de tout son être rivé à sa propre débâcle sans échappée possible.

Depuis plus de vingt ans, l'actualité nous a fourni, sur tous les fronts, les signes d'un délabrement politique profond du monde arabe, qui a atteint ses structures anthropologiques fondamentales. Un processus funeste lié à la structure du pouvoir a nourri une pathologie dont l'énergie n'a pas fini de semer souffrance et désolation. On n'éclairera pas les causes de ce délabrement si l'on ne revient pas à l'évidence première de l'existence de toute communauté humaine, que la destruction du politique engendre une cruauté qui ruine la dignité des hommes.

En ce sens, le monde arabe est sujet de sa propre humiliation. La responsabilité principale en incombe incontestablement à ses gouvernants. À une génération d'hommes politiques courageux qui ont mené leurs peuples à affronter les puissances coloniales, à arracher leur émancipation et à gagner le respect de tous, a succédé une clique de « mal venus » qui se caractérisent, à quelques exceptions près, par une combinaison de traits infâmes : ils sont souvent *incultes, corrompus, tyranniques*.

Que de méfaits, que de mystifications ont-ils accumulés au sujet de leurs peuples ! Leur catalogue serait long à établir. Il est à la mesure du ressentiment et de la fureur qui s'étalent au grand jour. Et ce n'est pas parce que leurs exactions n'ont pas pris les formes visibles du camp et du génocide (c'est le cas pour certains) qu'elles ne sont pas dévastatrices. De quoi cette dévastation est-elle faite ? De la banalité monstrueuse d'*une machine de jouissance du pouvoir* associant la famille archaïque, l'État répressif et l'appropriation des richesses entre les mains des mêmes.

La richesse du monde arabe est détenue par deux cents familles régnantes, y compris dans les pseudo-républiques. La principale d'entre elles, la plus paradigmatique de cet état, est la famille Saoud, qui a assimilé tout un pays à ses campements. L'Arabie est le seul État au monde dont le nom porte cette appropriation familiale. Cette machine n'a pas cessé, depuis trente ans, d'éradiquer contestation, opposition, créativité par la prison et la torture, par les meurtres, par la corruption des élites et l'imposition des normes les plus féroces de la planète. Ses maîtres d'œuvre ont maintenu et aggravé les formes archaïques de domination du mâle et de répression sexuelle. La plupart ont exclu les femmes de la vie politique et n'ont toléré leur présence publique qu'emballées dans des sacs, munies de muselières. Si humiliation il y a, elle est donc essentiellement le fait de cette engeance.

Depuis quelques années, sentant que la trop grande patience de leurs peuples s'épuisait, ils ont trouvé le moyen, à travers des médias à leur dévotion, de détourner l'attention sur leur principal protecteur en le désignant comme responsable du désespoir qu'ils ont semé. Le thème de l'humiliation par les États-Unis ou l'Occident leur permet d'échapper à leur responsabilité de première ligne. Il faut dire que ces puissances, sans la complicité desquelles ces régimes n'auraient pas survécu, n'ont manqué aucune occasion pour montrer le peu de cas qu'elles faisaient des intérêts des peuples que leurs protégés sont supposés représenter. La forfaiture, l'inconsistance et la soumission de ces derniers ont permis que se perpétuent les foyers d'injustice et les défaillances du droit international.

La croissante grossièreté de ces hommes, l'indécence de leur richesse étalée, la laideur de leurs manières qu'ils veulent faire passer pour un patrimoine culturel ont diffusé dans le monde une image détestable des Arabes. Si les États-Unis sont haïs pour leur puissance arrogante, la représentation des Arabes qu'ils ont propagée suscite le mépris par la disgrâce d'un mélange d'impotence niaise et de bouffonnerie ombrageuse. Bien évidemment, le racisme antiarabe a trouvé matière à s'en repaître et à retarder la prise de conscience dans le monde de l'injustice faite à ces peuples.

On ne soulignera jamais assez combien le pétrole a donné la capacité de perversion et de manipulation à l'origine de configurations historiques improbables. L'accaparement des richesses et l'assujettissement de l'État aux intérêts particuliers des familles et des clans rentiers les ont propulsés, dans leur archaïsme même, en avant-garde de l'ultralibéralisme du marché mondialisé. Ils étaient archaïquement en avance par rapport au nouvel ordre économique mondial. C'est de là que procède leur puissante alliance avec le camp néolibéral américain.

Par ailleurs, on ne comprend pas pourquoi la modernité du monde arabe s'avère si catastrophique, alors qu'à la différence d'autres régions de la planète il existe avec l'Europe un fond culturel si important que nombre de penseurs incluent le monde arabo-islamique dans l'aire occidentale.

Si nous savons que les civilisations sont mortelles, dit-on assez qu'elles sont sujettes à des narcoses qui peuvent être fatales, mais aussi donner lieu à des réveils où se ressource le vouloir-vivre ? L'Europe a vécu une phase crépusculaire qui a duré quelques siècles, pendant laquelle l'idéal monothéiste et la flamme du savoir grec étaient entretenus par la civilisation de l'islam. Celle-ci sombra à son tour dans une longue léthargie entre le XVe et la première moitié du XIXe siècle. Le monde arabe connaîtra à partir de là une période d'éveil et de désir de modernité qui deviendra un mouvement de *Renaissance* où les forces de progrès domineront idéologiquement la société, jusqu'à l'émancipation du colonialisme.

Mais, au cours des années soixante, les familles rentières du pétrole ont compris que cet éveil prenait la forme d'une Renaissance dangereuse pour leur existence ; aussi ont-elles fomenté un dessein qui visait à lui donner un coup d'arrêt. Profitant de la guerre froide, des contradictions du processus de transformation, des erreurs stratégiques des progressistes, les familles ont financé l'émergence des mouvements islamistes radicaux pour détruire les forces de liberté, suspendre l'interprétation des textes anciens et diffuser leurs propres valeurs. Elles ont réussi au-delà de leurs prévisions. Une fois la gauche détruite, la revendication politique n'a plus d'autre possibilité que de passer par la formation la plus armée émotionnellement, l'idéologie religieuse matinée de nostalgie de l'Âge d'Or. Elle convertit l'exclusion des masses en un puissant ressentiment contre la modernité. Fabriquer du mensonge avec de l'argent et du sacré, voici la prouesse idéologique des familles rentières, à la tête desquelles, encore une fois, le pouvoir saoudien. Issu d'une faction qui prône un puritanisme rigoriste (le wahhabisme), qui répudie l'islam des lumières, il diffuse à travers les mouvements islamistes une conception littérale de la religion, hantée par un Dieu vengeur qui demande toujours plus de renoncement ; lequel renoncement, comme nous le savons depuis Freud, ne peut engendrer que davantage de revendications pulsionnelles, de répression et d'étanchement sacrificiel en boucle. Voici encore une configuration improbable à laquelle l'histoire donne jour : l'une des branches ultraminoritaires de l'islam, quasiment une secte, parvient par les moyens que lui donne la richesse du pétrole, et avec le soutien de son protecteur américain, à transformer l'anomalie en une idéologie dominante. L'invention des talibans est inscrite dans la logique de ce processus que l'Arabie saoudite a commandé. Pour tout observateur attentif aux faits, il est évident qu'il n'y a pas de différence d'essence entre le démiurge et sa créature, mais seulement une différence de degré.

Toute analyse qui n'intègre pas la matérialité des forces historiques à l'intérieur de l'espace de vie qu'elle étudie est condamnée à produire une pensée mensongère de l'essence, de l'innocence, des sentiments de l'âme collective outragée par l'étranger. Elle ne propose, en somme, rien d'autre que le moulin éternel du ressentiment.

Chapitre II

LA RÉPUDIATION ORIGINAIRE

1

Appropriation et traduction du père

Freud et l'islam

C'est sous le chapitre des difficultés que Freud aborde dans *L'Homme Moïse et la religion monothéiste* [1] le cas de l'islam, s'excusant de ses connaissances limitées et l'écartant aussitôt de son étude. Mais, auparavant, dans un court passage, il propose une interprétation rapide de la fondation de l'islam et du ressort de son expansion. Il faut remarquer d'emblée que son propos s'appuie sur une information précise, recueillie à des sources non citées, sans doute puisée dans le domaine très riche de l'orientalisme allemand. Voici le passage concerné : « L'auteur doit avouer avec regret qu'il ne peut donner plus que ce seul exemple [le judaïsme], que ses connaissances en la matière ne sont pas suffisantes pour compléter l'investigation. Ses connaissances limitées lui permettent seulement d'ajouter que le cas de la fondation de la religion mahométane lui apparaît comme une répétition abrégée de la fondation de la religion juive, dont elle se manifesta comme une imitation (*Nachtahmung*). Il semble en effet que le prophète avait originellement l'intention d'adapter intégralement le judaïsme pour lui et pour son peuple. La récupération (*Wiedergewinnung*) de l'unique et grand Père-originaire (*Urvater*) produisit chez les Arabes une extraordinaire élévation de la conscience de soi, qui conduisit à de grands

[1]. S. Freud, *L'Homme Moïse et la religion monothéiste*, trad. C. Heim, Paris, Gallimard, 1986, préface de Marie Moscovici.

succès temporels mais s'épuisa aussi en eux. Allah se montra beaucoup plus reconnaissant à l'égard de son peuple élu que jadis Yahvé à l'égard du sien. Mais le développement interne de la nouvelle religion s'immobilisa bientôt, peut-être parce qu'il manquait l'approfondissement qui produisit, dans le cas juif, le meurtre perpétré sur le fondateur de la religion. »

Quoique brèves, ces formulations engagent assez loin la réflexion sur l'islam. D'une part, Freud l'insère dans le cadre général de sa théorie de la religion, au regard de la question centrale du père. Cette insertion se fait à travers le concept de répétition (*Wiederholung*) qui n'est ni la reproduction ni la rumination (*Grübelzwang*). Le phénomène de la répétition est pensé en psychanalyse selon deux registres : sur le plan symbolique, le principe du langage suppose l'utilisation des mêmes signes. Dans la mesure où le même sert à produire des significations nouvelles, on peut dire que la répétition produit de la différence. Le second plan est celui de la rencontre avec un réel impossible à symboliser. C'est le cas dans le traumatisme où la répétition vise à maîtriser le trauma ; elle témoigne de l'échec de son intégration à la vie psychique et du dépassement de l'événement insupportable. Elle est donc une tentative vaine qui s'accommode du retour du même. Ce retour a amené Freud à introduire le concept de « pulsion de mort ». Ainsi, la répétition peut relever d'une avancée créative, ou bien de son contraire qui s'oppose à la démarche vitale.

D'autre part, en usant de la notion d'*imitation*, Freud reprend l'une des thèses de l'orientalisme européen de l'époque sur l'influence du judaïsme dans la fondation de l'islam, qui s'oppose à un autre courant situant les débuts de cette religion plutôt sous l'ascendance du christianisme. L'histoire des idées européennes sur l'islam comme *imitation*, c'est-à-dire comme n'ayant pas de *propre*, est longue. Dans ses affirmations les plus radicales, elle relie cette impropriété originelle à la propension de son fondateur à l'appropriation de ce qui appartient aux autres religions ; d'où le thème de l'usurpation et du faux prophète qui a jalonné cette histoire. Dès son émergence, la dernière religion monothéiste est entrée en conflit avec celles qui l'ont précédées, ce qui a focalisé le début de la prédication du fondateur autour de l'héritage d'une première foi, celle d'Abraham dont il présente l'islam comme la *réappropriation*, après sa déformation et son oubli par le judaïsme et le christianisme. Le retour à Abraham a été le mot d'ordre de la re-fondation mahométane, un retour qui se veut l'ultime du monothéisme, scellant ainsi son origine à sa fin. Or, comme nous allons le voir, l'*appropriation originaire* est une très vieille histoire dans le monothéisme. Elle est présente dès la Genèse, au sein de la famille patriarcale, à travers le drame qui se noue entre Abraham, Sarah et Agar. C'est toute la question du don de l'origine, de son partage, de son appropriation ou de sa réappropriation qui va nous occuper ici. Les manœuvres d'écriture et de lecture dans le monothéisme, de tous bords, de tout temps, jusqu'à l'époque actuelle, n'ont cessé de tourner autour de ce point : la hantise du propre de l'origine, de sa propriété et de sa pureté, de son « originarité » et de sa virginité. N'est-ce pas là un des enjeux de *L'Homme Moïse et la religion monothéiste,* lorsque Freud entreprend de montrer que le fondateur du judaïsme est égyptien, étranger au peuple hébreu ? À l'origine, il n'y a pas de propre.

Notons également que si Freud rapporte la fondation de l'islam à une appropriation du judaïsme, par deux fois dans *L'Homme Moïse* il reprend la thèse de Meyer sur l'emprunt initial, par des tribus juives, de leur dieu aux Arabes : « Les tribus juives adoptèrent en ce lieu (en Arabie) la vénération d'un dieu Yahvé, qui était probablement celui de la tribu arabe voisine des médianites. D'autres tribus voisines adoraient probablement aussi ce dieu [1]. »

Appropriation, *mimésis* et répétition originaires, telle est la problématique complexe soulevée par cette remarque incidente de Freud à propos de l'islam, problème considérable de la formation des ordres symboliques et de l'émergence des civilisations les unes par rapport aux autres, d'une origine à l'autre. *L'Homme Moïse* constitue de ce point de vue une tentative pour penser tout à la fois la pluralité des émergences et la résurgence d'une même trace à

---

1. *Op. cit.*, p. 102, cette idée est reprise p. 142.

travers les temps et les lieux : *émergences et résurgences de l'origine*, telle pourrait être la formulation de ce problème. C'est à l'intérieur de ce contexte qu'il faut situer le dernier volet de l'affirmation de Freud à propos de l'islam : « La récupération (*Wiedergewinnung*) de l'unique et grand Père-originaire produisit chez les Arabes une extraordinaire élévation de la conscience de soi, qui conduisit à de grands succès temporels, mais s'épuisa aussi en eux. »

Wiedergewinnung se compose de *Gewinnung*, qui désigne l'acte d'obtenir, de gagner, de prendre et de *wieder*, qui signifie *encore, encore une fois*. *Wiedergewinnung* indique de façon précise le fait de regagner, de reprendre, soit l'enjeu d'une appropriation répétée, ce qui suppose une interruption et une reprise de ce qui fut à soi ou à quelqu'un d'autre. L'adverbe *encore*, qui marque l'idée d'une répétition ou d'un supplément, se trouve dans le concept freudien de « répétition » *Wiederholung,* ou de *Wiederholungszwang*, que l'on traduit par « compulsion de répétition ».

Cette proposition d'une *ré-appropriation* du Père-originaire, dans la fondation de l'islam, nous intéresse au plus haut point. Nous ne la considérons pas comme la résolution d'un problème, mais comme une provocation à penser la question du père en islam dans son rapport aux autres monothéismes. Nous sommes ainsi appelés à faire une expérience avec Freud, en mettant à l'épreuve son affirmation : « La récupération (*Wiedergewinnung*) de l'unique et grand Père-originaire produisit chez les Arabes, etc. » De quelle façon cette *Wiedergewinnung* aurait-elle pu être possible ? Comment, en empruntant le frayage des monothéismes précédents, le fondateur se réapproprierait-t-il le Père-originaire ? Comment concilier la réappropriation du *Père-originaire*, figure mythique de la jouissance sans limites, avec le Dieu de la Loi monothéiste ? Freud ne se met-il pas ici en contradiction avec sa thèse concernant l'origine de la société et de la spiritualité ? Ramener la figure du père primitif de *Totem et Tabou* pour expliquer les ressorts de l'islam nous place devant une alternative : ou bien l'islam méconnaît le père symbolique et dans ce cas la notion de « succès », de « temps » et de « monothéisme » n'a pas de sens. Il faut rappeler ici la thèse de Hegel qui attribue la rapidité avec laquelle l'islam devient un « empire universel » au degré élevé de l'« abstraction de son principe » et à la « plus haute intuition de l'Un » dans sa conscience [1]. L'abstraction suppose nécessairement un retrait de la chose et un nettoyage de l'imaginaire lié à la représentation de Dieu. Ou bien la persistance du *Père originaire* est partout présente dans les systèmes spirituels à travers un antagonisme continuel en leur sein avec la figure du père symbolique, une lutte permanente entre le « Dieu obscur » et le « Dieu sublime ». Dans ce cas, l'islam n'est pas différent du reste ; il faudrait alors examiner chaque fois les phases historiques où l'antagonisme devient virulent avec la prévalence de l'une des deux figures. Entre les VIe et XVe siècles, le règne de l'empire musulman universel sur le monde a donné lieu au pire et au meilleur sur ce plan. Le christianisme qui serait, selon Freud, la religion la plus proche de l'aveu du meurtre du père, a connu de tels aléas. Le Dieu à l'œuvre dans la Sainte Inquisition, par exemple, ne se caractérise pas par la sublimité. Il en est de même du Dieu du GIA algérien ou des talibans dans l'islam contemporain. Du reste, l'Ancien Testament témoigne longuement de la présence des deux figures et de leur lutte continuelle dans le désir humain. Peut-être est-ce là tout l'enjeu des répétitions monothéistes qui se heurtent à un impossible à symboliser totalement dans leur rapport originaire à l'Un.

Il y a une autre explication à la difficulté de Freud devant l'islam et à son rabattement sur la solution du père primitif. C'est que, contrairement au judaïsme et au christianisme, dès son origine, l'islam exclut Dieu de la logique de la paternité. Le Coran prend en effet un soin particulier à éloigner la représentation de Dieu de la référence au père, même à titre symbolique. Les proclamations de l'unicité de Dieu bannissent sévèrement toute notion de génération ou d'engendrement divin. Dans la sourate dite « *du culte pur* » (S. CXII), la nature divine s'affirme en ces termes abrupts :

---

1. G.W.F. Hegel, *La Raison dans l'histoire*, Paris, 10/18, 1965, p. 293.

« Dis : Lui Dieu l'Un. Dieu de la plénitude. N'engendre pas. N'est pas engendré. Nul n'est égal à Lui. »

Le problème est donc le suivant : comment penser la question du père dans une religion où Dieu n'est pas le père ? L'exploration de la conjoncture du père dans l'islam va dès lors nous engager dans l'élucidation d'une répétition monothéiste qui, tout en empruntant les matériaux de celles qui l'ont précédé, aboutit à une différence au centre de ce que la théorie freudienne considère comme la genèse de la symbolicité et de la spiritualité.

Genèse du père, don du lieu

Si une réappropriation du Père-originaire est envisageable dans l'islam, elle passe assurément par la figure d'Abraham, le père que le monothéisme met *Entête* [1] de son archive, et que nous appellerons le *Père-de-la-genèse*. Il faut souligner, en effet, que la formation de l'islam serait incompréhensible sans cette figure, sans ce qu'elle a pu engager de la problématique des origines. C'est par ce *Père-de-la-genèse* que le prophète de l'islam s'ouvre l'accès à l'Unique et au Grand. Ainsi qu'en témoigne le texte coranique à plusieurs reprises, la prédication muhammadienne se relie à la Genèse abrahamique par trois fonctions symboliques fondamentales :

– *Par la nomination* : le prophète de l'islam attribue à Abraham le don du nom « musulman » avant l'islam : « C'est lui qui vous a donné le nom de "musulmans", autrefois déjà et ici même » (S. XXII, 78). Le terme « musulmans » (*al-muslimîn*) signifie ici l'assujettissement au dieu unique d'Abraham, la soumission à sa loi, l'abandon à son dessein, tels qu'Abraham les découvre.
– *Par la filiation paternelle :* Muhammad définit l'islam comme clôture du monothéisme, en tant qu'il retrouve « *La religion de votre père Abraham* » (S. XXXII, 78). C'est pour-

---

1. C'est ainsi qu'André Chouraqui traduit la Genèse par *Entête*, Paris, J.-C. Lattès, 1992.

quoi on peut dire que l'islam se détermine dès ses débuts comme la religion du retour au *Père-de-la-genèse*.

– *Par l'inscription rituelle* : l'islam est la seule des trois religions monothéistes à faire de la commémoration du sacrifice d'Abraham une obligation rituelle annuelle au cours de laquelle chaque père de famille procède au sacrifice du bélier substitutif. Cet élément est capital dans la formation du *complexe paternel* en islam, puisque le renoncement au meurtre du fils est mis en scène et rejoué d'une manière permanente. Plus qu'une remémoration, on pourrait parler ici d'une réactualisation du renoncement au meurtre du fils et de son pacte [1]. Mais si cette mise en scène du sacrifice, son *actus* au sens théâtral du terme, rappelle le renoncement, elle convoque du même coup son origine, ou ce pourquoi il s'est constitué comme renoncement.

Car si le *Père-de-la-genèse* n'est pas le *Père-originaire*, c'est pour autant que l'ordre spirituel et symbolique que ce dernier instaure est fondé sur le renoncement à la jouissance illimitée et sur la reconnaissance de l'altérité radicale de l'Autre. On sait comment le récit biblique relate l'effort pathétique d'Abraham pour constituer l'idéal antinomique du *Père-originaire* et de sa toute-puissance imaginaire, jusqu'à l'aboutissement de la circoncision et de l'alliance. Mais n'est-ce pas dans cette volonté même de s'arracher au *Père-originaire* qu'Abraham transmet les affects attachés à son archaïcité, telle la scène de la substitution sacrificielle du bélier qui établit le pacte du renoncement ? Le *Père-de-la-genèse* est donc hanté par le spectre du *Père-originaire* dont il se veut le triomphe. Il est le support de son archiécriture.

En somme, *le Père-de-la-genèse* montre la *genèse du père*, en tant que décollement se faisant du *Père-originaire*. On peut émettre l'hypothèse que cette figure du père en génésie est nécessaire à l'intelligibilité du père, à son écriture, à sa transmission. L'écriture concernant Abraham, qui se montre à l'œuvre dans cette partie de la Bible, assure une fonction de *génération du père* dont on peut penser qu'elle est un enjeu crucial pour tout texte préten-

---

1. Je reviendrai à plusieurs reprises sur ce point, notamment dans le sous-chapitre : « Le sacrifice et l'interprétation ».

dant à un effet dans la pensée ou dans la culture, spécialement au cours des périodes de mutation de la civilisation. C'est cette fonction que nous voulons approcher ici dans sa transmission du texte biblique au texte coranique.

Pour les Arabes, Ismaël pourrait être désigné comme *Père* au sens où, avec ce nom, quelque chose qui est supposé être *proprement* arabe commence. Ce commencement vient dans le récit de la Genèse au cours de l'épisode dramatique où Abraham renvoie Agar et son fils Ismaël dans le désert sur l'instigation de Sarah qui veut garder l'exclusivité de l'héritage pour son propre fils Isaac. Au moment de l'extrême abandon où l'enfant Ismaël est sur le point de mourir de soif, Dieu fait voir à Agar une source d'eau qui les sauve de la perdition. C'est là que survient la promesse : « [...]. Car j'en ferai une grande nation. » Avant la promesse, Ismaël est un enfant qui pleure, un fils abandonné dans le désert par son père, sur le point de mourir de soif ; mais, à l'instant où la promesse est proférée, il devient le Père d'une nation à venir. L'acte de la promesse ne prend pas son effet seulement dans le futur vers lequel il tend, il produit à l'instant même où il est proféré une coupure par laquelle le fils est séparé de son père qui l'a abandonné. Il est relevé et sauf, propulsé vers un destin qui lui est propre. Ismaël advient en tant que fils-père national, en prenant source dans la promesse comme don d'une instance de l'origine. Mais ce don n'a lieu que si l'être est abandonné vers la mort ou à l'inconnu. Plus exactement, le don d'être suppose l'être à l'abandon.

Don et abandon, ces termes sont au fondement de l'ontologie monothéiste du père et du fils, le ressort pathétique de leur dialectique. C'est dans la conjonction de l'amour et de la mort que se révèle leur mutuelle appartenance, puisqu'il n'y a pas d'abandon s'il n'y a pas amour, et il n'y a d'abandon radical qu'à la mort [1]. Le cri du Christ : « Élie, Élie pourquoi m'as-tu abandonné ? » n'est peut-être pas tant un appel à fournir la raison, ni un reproche adressé au Père, que le cri déchirant devant le

---

1. J'ai en vue les belles pages de Jean-Luc Nancy, « L'être abandonné », *L'Impératif catégorique*, Paris, Flammarion, 1983, p. 141-153.

mystère d'une dérélictíon où la grâce se révèle dans la cruauté [1].

Si, pour le judaïsme, le fils est relevé au bord du sacrifice par le père, si dans l'islam la relève est dans l'arrêt de l'errance en compagnie de la mère, avec le Christ mourant et ressuscitant apparaît cette dialectisation absolue de l'abandon et de la relève, selon la logique de l'*Aufhebung* [2], puisqu'il y a franchissement de la barrière de la mort afin de parachever la manifestation de la co-appartenance du père et du fils.

« Qu'as-tu Agar ? Ne crains pas, car Dieu a entendu la voix de l'enfant dans le lieu où il est. Lève-toi ! Relève l'enfant et prends-le par la main, car je ferai de lui une grande nation » (21 :17-20). Ce passage de la Genèse indique un double don du lieu. Alors que l'entente divine ouvre un lieu dans l'espace du désert où l'enfant est sauvé de la mort, la promesse projette, contre l'effacement mémorial, un lieu dans le temps ; lieu vers lequel se dirige l'*envoi d'un fils en devenir de Père-national*. Les traditions juive, chrétienne et par la suite musulmane ont conservé, à partir de cette promesse, la mémoire d'Ismaël en tant qu'ancêtre des Arabes ; au point que l'appellation *Ismaéliens* devint synonyme d'*Arabes*. Le lieu où la source est supposée avoir surgi sera identifié par le récit de l'islam comme le site même de l'édification de La Mecque.

L'*entente ouvrante* de la voix est donc à l'origine de l'islam, une origine émise depuis l'origine de l'autre ou de son écriture. C'est en croyant être le destinataire de cet envoi, très longtemps après, que Muhammad fonde l'islam comme la foi en un Dieu qui se présente originairement dans le recueil de la voix infantile au cœur de la détresse de l'abandon. Telle est l'une des sources de la religion. Le

---

1. Henri Meschonnic propose la traduction suivante de ce passage : *"Mon Dieu mon dieu à quoi m'as-tu abandonné"*. *"À quoi"* modifie complètement la signification de l'abandon, car il ne s'agit plus d'une demande au père à fournir la raison, mais d'une question sur l'incertitude de la destination. Programme Claudel, *Jeanne d'Arc au bûcher*, Opéra de Paris-Bastille, novembre 1992.

2. Qui est au centre de la déconstruction de Jacques Derrida, *Glas*, Paris, Galilée, 1974.

statut de l'altérité en islam est marqué par la voix, par une *lettre-voix*, celle qui se trouve dans la composition du nom d'*Ismaël* : Dieu entend. Le père porte le Nom de l'entendu de l'Autre.

L'approche du principe du père à l'origine doit donc envisager plusieurs figures du père entre lesquelles les rapports ne peuvent être pensés d'une manière linéaire ou fixe, mais plutôt comme un *jeu de transpropriation du père*. Il y a Abraham, au sommet de la généalogie monothéiste, père s'engendrant de sa capacité de se détacher de la figure tyrannique et meurtrière du *Père-originaire*. C'est lui, le *Père-de-la-genèse,* qui, par son renoncement, convoque sur la scène le spectre du *Père-originaire*. Mais Abraham n'est pas père sans le fils qui le fera père. C'est tout l'objet du récit de la Genèse qui le montre *en attente* d'une paternité promise mais qui tarde tant. L'attente du fils fait partie de la genèse du Père, d'autant qu'elle mène à des manœuvres cruciales, à une vaste dramaturgie pour montrer l'engendrement du fils et du même coup la génération du père à travers la venue du fils. Dans la mesure où la promesse du dieu de la Bible à Abraham est la promesse d'une postérité, le Père se détermine par sa fin, et il est clair que cette fin est nationale, puisque le fils (chacun des deux fils, Ismaël et Isaac) devient *Père d'une nation*.

Le père comme traduction

Si, dans le monothéisme, le national et le filial sont étroitement liés pour établir la genèse du Père, l'écriture de cette genèse à partir du fils nécessite une troisième instance et un autre temps. Jâhiz, auteur rationaliste arabe du IXe siècle, l'indique avec son acuité habituelle : « Si le prophète n'avait pas dit : "Ismaël était arabe", il ne pourrait être à nos yeux que non-arabe, parce que le non-arabe ne peut devenir arabe et vice versa ; et nous savons qu'Ismaël est devenu arabe après avoir été non-arabe uniquement parce que le prophète l'a dit [1]. »

---

1. Jâhiz, *Rasâ'il al-Jâhiz,* éd. Al-Sandûbî, Le Caire 1933, p. 292.

Ce que Jâhiz relève, c'est la nature de l'opération d'instauration *du fils-Père-national* comme opération de déplacement du non-arabe vers l'arabe – du non propre vers le propre – qui repose seulement sur la puissance du dire : « [...] uniquement parce que le prophète l'a dit ». Il n'y a pas de paternité naturelle donnée depuis l'origine, pas de manipulation de quelque substance, la paternité originelle est le fait de l'acte de parole du prophète fondateur [1], elle est déplacement par un dire. Comment qualifier ce déplacement ? La tentation serait de parler d'une métaphore du *Père-fondateur*. Mais, en fait, l'opération n'est pas simplement métaphorique, elle n'effectue pas un transport à l'intérieur d'une même langue ; elle réalise plutôt un passage de frontière vers un autre peuple et vers une autre langue. *Qu'est-ce qu'un dire qui déplace l'étranger et se l'approprie, sinon la traduction ?* Le fondateur intervient donc comme un troisième père, père traduisant le récit de la genèse du père et du fils, d'un autre peuple. *Il fonde par une traduction appropriante.*

Comment ne pas penser que Freud, en transférant la circoncision et l'alliance d'Abraham à Moïse, en faisant de ce dernier un Égyptien, a produit le père à l'origine par l'effet d'une traduction ? Freud ne nomme pas la *fondation comme traduction*. Pourtant, il s'en approche de fait, puisque le premier chapitre de *L'Homme Moïse* [2] est consacré à montrer que le nom de Moïse est une hébraïsation de l'égyptien « mosé », qui signifie l'enfant. Il vise donc au cœur de la question, en voulant prouver que le nom propre du fondateur est non propre aux Hébreux, et qu'il est le produit d'une traduction. Mais cette démonstration va servir de point d'appui à ce qui serait aux yeux de Freud sa tâche de traduction, qui consiste dans le passage *du mythe à la métapsychologie*. Aussi procède-t-il par une série de *transpositions* qui vont de l'enfant dans le nom de Moïse à la figure psychique de l'infantile, et du mythe de la naissance du héros au roman familial aboutissant à cette

---

1. C'est ce que Okba Natahi a appelé aussi « l'effet Ismaël » chez Muhammad : « Ismaël ou le retrait de la lettre », *Intersignes*, n° 1, 1990, p. 38.
2. Qui fut le premier article paru dans la revue *Imago*, en 1937.

configuration historique de l'origine approchée à travers une écriture qualifiée de romanesque [1]. La *vérité historique,* pour Freud, serait en quelque sorte le référent qui circule d'une traduction à l'autre, par le vecteur de l'enfant étranger ou devenant étranger à sa famille. La fiction apparaît être le lieu de toutes les transpositions : ici, *L'Homme Moïse* ayant le statut d'un roman historique, mais auparavant *Totem et Tabou* considéré par Freud comme un mythe scientifique. Cette relation entre l'infantile, l'étranger et la fiction relève d'une articulation princeps qui concerne le statut psychique de la traduction en tant qu'opération originaire. Elle nous engage à penser le mythe moderne de la psyché psychanalytique comme étant corrélatif de celui de traduction.

Et cependant, malgré l'audace de son geste, Freud n'éprouve pas la nécessité d'une réflexion théorique sur la traduction dans le processus de formation de l'origine, dans la genèse des institutions et de leur ordre symbolique. Sans doute est-ce la raison pour laquelle il reste prisonnier du point de vue ethnocentrique de l'orientalisme, faisant de l'islam une *imitation* là où il aurait dû penser *traduction*. Cette tâche de penser la traduction comme fondation est l'une des conséquences que nous devons tirer de la dernière opération de Freud [2] qui a consisté à rendre le fondateur du judaïsme étranger à son peuple.

Car ce que Freud met en œuvre avec Moïse s'avère procéder d'une triple traduction. D'abord, il y a version de *L'Homme Moïse* dans l'autre origine, l'origine égyptienne ; ensuite, dans la mesure où il est étranger, la fondation mosaïque du judaïsme passe nécessairement par une traduction de l'égyptien à l'hébreu. Pourquoi cette nécessité de la traduction est-elle restée impensée pour la psychanalyse ? Pourtant, elle est l'évidence même, car, dès lors que l'étranger est à l'origine, le principe de son épreuve dans le langage est inévitablement la traduction, la traduction qui devient le corollaire de la fondation [3].

---

1. Le sous-titre devait être : *Roman historique.*
2. Tel est le cas de Jacques Félician, *L'Orient du psychanalyste,* suivi d'un texte de Pierre Ginésy, Paris, L'Harmattan, 1995.
3. Selon le titre même du livre d'Antoine Berman sur la traduction ; *L'Épreuve de l'étranger,* Paris, Gallimard, 1984.

En fait, c'est la troisième traduction qui dérobe les deux premières : la traduction spécifique de la psychanalyse qui consiste à traduire Moïse dans la langue métapsychologique du meurtre du père. Car le meurtre du père chez Freud constitue l'opérateur universel de sa traduction de la métaphysique vers la langue métapsychologique, puisque la métaphysique dans la religion est censée nier et refouler le meurtre du père. Mais la traduction ne comporte-t-elle pas en elle-même une mise à mort, dans la mesure où elle ressortit nécessairement à un anéantissement du corps de lettres de la langue de départ et à une réapparition de ce qui est traduit dans le corps de lettres de la langue de destination ? La traduction du père comme processus d'appropriation signifie que le père meurt à son origine dans le passage d'une langue à l'autre [1]. Ne serait-ce pas là l'un des événements d'une origine : une traduction qui donne au père mort une sépulture dans un autre corps de lettres ? C'est à travers cette exogamie du langage qu'est la traduction que les origines s'engendrent indéfiniment les unes des autres.

Jâhiz, en affirmant qu'Ismaël devient *Père* par une appropriation du non-arabe vers l'arabe, va à l'encontre des religieux qui voudraient détenir le père *comme tel*, le tenir comme se tenant *tel qu'en lui-même* depuis l'origine. Il fait reposer implicitement l'opération muhammadienne de filiation et d'affiliation sur un dire qui est une traduction appropriante. Sur le plan de l'institution symbolique, il faut donc penser l'épreuve de la traduction comme processus de transposition du père dans un jeu de deuil nécessaire à la fondation. Il me semble que l'on pourrait saisir dans l'Épître aux Hébreux de saint Paul (*Saul* de son nom juif), dans le fait même qu'il s'adresse en grec à son peuple d'origine, l'opération d'une traduction fondatrice de l'institution chrétienne. Rappelons qu'Antoine Berman a montré comment Luther faisait œuvre de fondation par sa traduction de la Bible en

---

1. On pourrait faire une lecture dans cette direction du beau récit d'Abdelkébir Khatibi, *Amour bilingue*, Fata Morgana, 1983. Du fils abandonné dans la mort bilingue du père.

allemand [1]. Ce qu'il a appelé « *le pouvoir historique de la traduction* », nous pouvons également le rencontrer à l'œuvre dans l'émergence de l'islam. Son prophète fondateur en avait du reste une conscience aiguë, puisque le Coran en porte l'affirmation : « Si nous avions fait un Coran en langue étrangère, ils auraient dit : pourquoi ses versets n'ont-ils pas été exposés clairement, et pourquoi utiliser une langue étrangère alors que nous parlons arabe [2] ? »

Mais le monothéisme efface la traduction originaire du père de sa conception, il établit la paternité et l'origine selon un rapport virginal d'identité et de consubstantialité : le *Père-de-la-genèse* (support de l'archiécriture du *Père-originaire*), le *Père-national* (le fils), et le *père-traducteur* (le lecteur) procèdent l'un de l'autre et s'incluent réciproquement. La construction métaphysique de la filiation originaire se veut propre le long de ses lignes : monolingue, exclusive, immaculée, unisexe. La psychanalyse, à travers le concept de *Père-originaire*, n'a rompu que partiellement avec cette pensée théologique des origines. Or, ce que l'étude de la version islamique du père rencontre, outre l'incontournable question de la traduction, c'est la subversion de la généalogie monothéiste par la figure d'Agar, Agar qui surgit entre les lignes, fauteuse de trouble de la paternité originaire et de *sa conception triumvir*.

Elle apparaît dès le commencement du monothéisme, plus exactement dans l'écriture de son commencement, au cœur de la famille du patriarche, dont elle a causé le déchirement irrémédiable. La portée subversive de la figure d'Agar quant à la pensée des origines est restée inaperçue à travers la longue tradition des commentaires des monothéismes et des interprétations philosophiques et psychanalytiques de la religion, tant ils se sont limités, la concernant, aux aspects anecdotiques de la jalousie féminine, de son renvoi avec son fils dans le désert, et ont

---

1. *Op. cit.*, le premier chapitre intitulé : *Luther ou la traduction comme fondation*.
2. Coran, trad. D. Masson, Paris, Gallimard, « Folio », 1967, t. 2, XLI, 44.

perpétué le ravalement de l'esclave, par opposition à la pureté spirituelle des maîtres. Or, dès que l'on interroge la Genèse, au regard de la possibilité de l'*être-Père*, non pas comme un donné mais comme une genèse, la présence d'Agar révèle le problème le plus crucial de l'événement du Père : *l'origine comme crise du don, comme impasse de la jouissance*. Mais, pour s'en approcher, il faut changer de point de vue et passer de celui des maîtres, qui a prévalu jusqu'ici, à une lecture de la Genèse du monothéisme, à partir d'Agar.

2

La Genèse selon Agar

Allons vers l'archive biblique, que l'on se gardera de confondre avec la mémoire, et plus sûrement depuis que Jacques Derrida a montré la portée de cette distinction [1]. On verra d'ailleurs que l'on ne comprend pas ce qui se transmet de cette histoire en islam si l'on ne maintient pas cette distinction.

La Genèse relate l'histoire d'Agar en deux récits. Le premier est celui de sa fuite et de son retour auprès de sa maîtresse sur l'injonction de l'ange ; le second est la mise en scène de son renvoi dans le désert par Abram en compagnie de son fils.

Une impasse du don

Saraï, parvenue à un âge fort avancé, n'a pas donné d'enfant à Abram qui, à quatre-vingt-six ans, attend encore la réalisation de la promesse d'une postérité nombreuse que Dieu lui fit. Désespérant d'enfanter, Saraï propose sa servante Agar à Abram, afin de lui faire avoir d'elle un enfant. Agar est une esclave égyptienne dont les commentaires attribuent initialement la propriété au Pharaon qui en aurait fait don à Saraï [2], lorsqu'il restitua celle-ci à Abram.

---

[1]. Jacques Derrida a élaboré le concept d'*archive* en étroite relation avec la psychanalyse, et particulièrement avec *Moïse et la religion monothéiste* de Freud. Jacques Derrida, *Mal d'archives*, Paris, Galilée, 1995.

[2]. *Midrach Rabba* (ve siècle), trad. B. Maruani, A. Cohen-Arazi, Paris, Verdier, 1987, t. I, p. 414-417. Louis Pirot et Albert Clamer,

En effet, lors de leur séjour en Égypte, craignant qu'à cause de la grande beauté de Saraï on ne le tue pour la lui prendre, Abram la fit passer pour sa sœur et la céda au Pharaon [1]. Celui-ci, apprenant leur véritable lien, redonne Saraï et sa servante à Abram qui s'en va avec elles au pays de Canaan.

Reprenons. Voici un homme qui donne sa femme à un autre, lequel la lui redonne, en donnant à cette femme une femme. Ne pouvant donner un enfant à son homme, elle lui donne la servante donnée par l'autre homme, afin que cette servante lui donne ce que le Donateur (Yahvé) n'a pas donné encore. Il est frappant, dès l'entrée de cette histoire, qu'Agar se trouve au bout d'un enchaînement de dons, de contre-dons et de rétentions entre maîtres et seigneurs, enchaînement qui aboutit à la situation de ce vieux couple en plan de postérité. Et l'on demande à l'esclave de faire le présent qui relèvera le patriarche, sans quoi il n'y aurait ni père, ni origine, ni mémoire. Il faut se demander pourquoi l'archive monothéiste place au premier livre de son écriture, dans la Genèse, cette impasse du don, cette inscription selon laquelle l'avenir de l'origine n'a pu s'ouvrir sans la matrice de l'esclave ?

La Genèse met ces paroles dans la bouche de Saraï s'adressant à Abram : « Vois, je te prie : Yahvé n'a pas permis que j'enfante. Va donc vers ma servante. Peut-être obtiendrai-je par elle des enfants [2]. » Il est clair qu'en donnant Agar à Abram Saraï veut se donner à elle-même un enfant, se faire donner un enfant par une autre femme. *Saraï veut qu'Agar lui fasse un enfant*. À cet endroit, tous les commentaires s'en tiennent à une interprétation juridique selon laquelle cette pratique correspondait aux usages du droit de l'époque [3]. Mais on peut entendre une

---

La Sainte Bible, traduction, commentaires exégétiques et théologiques, Paris, Letouzey et Ané éditeurs, 1953, t. 1, p. 269.

1. Saraï serait la demi-sœur d'Abram par son père.
2. La Bible de Jérusalem, Genèse, 16, Paris, Cerf, 1991. Dans sa traduction proche de la lettre hébraïque, André Chouraqui rend la dernière phrase ainsi : « Peut-être serai-je bâtie d'elle. » La Bible, « Entête », p. 169.
3. Et notamment au code d'Hammourabi qui stipule que la femme stérile doit donner « une sugetum » pour faire avoir à son mari des enfants, L. Pirot et A. Clamer, *op. cit.*

autre dimension de la demande dans cette phrase : « [...]. Peut-être obtiendrai-je par elle des enfants », à savoir que Saraï dit : ce que Dieu ne m'a pas donné, l'autre femme me le donnera. Cette signification complémentaire, au sens de ce que Freud appelle la série complémentaire où il n'y a pas à choisir entre deux facteurs, n'a pas attiré l'attention de ceux qui se sont intéressés à cet épisode de la Genèse, y compris les psychanalystes. Pourtant, elle ouvre à la dimension cruciale de la méprise dans la demande, où l'on voit la maîtresse mettre l'esclave à la place de l'Autre, le Donateur qui retient le don. En somme, Saraï prête à Agar le don de combler le manque de Dieu à son endroit [1].

La suite découle des effets de cette méprise. Certes, la Bible indique que, lorsque Agar se vit enceinte, « sa maîtresse ne compta plus pour elle » ; et de relever la colère et le dépit de Saraï dans cette adresse à Abram : « Tu es responsable de l'injure qui m'est faite. » Mais l'insolence de la servante et la jalousie de la voir enceinte du patriarche ne sont portées à l'insoutenable pour Saraï qu'à cause de la place où elle a mis elle-même Agar, en élevant sa servante à la toute-puissance de *LA femme* qui fait don de l'origine au père, quand Yahvé la retient encore. Ne pas relever cette dimension du transfert du pouvoir générateur de Dieu à l'*autre femme*, devenant du même coup l'*Autre femme* alors qu'elle fut *sugetum* [2], c'est rater le virage par lequel la Genèse passe du manque initial d'origine vers la question de la jouissance féminine dans son rapport à l'instauration du père. L'effondrement de son assurance d'obtenir l'enfant de Dieu amène Saraï à mettre une autre à la place de l'Autre, se servant ainsi d'Agar comme matrice d'emprunt pour lui arracher le fils qui fera d'Abram le père. Pourquoi l'écriture du commencement met-elle en scène la maîtresse demandant la vie à l'esclave ? Comment penser cette rétention initiale de l'origine, la lutte ouverte entre les deux femmes, tout le déchirement qui s'en suivra, alors qu'il eût été possible au Dieu absolu du monothéisme

---

1. C'est là une formule quasiment identique à celle par laquelle Lacan définit l'amour, mais également la haine et l'ignorance, quand l'appel à recevoir de l'Autre ce qui comble oublie qu'à l'Autre l'être manque aussi : Jacques Lacan, *Écrits*, Paris, Seuil, p. 627.

2. Cf. la note 3, p. 131.

de faire le don d'une origine unique, au sein d'une famille unie, bref le don parfait ? Quelle est la signification de cette économie originaire ?

La promesse et le nom

Devant l'interpellation de Saraï, Abram va laisser tomber Agar une première fois, mais qui annonce déjà la dernière : « Eh bien, ta servante est entre tes mains, fais-lui comme il te semblera bon. » Aussitôt, comme pour montrer la relation de cause à effet, le texte biblique enchaîne : « Saraï la maltraita tellement que l'autre s'enfuit de devant elle. » Mais l'Ange de Yahvé la rattrape et lui ordonne : « Retourne chez ta maîtresse et sois-lui soumise. » André Chouraqui traduit : « Retourne vers ta patronne, sois violentée sous ses mains. » Ainsi l'exigence de soumission vient-elle de toutes parts, Agar n'a aucun recours, même pas le ciel qui le lui signifie dans cette apostrophe de l'ange : « Agar servante de Saraï, d'où viens-tu et où vas-tu ? » Autant dire qu'en dehors de ta servitude, Agar, tu es sans destination.

Pourtant, aussitôt que l'ange lui enjoint de revenir vers sa maîtresse, comme si la rébellion d'Agar ne pouvait désormais être arrêtée par simple décret, la scène de la fuite devient une scène de promesse, d'annonce, de don et de contre-don, qui modifie radicalement la position d'Agar. « Je multiplierai beaucoup ta descendance tellement qu'on ne pourra pas la compter », lui prédit l'ange, parlant comme Yahvé. Entendons ici qu'Agar n'est plus seulement une matrice au service de la postérité de ses maîtres, elle serait elle-même une origine dont la descendance sera incalculable. « Tu enfanteras un fils », « Et tu lui donneras le nom d'Ismaël, car Dieu a entendu ta détresse. » Comprenons là qu'Agar est non seulement reconnue dans sa souffrance propre, mais que de plus le fils portera attestation de cette reconnaissance dans son nom (*Isma'El* : Dieu entend). Dieu a donné, a reconnu, a signé. Il n'est pas indifférent qu'il veuille laisser trace de son entente dans le nom, et qu'Ismaël soit l'écriture de l'entente de l'*autre femme* dans l'archive biblique. Cette nomination, qui consiste à inscrire le don dans le nom, revient à faire apparaître le don comme dette, comme attestation d'une créance inoubliable. Dieu ne donne pas sans compter, sans archiver. Le nom est l'archive du don et de la dette.

Avant de retourner à la servitude, Agar fera un acte qui la distinguera de toutes les autres femmes de la Bible : donner un nom à Dieu : *El Roï*[1]. Cette nomination, qui signifie le « *Dieu de vision* », semble venir comme un contre-don au don du nom d'Ismaël : tu m'as entendue et moi je t'ai vu ; ou plutôt tu as donné à mon fils le nom de ton entente, et moi, Agar, je t'appelle par le nom de ma vision. Du reste, l'*œil d'Agar* semble jouir d'un pouvoir particulier, puisqu'il verra dans le désert la source qui la sauvera avec son enfant. Agar a vu le plus haut du ciel et l'ouverture au fond de la terre.

Peut-être est-ce en pensant à cette scène de la vue de Dieu que Spinoza, dans le *Traité théologico-politique*, qualifia Agar de prophète[2], avec ce que le prophétique suppose chez lui comme modalité de la pensée dominée par l'imagination. Cependant, dans le *Guide des égarés*, Maïmonide (XIIe siècle), se référant à une longue tradition, parvient à une conclusion totalement opposée, en considérant que « *l'Égyptienne Hagar n'était pas une prophétesse* ». N'étant pas préparée, sa vision relevait de l'imagination exaltée et trompeuse[3]. À ma connaissance, Spinoza est le seul auteur qui ait attribué à Agar quelque dignité, car le destin de cette femme, comme on le verra, est d'être ravalée, raturée, oubliée, comme si sa répudiation ne cessait de la poursuivre dans les rets de la mémoire

---

[1]. « Tu es El Roï », car, dit-elle, « Ai-je encore vu ici après celui qui me voit » (Gn, 16).

[2]. Il écrit : « De même ces hommes très avisés, Heman, Dora, Calchol, n'ont pas été des prophètes et, au contraire des hommes incultes, étrangers à toute discipline, voire de simples femmes comme Agar, la servante d'Abraham, eurent le don prophétique. » Spinoza, *Traité théologico-politique*, trad. Ch. Appuhn, Paris, GF-Flammarion, 1965, p. 49.

[3]. Moïse Maïmonide, *Guide des égarés*, Paris, Lagrasse, 1970, p. 323-324.

monothéiste ; alors que son archive laisse découvrir une inscription moins catégorique, parce que sans doute la figure d'Agar y est liée à une question de fondement qui engage la possibilité de l'origine et de son écriture par le bas.

La figure d'Agar continuera, en effet, d'être présente dans la tradition exégétique et théologique du judaïsme et du christianisme, mais très souvent frappée de réprobation et de mépris. On la condamne pour son attitude vis-à-vis de sa maîtresse, on s'apitoie sur les souffrances de celle-ci, on justifie les mauvais traitements qu'elle a infligés à sa servante. Les commentaires ont cherché en permanence, et de façon irrépressible, à actualiser les motifs de répudiation de cette part de l'origine. On le verra plus loin avec saint Paul ; en voici deux exemples plus récents :

L. Pirot et A. Clamer, dans leur traduction et commentaire de la Bible, écrivent à propos de l'épisode du mauvais traitement et de la fuite d'Agar : « Que Sarah n'ait pas pu supporter pareille attitude de la part de sa servante, cela se conçoit ; elle restait sa maîtresse, à elle par conséquent d'agir et de réprimer comme elle l'entendait l'esclave insolente [...] [1]. »

Dans son livre *Les Matriarches*, Catherine Chaliez, philosophe, après avoir noté que le geste de Saraï est « peu charitable », ajoute un long développement dont j'extrais le passage suivant : « Si souffrir ne signifie ni expiation ni châtiment, pourquoi Sarah s'inclinerait-elle, sans mot dire, devant qui se moque de sa stérilité ? Devant cette cruelle dérision, cette infamie, venues de celle qui, si facilement, a eu le bonheur de concevoir ? Plutôt que de garder le silence, de mépriser cette malveillance, de se plier au triomphe provocant d'Agar, Sarah choisit le renvoi, renonçant ainsi à tout espoir quant à l'enfant à naître. Le texte témoigne de sa solitude [celle de Saraï]. Elle n'attend ni compassion ni plainte, mais ne peut s'accommoder de l'humiliation. La démesure de sa souffrance n'a d'égal que son délaissement. Sans doute sa beauté, sa richesse et sa réputation vertueuse suscitaient-elles plus de jalousie que d'amitié, en tout cas, nul, si ce n'est Abraham qui lui obéit,

---

[1]. *Op. cit.,* p. 270.

ne partage sa blessure. Il semble bien plutôt qu'Agar s'en serve non seulement pour en faire la preuve de son iniquité, mais aussi pour justifier, elle, d'être ce qu'elle est. [...]. Comme si certains, telle Agar, avaient besoin de la souffrance de l'autre pour y conditionner la justification de leur vie [1]. » Tout ce développement est inspiré par une seule phrase du texte biblique qui dit : « Lorsqu'elle devint enceinte, sa maîtresse ne compta plus devant elle [2]. » L'esclave a donc fait souffrir ses maîtres, elle les a obligés à la maltraiter, à la renvoyer, en exposant sa vie et celle de son enfant. Elle porte non seulement la responsabilité de ce qu'ils lui ont infligé, mais aussi celle d'avoir failli les compromettre moralement.

Entre ce récit de la première sortie d'Agar et le second, celui de son renvoi dans le désert avec Ismaël, intervient dans la Bible la césure de la circoncision et de l'alliance, l'annonce d'Isaac et sa naissance. Donc des événements qui bouleversent la structure de la famille abrahamique et préparent, pour ainsi dire, la répudiation d'Agar. Encore une fois, comme pour Ismaël, Dieu inscrira dans les noms ses actes, la promesse et le don. Abram deviendra Abra*h*am, en gagnant la lettre *h*, tandis que Saraï devra être appelée Sara*h*. Cette modification qui élide le « *ï* » du possessif (le yod en hébreu), en lui substituant la lettre *h* également, fera désormais qu'Abraham ne l'appellera plus « ma Princesse » (ou « ma Maîtresse » [3]), mais « Princesse ». Le décret de ce changement intervenant peu avant l'annonce à Saraï d'un fils, il y a tout lieu de penser que la Bible veut établir une solidarité entre le don de l'enfant et l'expropriation dans le nom. La suppression du possessif « *ma* » a introduit l'indétermination dans le nom, le rendant à l'impropriété radicale de son porteur, c'est-à-dire au commun du nom propre. L'appelée se trouve libérée de toute signification d'assujettissement à l'égard de tout appelant, et surtout d'elle-même, puisque au moment où elle devra se nommer, elle ne dira plus : « Je suis ma Prin-

---

1. Catherine Chaliez, *Les Matriarches*, Paris, Cerf, 1985, p. 41.
2. Selon la traduction de A. Chouraqui : « Sa patronne s'allège à ses yeux », *op. cit.*
3. Le *Midrach Rabba* traduit Saraï par « ma Maîtresse », *op. cit.* p. 489.

cesse » ou « ma Maîtresse ». Tel est l'événement de ce que l'on pourrait appeler la *dépossession* de Sarah. L'expropriation du nom prend ainsi la signification d'une ouverture à l'Autre qui lui annoncera alors la venue de l'enfant. Sarah n'est plus sa propre souveraine, n'est plus en possession d'elle-même. Elle a reçu la dépossession de soi comme don dans l'appel du nom. Si tel est le cas, cette manœuvre supposerait alors que Saraï est plus asservie que sa servante et que cette servitude inscrite dans le nom est un esclavage plus radical que celui d'Agar, puisqu'il est corrélatif pour Sarah de sa fermeture sur elle-même et au don de l'Autre.

Marie Balmary interprète la perte du possessif en y voyant une manière pour Sarah de se libérer de la possession par son père qui l'a nommée, ainsi que de son mari qui en a repris l'usage. Le passage « du possessif au génitif » lui aurait ouvert le chemin de l'appropriation d'elle-même [1]. La question est en réalité plus complexe. D'une part, malgré cette marque du possessif, Sarah se conduit, du début du récit jusqu'à la fin, en maîtresse possédante plutôt que possédée, y compris vis-à-vis d'Abraham qui lui obéit, même lorsqu'il est en désaccord avec elle à propos d'Agar. D'autre part, le possessif dans le nom est loin d'être l'indice d'une simple appropriation à quelqu'un, car « Ma Princesse » conjoint l'assujettissement et la souveraineté sur le mode de l'oxymoron, et renvoie à un soi qui apparaît tout à la fois maître et esclave de lui-même. Il semble plutôt que la Genèse veuille suggérer un processus de transformation chez Sarah qui a consisté en une perte *littérale* de l'avoir, soit le retrait d'une marque de l'omnipotence narcissique et phallique qui réside dans le *Yod*, première lettre du nom de Dieu *YHW*, et le partage égal du *hé* avec Abraham, seconde lettre du tétragramme. Ce démarquage-marquage, cette incision dans le nom, n'est-elle pas comparable à une circoncision ? La circoncision du nom répète, réinscrit, rappelle que tout nom est une dépropriation du vivant, son appropriation par le langage, son estampillage par l'Autre. Il s'agirait donc d'une opéra-

---

1. Marie Balmary, *Le Sacrifice interdit*, Grasset, 1986. Cf. tout le chapitre intitulé « La Guérison de Sarah ».

tion de *castration symbolique*, par laquelle s'instaure la marque d'un commun avec Abraham comme condition de la génération. Du moins est-ce ainsi que la tradition hébraïque nous presse de le penser [1]. L'un des commentaires du *Midrach Rabba* considère d'ailleurs que la perte du *Yod* constitue une universalisation de Sarah. Une universalisation procréatrice, puisqu'elle lui donne la fertilité qui engendre les rois : « D'elle viendront des rois de peuples. De Sarah seulement, déduisit Abraham, et non de l'autre femme dont les enfants ne seront pas, eux, des rois de peuples [2]. » Ainsi le retrait s'avère-t-il un don et la perte une fécondité, auxquels Agar n'a pas droit. La servante n'a pas accès à la castration symbolique et à l'universalisation, c'est-à-dire à la jouissance qui en résulte et que l'on peut qualifier désormais de *jouissance phallique,* dans la mesure où il s'agit d'une jouissance qui repose sur une opération langagière et signifiante substitutive à une privation [3], ou encore d'une conception à partir du manque [4]. Agar, par contre, n'est pas coupée dans son nom par l'Autre, ni dans sa chair pour une quelconque alliance ; elle subit plutôt les coups de l'autre, la maîtresse. Cette dimension d'être sous la *coupe* de l'Autre, et non de l'autre, aura son importance plus tard chez les commentateurs musulmans, lorsqu'ils interpréteront la circoncision. Mais nous n'en sommes pas encore là. Agar et Sarah sont deux figures du maternel à l'intérieur de la logique biblique de la construction généalogique du père. Le problème posé est celui du rapport du maître et de l'esclave à l'ordre symbolique. L'avènement du père se déroule comme l'écriture d'un processus d'instauration où le maître est celui qui

---

1. Le *Midrach Rabba* indique ainsi le partage : la valeur numérique de la lettre *Yod* est de 10, alors que la lettre *hé* est de 5. Le commentaire également souligne que Saraï était la maîtresse de son mari, et qu'Abraham devait lui obéir, selon le commandement de Dieu : « En tout ce que te dira Sarah, écoute-la » (21 ; 12). Bernard This considère aussi que le *Yod* a un caractère phallique, in *Naître et sourire*, Paris, Champs-Flammarion, 1983, p. 112.

2. *Op. cit.*, p. 490.

3. Jacques Lacan, « La Signification du Phallus », *Écrits*, 1966, p. 685-695.

4. S. Freud, « L'Organisation sexuelle infantile », *La Vie sexuelle*, Paris, PUF, 1969.

accepte de transformer son manque en jouissance phallique, alors que l'esclave reste prise dans la chair.

Le texte biblique présente le suspens du don de l'origine, c'est-à-dire le retard de Dieu à donner l'enfant, comme corrélatif de la position de maîtrise de Sarah. Autant dire que le manque originaire du père s'écrit à partir d'un certain régime de la jouissance féminine qui empêcherait le don de l'Autre. C'est l'éviction de Sarah de cette position omnipotente d'appropriation à elle-même qui permet cette ouverture. Le nom d'Isaac porte l'événement de l'éclosion de Sarah, puisqu'il s'agit de la forme abrégée de *Yçhq El,* qui signifie en hébreu « Dieu a souri ». La relation à l'Autre serait ainsi passée du manque à l'ouverture, de la rétention à l'éclat de rire généralisé, car ce nom renvoie également au rire d'étonnement d'Abraham et de Sarah, quand Yahvé leur annonce la conception d'un fils alors qu'ils ont atteint un âge qui la rend impossible.

La possibilité de l'impossible

Ainsi, la promesse est près de s'accomplir. Il a fallu attendre si longtemps, si tard, au point qu'il soit nécessaire d'en passer par le miracle. Miracle veut dire que Dieu a fait l'*impossible* pour qu'Abraham et Sarah aient un enfant. Cet *impossible* est mis en scène en tant que tel par le texte biblique. Relisons le passage de la Genèse à propos de la réaction d'Abraham à l'annonce d'Isaac : « Abraham tomba la face contre terre et se mit à rire, car il se disait en lui-même : "Un fils naîtra-t-il à un homme de cent ans, et Sarah, qui a quatre-vingt-dix ans, va-t-elle enfanter ?" » Il est abasourdi, littéralement atterré, il croit que Dieu fait référence à Ismaël ; alors Yahvé lève toute ambiguïté : « Non, mais ta femme Sarah te donnera un fils, tu l'appelleras Isaac, etc. » La Bible, on le voit, théâtralise par l'étonnement et la stupeur la dimension de cet *impossible* lié à l'annonce d'Isaac.

Mais avant la *possibilité de l'impossible*, le couple connaîtra une autre épreuve de don et de contre-don, quand Abraham ira répéter l'épisode avec le Pharaon et donner Sarah à un roi qui la restituera sous les menaces de Yahvé. S'agit-il d'une fiction qui vise à rétablir l'échange exogame, c'est-à-dire la mise en scène du désir de recevoir sa femme d'un autre ? Le contexte inclinerait plutôt à poursuivre la lecture engagée jusqu'ici. Si l'on tient compte du fait que la conception d'Isaac et sa naissance surviennent immédiatement après cet épisode, qu'elle est en dehors des lois de la nature, et que les commentateurs soulignent pour dire qu'Isaac n'est pas l'enfant du roi Abimalek [1], cet épisode paraît hanté par la question d'avoir un enfant de l'*autre*. Tout se passe comme si, à ce moment du texte, on assistait à une réplique du début, comme si Abraham était engagé par rapport à Abimalek dans une demande comparable à celle de Sarah vis-à-vis d'Agar.

D'un autre à l'Autre, tel semble être le saut décisif par lequel s'accomplira la promesse, puisque la Bible autant que les commentaires impliquent Dieu même dans la conception d'Isaac : « Yahvé visita (*paqad*) Sarah comme il avait dit et il fit pour elle comme il avait promis. Sarah conçut et enfanta un fils pour Abraham déjà vieux [...] [2]. » André Chouraqui souligne que le *paqad* hébreu, qui signifie tout à la fois « cliver » et « visiter », marque la conception miraculeuse d'Isaac et rappelle que l'exégèse chrétienne voyait en lui « un archétype de Jésus [3] ». Le texte biblique semble donc vouloir lier l'engendrement par Sarah à sa division, au passage de la position de maîtresse d'elle-même à celle d'objet de la jouissance de l'Autre, afin de recevoir le fils de Lui.

Arrêtons-nous sur ce point. Le texte biblique donne la possibilité de penser que Sarah reçoit l'enfant qui instaure le père, non pas d'Abraham, mais de Dieu en tant qu'il est ici *le Père*. Le fils ne serait pas le propre du *Père-de-la-Genèse*, mais impliquerait directement le *Père-originaire*. En se mêlant de la conception, le Dieu de la Genèse place Abraham dans la posture de n'être qu'un père adoptant, endossant la vraie paternité qui vient de Yahvé. Le don *impossible* de Dieu dépossède ce père du propre de la

---

1. Cf. le *Midrach Rabba, op. cit.*, chap. 52, p. 545-552.
2. Genèse, 21, 1.
3. A. Chouraqui, *op. cit.*, p. 211.

paternité, en fait un père par procuration. Abraham *fait office* de père pour Isaac, comme Joseph pour Jésus. La possibilité de l'impossible relègue le père dans la réalité, à la représentation du père réel.

Ici apparaît une ligne de partage entre d'une part la position généalogique du judaïsme et du christianisme et d'autre part celle de l'islam. Il y a d'un côté une formation où la conception du fils est divine, ou du moins mêlée, mêlant Dieu à la paternité, ce qui suppose chez Sarah autant que chez Marie un régime de jouissance du fils qui confine à l'*absolu phallique*. En effet, la figure du père y revêt le caractère de l'idéalité du Père-originaire, de la toute-puissance créatrice, hors les lois naturelles du corps. Du côté de la filiation agarienne, il s'agit plutôt de la dimension prosaïque de l'insémination sexuelle par Abraham comme père réel. À nous en tenir au texte de la Bible, le père symbolique pour le judaïsme et le christianisme est le père réel pour l'islam. Curieusement, cet aspect n'a été relevé ni par l'exégèse traditionnelle ni par l'orientalisme, ni par les études de monothéisme comparé. Pourtant, il entraîne des conséquences importantes. Il éclaire, par exemple, la raison pour laquelle en islam on ne parle jamais de *Dieu-le-Père*, et l'on proscrit tout rapprochement entre le divin et le paternel. Allah n'est par principe ni le Père, ni le Dieu des pères, y compris pour le prophète qui est irrémédiablement un orphelin auquel le Coran interdit d'être le Père des membres de sa communauté [1]. La raison de cette discontinuité entre Dieu et le père dans l'islam restait impensée. Or nous commençons à comprendre que le Dieu qui entend Ismaël ne fraye pas

---

1. L'une des premières adresses de Dieu à Muhammad dans le Coran est celle qui le nomme comme orphelin. Cela correspond, du reste, à un élément biographique important, puisque le prophète a été orphelin de père et mère, puis de ceux qui l'ont recueilli, son grand-père et son oncle. Je me permets de renvoyer à mon ouvrage : *La Nuit brisée*, Ramsay, coll. « Psychanalyse », 1989, p. 172-177. Quant à l'interdiction de passer pour le père des membres de sa communauté, c'est-à-dire l'interdiction de l'adoption plénière, elle est clairement énoncée ainsi : « Muhammad n'est le père d'aucun homme parmi vous, mais il est le prophète de Dieu ». Coran, trad. D. Masson, S. 33, 40, Paris, Gallimard, « Folio », 1967.

avec la sexualité humaine de ses géniteurs, n'intervient pas sur le ressort signifiant de la jouissance phallique. Le Dieu de l'islam n'est pas un père originaire, il est l'*impossible* : hors père. *D'abord, il y eut l'être-là, en tant que jeté dans la matrice d'Agar, puis entendu dans l'après-coup de son jet.* Le verbe est donc originairement en retard par rapport au corps. L'islam se trouve en décalage par rapport au phallicisme originaire de la conception judéo-chrétienne du père, ce qui l'amène à se situer comme *réellement abrahamique*. Cela ne veut nullement dire qu'il reste à l'écart de tout phallocentrisme. Si la généalogie ismaélienne de l'islam est en deçà du moment où émerge la maîtrise phallique de la vie et de l'être, l'institution religieuse islamique, par contre, n'échappe pas au phallocentrisme, comme on le verra plus loin. Reste que le Dieu de l'islam n'est ni du côté du rapport sexuel, ni de son absence ou de sa spiritualisation par une filiation symbolique. Ce serait plutôt un Dieu qui est *en retrait* du rapport et du non-rapport ; il est le retrait incommensurable du non-lieu, à partir duquel le lieu du père trouve son ouverture [1]. *Dieu est le retrait originaire du père.* Une telle phrase n'est peut-être pas aisée à comprendre, elle pourrait prêter à des malentendus nombreux. Ce travail devrait permettre d'en saisir toute la portée.

Ainsi, à l'impossibilité du don entre Abraham et Sarah, le Dieu du monothéisme originaire répond par le don impossible. Sans être conclusive, cette formulation nous amène à saisir la solution biblique extrême pour écrire l'origine du père. Cette extrémité, un livre consacré à la question du don, qui ne traite pourtant pas de la conjoncture originaire du monothéisme, s'en est approché au point de paraître, par moments, écrit en direction de son énoncé

---

1. C'est ce qu'affirme la sourate importante dite du « culte pur » (CXII) :
« Dis : Lui, Dieu est Un.
Dieu l'impénétrable.
Il n'engendre pas ;
Il n'est pas engendré
Nul n'est égal à lui. »

fondamental. Lisons cette phrase qui vient dès les premières pages de *Donner le temps* de Jacques Derrida :

> « […]. Le don est l'impossible.
> Non pas impossible, mais l'impossible. La figure même de l'impossible. Il s'annonce, se donne à penser comme l'impossible. C'est par là qu'il nous est proposé de commencer [1]. »

Ces quelques lignes rassemblent avec concision la concentration de difficultés que nous avons rencontrées pour approcher un texte commenté depuis des millénaires, à la faveur d'un changement de point de vue, disons à partir de l'œil d'Agar. Cette optique laisse découvrir l'enjeu originaire du père, non pas comme un récit de stérilité et de compétition jalouse entre deux femmes, mais comme l'*écriture de la possibilité de l'impossible*.

De fait, la Genèse propose une histoire de la paternité originaire où non seulement le père n'est pas donné et se fait attendre, où non seulement sa venue paraît impossible étant donné l'âge des géniteurs, mais, de plus, c'est lorsqu'il est possible qu'il faut qu'il advienne par l'impossible. La paternité a commencé avec Ismaël, qui est le premier-né des fils d'Abraham ; cependant, tout dans ce récit tend à dire : *le possible a eu lieu, mais ça ne commence pas là, ce n'est pas le commencement promis*. L'origine qui vient par Ismaël est, certes, un début, mais c'est un début bâtard, dicté par des circonstances triviales. On avait sous la main une servante qui a compliqué le scénario de la matrice d'emprunt et s'est rebellée contre sa maîtresse, après avoir été engrossée par le maître. La conception d'Agar ne contredit aucune loi naturelle du corps vivant, et l'enfant annoncé est décrit dans le texte biblique comme « un onagre d'homme », c'est-à-dire, selon les commentaires, quelqu'un qui vit comme « un âne sauvage », un nomade dans le désert. Tout cela est banal, vraisemblablement humain... trop. On a donc attendu le dernier moment pour produire un commencement plus pur, plus noble, plus spirituel, qui ne se contente pas d'être seulement un don d'enfant, mais qui est le don en tant que l'*impossible*. La

---

1. Jacques Derrida, *Donner le temps*, Galilée, 1991, p. 19.

conception de Sarah est celle du miracle du corps mort qui donne subitement la vie, en contradiction avec les lois de l'engendrement humain. Isaac arrive d'emblée comme l'enfant de la communauté du rire entre Dieu et les hommes, autrement dit de l'esprit.

La scission entre les deux principes

On entrevoit, ainsi, sur quelle ligne de fracture se prépare la scission de la famille d'Abraham. Elle ne se brise pas seulement sur une querelle de jalousie entre deux femmes, mais sur la scission en deux principes de l'origine. L'un, procédant d'Agar, serait celui de la chair ou le don du possible ; l'autre, venant par Sarah, serait celui de l'esprit ou le don de l'impossible. C'est la différence radicale entre ces deux principes que saint Paul, dans son Épître aux Galates, rappelle. Je cite entièrement le passage qui concerne Agar et Sarah :

> « Dites-moi, vous qui voulez vous soumettre à la Loi, n'entendez-vous pas la Loi ? Il est écrit en effet qu'Abraham eut deux fils, l'un de la servante, l'autre de la femme libre ; mais celui de la servante est né selon la chair, celui de la femme libre en vertu de la promesse. Il y a là une allégorie : ces femmes représentent deux alliances ; la première se rattache au Sinaï et enfante pour la servitude : c'est Agar (car le Sinaï est en Arabie), elle correspond à la Jérusalem actuelle, qui de fait est esclave avec ses enfants. Mais la Jérusalem d'en haut est libre, et elle est notre mère ; car il est écrit : Réjouis-toi, stérile qui n'enfantais pas, éclate en cris de joie, toi qui n'as pas connu les douleurs ; car nombreux sont les enfants de l'abandonnée, plus que les fils de l'épouse. Or vous, mes frères, à la manière d'Isaac, vous êtes enfants de la promesse. Mais comme alors l'enfant de la chair persécutait l'enfant de l'esprit, il en est encore ainsi maintenant. Eh bien, que dit l'Écriture : chasse la servante et son fils, car il ne faut pas que le fils de la servante hérite avec le fils de la femme libre. Aussi, mes frères, ne sommes-nous pas enfants d'une servante mais de la femme libre [1]. »

1. La Bible de Jérusalem, Épître aux Galates, II, 4.

Saint Paul propose donc de répéter le geste d'Abraham dans la Genèse. C'est à l'intérieur des rapports entre le judaïsme et le christianisme naissant qu'il faut le comprendre. Ce geste, on commence à le comprendre, affirme l'incompatibilité entre deux modalités de l'origine, ce qui conduit à répudier l'une d'entre elles, celle d'Agar. Répudier n'est ni annuler, ni refouler, mais rejeter. Dans la mesure où la scission et la répudiation se produisent aux prémisses de l'archive, on pourrait considérer que le monothéisme s'est édifié sur l'écriture du déchirement originaire entre deux principes incarnés par deux figures du maternel. Cependant, il faut souligner que cette approche n'est pas propre au christianisme qui n'a fait que la radicaliser, car la différence entre Agar-Ismaël et Sarah-Isaac est comprise, par certains commentaires du judaïsme, comme une différence de conception entre deux substances ; puisque, pour expliquer la rapidité avec laquelle Agar est « tombée enceinte », on eut recours à la métaphore de la mauvaise et de la bonne herbe, *de la ronce et du blé*. Voici, à titre d'exemple, le commentaire du *Midrach Rabba* à propos du passage où la Genèse dit : « Il alla avec Agar, elle devint enceinte » (Gn. 16, 4) : « Elle tomba enceinte lors de son premier rapport. Rabbi Elézar dit : une femme ne tombe jamais enceinte lors de son premier rapport. [...]. Rabbi Hanina ben Pazi dit : Quand il s'agit de ronces, nul besoin de sarcler ou même de semer, elles surgissent, s'élèvent et montent toutes seules ; pour le blé, par contre, que de peine et de fatigue avant qu'il monte [1]. »

Les circonstances du renvoi d'Agar et de son fils, telles qu'elles sont mentionnées dans la Genèse, apportent d'autres éléments à cette lecture. Cela se passe le jour du sevrage d'Isaac au cours duquel Abraham donne un grand festin. Il n'est pas indifférent que ce qui va suivre ait lieu lors de la première séparation entre la mère et l'enfant, entre Sarah et son fils. « Or Sarah, dit le texte biblique, aperçut le fils né à Abraham de l'Égyptienne Agar qui jouait avec son fils Isaac, et elle dit à Abraham : chasse cette servante et son fils, il ne faut pas que le fils de cette

---

1. *Midrach Rabba, op. cit.*, 473.

servante hérite avec mon fils Isaac [1]. » Comme le soulignent les commentaires, il est tout à fait significatif que le terme « jouait » traduise *shhaq*, c'est-à-dire « rire », ce qui fait allusion au nom d'Isaac, issu du même verbe [2]. Cette mention d'Ismaël jouant (*mshahêq*) avec Isaac a, semble-t-il, fait couler beaucoup d'encre dans la tradition rabbinique et dans le milieu juif de la basse époque ; car il a été interprété comme signifiant « se moquer et railler », voire comme renvoyant à des sévices et actes pervers d'Ismaël envers son frère, tel que chez Rachi par exemple [3]. Comme on l'a vu, saint Paul a repris cette tradition en parlant de « l'enfant de la chair [qui] persécutait l'enfant de l'esprit ». Les exégètes modernes ont restitué le sens du texte hébreu qui dit simplement que le fils d'Agar « jouait-riait » avec le fils de Sarah [4]. Or n'est-il pas pertinent, ici, de comprendre que, au-delà de la question de l'héritage, l'insupportable pour Sarah était que, le premier jour où son fils était séparé d'elle, il se retrouvait avec son frère dans la communauté du rire ou de l'esprit ? En somme, la répudiation d'Agar serait devenue inévitable, dès les premiers signes d'un entremêlement possible entre l'enfant de la promesse et l'enfant de la chair. *C'est donc l'être ensemble de ces deux frères, de ces deux modalités de l'origine, qui est intenable,* comme si leur réunion menaçait la raison monothéiste dans ses concepts fondamentaux, le père et l'origine.

Selon la Genèse, Abraham n'aima pas les propos de Sarah. Mais Dieu prend parti pour elle et accède à sa demande de renvoyer Agar : « Ne te chagrine pas à cause du petit et de ta servante, tout ce que Sarah te demande, accorde-le, car c'est par Isaac qu'une descendance perpétuera ton nom, mais du fils de la servante je ferai aussi une grande nation car il est de ta race [5]. » Il y a, ainsi, d'un côté la perpétuation du nom d'Abraham par Isaac ou la filiation par le *Nom du Père*, et de l'autre côté Ismaël qui serait la filiation par la *race*. On retrouve ainsi les deux alliances

---

1. Genèse, 21.
2. A. Chouraqui, ainsi que Pirot et Clamer, *op. cit.*
3. Cf. aussi le *Midrash Rabba*, p. 563.
4. L. Pirot, A. Clamer, *op. cit.*, p. 306. A. Chouraqui, *op. cit.*, p. 213.
5. Genèse, 21.

dont parle saint Paul, qui prennent une détermination supplémentaire : *l'origine par le nom et l'esprit, et l'origine par la transmission substantielle de la vie.*

Vient alors l'épisode du renvoi d'Agar qui porte son fils sur son épaule et quelques provisions. L'errance dans le désert, l'épuisement, la soif. L'enfant jeté sous un buisson, les pleurs, le refus de voir l'enfant mourir. Le moment de l'entente ouvrante et de la promesse. L'œil d'Agar qui a vu le puits. L'enfant sauf. Puis la mention de son mariage plus tard avec une femme égyptienne, comme sa mère. L'ultime épisode biblique de cette histoire est la présence des deux fils à l'enterrement de leur père. La tradition juive a légué de beaux commentaires sur cet épisode, sur les larmes et les invocations d'Agar, sur l'errance de l'étrangère et son désarroi. Certains commentateurs ont voulu voir en *Qétoura* (la parfumée), qu'Abraham épousa après la mort de Sarah, une reprise d'Agar. Cette *Wiedergewinnung* de l'autre femme a donc pris la forme d'une toilette, d'un encensement d'Agar, sous lequel l'odeur de la servante ne parviendra pas à disparaître, comme on le verra, des siècles après.

Il y a, il n'y a pas

Qu'est-ce qui commande le jeu d'ensemble de ces différents moments de la problématique du père dans l'archive monothéiste ? Quelle est leur destination finale ?

La Genèse s'ouvre sur l'impasse du don de la vie dans la famille abrahamique, c'est-à-dire sur l'impasse de l'origine elle-même, puisque c'était au commencement. Au commencement, donc, était l'impasse du commencement. Au commencement, l'archive garde le manque du père comme commencement. L'homme est fidèle, en attente depuis si longtemps, mais sans le fils qui le fera père. Le Donateur avait promis de donner mais retient son don, comme s'il attendait que quelqu'un fasse un pas, qu'une condition soit remplie pour envoyer le don attendu. L'affirmation est claire : à l'origine, le père dans le monde n'est pas donné, il n'y a pas de père encore ; c'est la rétention du don qui constitue son manque, ou qui le pose comme manquant, donc à venir. Nous sommes saisis par le manque du père, en tant que ce manque est le fils. Il existe une nécessité à tenir en suspens le père par le fils. Pour l'archive, il n'y a qu'une manière de pouvoir écrire le manque du père et sa venue, c'est de retenir le fils. À l'intérieur de cet agencement, il n'y a ni père, ni fils, ni origine sans ce suspens constitutif de la manifestation de l'*être père*. Au commencement, il y a que « ça retient ». *Il y a qu'il n'y a pas*. On ne peut rapporter l'origine plus en arrière que ce point. *Il y a un il n'y a pas* est la butée de l'*impossible* originaire, le réel de l'origine. C'est une présupposition absolue qui précède toute paternité. Le monothéisme se présente d'abord comme la foi dans cet *impossible* qui est le manque du père dans le monde, ou le manque originaire de l'origine. Certes, il fait tenir ce manque à la merci de Dieu, mais Dieu est alors originairement le Dieu du manque, ce qui revient à dire : *il y a un il n'y a pas*. Le Père du ciel, le Père du manque donne le manque de père, ou le manque de don. Les variations : *il y a qu'il n'y a pas, il y a un il n'y a pas, ou il y a il n'y a pas* ne sont que des accentuations différentes de la même formule. Il s'agit de la limite de l'écriture de l'origine. Cette limite constitue l'altérité radicale à toute origine. L'*Autre*, ce qui s'écrit et se pense avec ce vocable, passe nécessairement par l'idée que recèle cette simple phrase : *il y a un il n'y a pas*. Il semble que les formations originaires, qu'elles soient individuelles ou collectives, doivent poser, affronter, dérouler leurs existences à partir de cette limite, et donner suite à partir de l'impossible de cette pose. On pourrait appeler cette suite : *la donne de l'origine*. Non pas don mais *donne*, au sens distributif d'un jeu (« jeu de cartes », dit le Littré à propos de *donne*) ; la donne forme l'ensemble des éléments du jeu originaire autour de l'impossible. C'est le lieu où s'agence l'écriture de l'*être père*, son *arkhé*.

En écrivant « *père* » et « *être père* », nous essayons de distinguer résolument quelque chose qui reste souvent ramassé dans la pensée psychanalytique, entre le *père manifeste* et la *manifestation du père*. Le père manifeste, c'est Abraham père d'Ismaël et d'Isaac. La *manifestation du père*, c'est ce qui procède de l'impossible à partir d'*Abram*, le paraître de sa procession, en partant de « *il y a* un *il n'y a pas* ». L'être père manque depuis l'origine, et pour toujours sa manifestation est à venir.

La Bible écrit ces prémisses de l'*impossible* à travers un récit très élaboré, essayant de leur donner suite par une construction résolutive de la *donne de l'impossible*. C'est là tout l'enjeu de l'histoire d'Abraham. Ce que le monothéisme originaire met en œuvre relève d'un détour, sans doute son tour fondateur, qui consiste à *s'approprier l'impossible par une solution impossible,* celle de la conception d'Isaac, laquelle n'est autre que la solution phallique. Résoudre l'*impossible* comme réel, en *un impossible* qui ressortit à l'imaginaire, telle est l'invention du monothéisme biblique. Elle vise à ériger l'imaginaire phallique du don du fils à la place de l'*impossible originaire*, et à soutenir la dissimulation de ce dernier par le premier. Isaac comble le manque, en tant qu'enfant de la promesse qui se réalise. Avec lui, l'*impossible* s'incarne, le père devient définitivement manifeste ; après lui, la rétention cesse, l'origine se clôt. Nous comprenons maintenant pourquoi l'islam propose l'autre solution, veut revenir à Abraham comme père dans la réalité et garder Dieu du côté de l'impossible.

Ainsi, la Genèse pose bien l'entame originaire, mais elle la réduit par un sur-don, elle fait de la rétention la possibilité du *propre du don*, alors que ce dont il s'agit ne relève pas du propre et de l'impropre, mais du *retrait originaire* qui ouvre la possibilité d'un dire et d'une écriture de l'origine. *Il y a il n'y a pas* est cette ouverture de la limite, la limite ouvrante qui n'appartient à aucun ordre de signification ou de sens ; son retrait demeure inaliénable par tout ce qui vient et est à venir. À travers la logique de la rétention, la religion veut accréditer la présence permanente du don en son absence même, alors que le *retrait* n'est ni la présence ni l'absence mais l'*impossible* qu'aucune origine ne peut enfermer, retenir ou posséder. L'impossible ne se retient pas, puisqu'il retient toute origine de se donner à elle-même et d'accomplir le cercle du don de soi à soi. La Genèse fait du père une opération de maîtrise du retrait originaire par le phallus : le don de l'enfant divin.

Et cependant, cette appropriation du retrait, cette dissimulation de l'impossible n'est pas totale, puisque nous pouvons la lire à travers l'écriture même de la Genèse. L'écriture dévoile le tour phallique qui retire le retrait. Elle ne couvre pas l'appropriation, laisse voir son jeu, transit sa clôture originaire. Nous revient à l'esprit cette phrase qui paraissait si énigmatique de Jacques Derrida dans *Mal d'archives* : « L'archive travaille toujours a priori contre elle-même [1]. » On a pu dire qu'avec la Bible le monothéisme avait accompli un progrès spirituel, une avancée éthique. Si tel était le cas, ce ne serait pas tant parce qu'il découvre l'unicité de l'*être père*, sa transcendance, ou parce qu'il garde mieux sa mémoire, mais parce qu'il passe à son écriture, à l'archivation de sa manifestation, laquelle écriture montre la dissimulation de l'*impossible*, dévoile le détournement phallique du retrait originaire. L'écriture se révèle donc complice du *retrait* plutôt que fidèle à l'hypostase phallique de l'impossible dont on voudrait qu'elle soit la gardienne aveugle. L'écriture ne porte le voile phallique du Père-originaire que pour le dévoiler. Lui confier la garde de l'origine, c'est la confier à un voile qui est œil, un œil-voile. Voilà comment le monothéisme commence à travailler contre lui-même, en entrant par la duplicité de l'écriture dans le jeu de l'histoire. Lisons la suite des enchaînements de la *donne originaire* du père dans la Genèse, au regard de cette hypothèse. Portons-nous vers le point décisif de ce retournement de l'écriture, c'est-à-dire vers le moment du refus agarien.

Du retrait originaire

Devant le retrait originaire du don, la maîtresse, la princesse, la femme posée au-dessus, en tant que souveraineté appropriée à elle-même, tente le passage outre le retrait, en demandant à une autre femme, à l'esclave, à la femme posée en dessous, donc dépossédée d'elle-même, de faire le don aux maîtres en souffrance, et de combler le retrait. S'ouvre alors le conflit autour de l'enjeu du *retrait origi-*

---

1. Jacques Derrida, *Mal d'archives*, Galilée, 1995, p. 27.

naire – notion que je propose à la place de « castration originaire » –, de sa méconnaissance, de son contournement, du *forçage de son retrait*, en usant de l'esclave comme instrument. Le recours à Agar comme corps, comme utérus d'emprunt, relève d'une instrumentalisation de l'autre vivant, de l'utilisation du vivant dans sa nudité, sans la reconnaissance de son droit généalogique. « En effet, écrit Aristote, le corps est l'instrument congénital de l'âme, l'esclave est comme une partie et un instrument séparables du maître et l'instrument est en quelque manière un esclave inanimé [1]. » La Genèse ouvre en fait un procès contre elle-même, contre ceux dont elle veut garder la mémoire et la généalogie. C'est à mes yeux un procès éthique majeur, mais qui n'a pas été saisi dans toute sa portée, encore une fois parce que cette histoire n'a été pensée que du point de vue des maîtres et du don spirituel qui les comble. Il s'agit de ce que nous pouvons appeler la *jouissance instrumentale* de l'autre vivant en tant que corps nu. Qui ne voit l'actualité de ce procès, compte tenu de toutes les manipulations qui se produisent de façon accélérée sous nos yeux ahuris ? La jouissance instrumentale de l'autre vivant ne vise pas seulement à utiliser les forces physiques de l'autre ou ses potentialités biologiques, elle ne cherche pas uniquement à dégager une plus-value économique ou matérielle, ce qui peut être le cas aussi, elle est sous-tendue par le puissant désir métaphysique de l'appropriation de l'impossible, et du comble du retrait originaire.

Or la Bible, à travers la figure d'Agar, montre qu'elle dit non à ce désir de forçage du retrait par Sarah. Le don de l'esclave au maître ne peut être un don contre rien, un présent sans retour, le pur sacrifice, c'est-à-dire le don absolu, après lequel Agar aurait dû s'effacer et se faire oublier. Les scribes du monothéisme auraient pu écrire une histoire où Agar, réduite à une matrice au service des maîtres, se retire sans laisser trace de sa propre postérité, après avoir donné le fils au maître, lequel ne se serait pas appelé Ismaël, etc. Mais la Genèse refuse aux maîtres la maîtrise de l'origine, à travers la révolte de l'autre femme et la reconnaissance

---

1. Aristote, *Éthique à Eudème*, Rivages poche, 1994, p. 167.

de son droit généalogique ; elle divise le don du père entre deux femmes. Davantage, par cette division de l'*Arkhé* du père, non seulement le commencement et le commandement ne sont pas réunis entre les mêmes mains, mais, de plus, celle qui commande ne commence pas, laissant la primauté du don du père à celle qui engendre par la chair. *La vie est la prime donne devant le pouvoir*. Malgré la promesse, nul ne commande le commencement. Le commencement se soustrait au commandement.

Certes, en enlevant aux maîtres la possibilité de forcer le retrait, en empêchant l'escamotage d'Agar, en donnant de l'avance à l'esclave-vie, la Bible garde la main de Dieu sur l'origine. On ne pouvait produire le don absolu au commencement, car si le Donateur avait dès le commencement donné un tel don, nous n'aurions pas su que le don avait eu lieu, ni le commencement. On ne pouvait non plus laisser se produire le don parfait entre les hommes qui se seraient passés alors du don de Dieu. Dans tous les cas, la disparition du donateur implique l'effacement perpétuel de la dette, le comblement immédiat de l'origine. Si l'archive n'a pas voulu nous léguer un don parfait, c'est parce qu'elle ne le pouvait pas, sinon il n'y aurait ni lieu ni matière d'archives. C'est par Agar que vient le don imparfait, celui qui ne boucle pas le commencement avant qu'il ne commence. *Agar est l'écartement de l'origine par rapport à elle-même*, la possibilité d'une archive du père, le point à partir duquel se produit l'écriture de sa manifestation comme *partage originaire*. Dieu avait besoin de la figure d'Agar pour effectuer la paternité dans le monde. Agar est l'étrangère interne qui *distend* l'origine dans son intimité, afin que le père en attente advienne. Elle est le don du bas (aban-don) sans lequel il n'y a pas de don du haut.

Mais une fois l'origine sortie de son impasse, l'étrangère devient encombrante et menace les prérogatives du don du Maître aux maîtres. Alors la maîtrise de l'origine nécessite que l'on se retourne contre elle et qu'on la renvoie. Le père, dans l'archive du monothéisme, ne peut pas garder les deux principes de sa paternité, il en élit une et laisse l'autre. Agar est cette *origine répudiée* afin de garder la filiation selon l'impossible imaginarisé. L'impossible imaginarisé est le fondement de l'origine dans la métaphysique. Le concept de père dans le monothéisme originaire passe par la répudiation de l'étrangère et l'élection phallique du propre.

Nous parvenons ici au point où nous a laissé Freud dans *L'Homme Moïse et la religion monothéiste*, sauf que l'étranger à l'origine s'avère être une étrangère et l'Égyptien une Égyptienne. Cette différence, nous la déduisons d'une analyse d'où il ressort que le père ne peut apparaître qu'à la condition d'un écartement de l'origine. Si nous voyons bien en quoi la proposition de Freud, concernant l'origine étrangère de Moïse à son peuple, appartient à la déconstruction radicale du mythème de l'origine, puisqu'elle rend plus originaire que l'origine la séparation de toute origine d'elle-même, on ne peut s'empêcher de remarquer que *Freud a choisi de condenser, en une même figure, le père, le fondateur et l'étranger*. Vouloir que l'étranger par lequel s'effectue la différenciation originaire préalable à toute fondation soit le père, n'est-ce pas conférer au père la toute-puissance absolue qui produit l'acte de fondation comme institution, et l'ouverture de l'espacement originaire préalable qui accueille cette fondation ? Tel père qui jouirait en pensée de tous les pouvoirs serait ou bien un dieu, ou bien une figure du Père archaïque, en deçà de son meurtre, tel que *Totem et Tabou* a voulu en marquer le dépassement décisif. *Bref, la fondation de l'institution ne saurait se confondre avec la différence originaire,* ne saurait être aux mains du même, sans ruiner l'espace de pensée psychanalytique et revenir au théologique en tant qu'appropriation phallique de l'impossible.

On a souvent reproché à la psychanalyse, depuis Freud, de ne pas faire place aux femmes dans ses conjectures sur les origines de la Loi et de la société, ou, pis encore, de leur assigner le statut de « butin » que les hommes se disputeraient, comme dans *Totem et Tabou*. Or, ce que l'analyse de la fiction monothéiste nous permet de formuler, c'est une fonction structurale du féminin à l'origine qui conditionne l'instauration généalogique du père.

L'entre-deux femmes

Il n'y a pas que contingence dans cette histoire de la dualité originaire du féminin. Pour que l'homme devienne père, il fallait un autre pôle féminin que celui de la femme phallique, maîtresse omnipotente, voulant commander le commencement. Agar est donc le nom de l'*autre femme* par laquelle se constitue l'écart originaire, entre le commencement et le commandement. Tant que ces deux principes furent entre les mains d'une même femme, *le père est resté plié*. Si l'origine a dû se déployer dans l'écart, c'est en raison du *pli* dans lequel l'*impossible* retenait le père *plié*. Le *pli originaire du père,* c'est l'impossible en tant que fusion du commencement et du commandement, soumission de la vie à la maîtrise, cause de l'absence du don. Le père se déplie par la défaite de cette confusion, dans la différence de l'*entre-deux femmes*.

En fait, nous avons suivi et repéré, avec la geste agarienne, l'arrachement de la paternité monothéiste à son histoire domestique, pour se transformer, à travers le déchirement même de la famille du patriarche et la multiplication de ses fils, en une structure universelle du père. C'est l'apparition dans les écritures de l'*Un*, de *la différence archi-structurale* irréductible à toute origine.

Cette différence structurale, nous pouvons la lire directement dans le mythe de Moïse. Après qu'il a été lâché par sa mère et a vogué le long du Nil, c'est une autre femme, l'Égyptienne (femme ou sœur du Pharaon, selon les versions judéo-chrétienne ou islamique), qui le recueille et le redonne à sa mère, en posture de nourrice. Le fils qui sera le père sauveur de son peuple ne doit sa survie qu'à cette distance, à cet étrangement à sa mère, à son adoption par l'*autre femme*. C'est elle qui permet que la mère cesse d'être dans la toute-puissance de la génitrice (ou phallique), pour devenir mère nourricière ou adoptive, à qui l'enfant n'est que prêté. C'est une mère empruntée, c'est-à-dire métaphorisée (« la métaphore est la demeure empruntée », selon le grammairien Du Marsais), devenant donc mère en fiction, et pas seulement celle dont l'engendrement tombe sous le témoignage des sens. Pour qu'il y ait *fiction de la mère*, il faut donc l'autre femme : l'étrangère. En ce sens, Agar a permis que Sarah puisse devenir mère en fiction, plutôt que d'essayer d'arracher l'enfant d'une autre. Ces éléments nous indiquent la nécessité d'une réévaluation de la problématique de la mère en psychanalyse, souvent réduite à la fonction d'engendrement par la chair, là où le père serait du côté de la métaphore. On peut faire l'hypothèse que la mère ne parvient à remplir sa fonction que si elle effectue ce passage, cette création fictive d'un écart qui la fait passer de la génitrice à l'adoptive. Or cet écartement n'est possible que si la place structurale de l'*autre femme* est posée.

L'entre-deux femmes ne saurait donc se réduire seulement à la compétition, aux représailles et à la vengeance autour de la jouissance phallique, comme l'a pensé toute une littérature psychanalytique au cours des vingt dernières années. Il nous faut donc remonter de la distinction anecdotique entre deux figures conflictuelles du féminin à ce qui est à leur origine : l'impossible inappropriable qui s'affirme dans une différence radicale, celle du retrait originaire ; soit l'impossible qui est en soi cette différence que nous avons signifiée par la formule : *il y a il n'y a pas*. Il importe ici de souligner que cette formule tente de dire le mouvement différentiel d'une oscillation où se maintient la solidarité entre l'affirmation et la négation, afin d'indiquer l'unité de l'impossible. Certes, c'est à partir de l'*impossible* qu'il y a donne du père, mais pour qu'il y ait donne, il faut que l'*arkhé* se divise en deux. Ainsi, il y aurait deux phases de l'*impossible*, la phase où il est l'unité des opposés (il y a il n'y a pas), unité inhumaine en retrait, et une autre phase par laquelle il advient humainement comme père, dans l'écart structurel de l'*entre deux*.

3

Perpétuation de la répudiation

Quels rapports les Arabes d'avant l'islam entretenaient-ils avec la mémoire que juifs et chrétiens avaient gardée de leur origine agarienne ou ismaélienne ? Que pensaient-ils de cette histoire et comment se rapportaient-ils à elle ? Jusqu'au livre de René Dagorn *La Geste d'Ismaël* [1], publié il y a quinze ans, régnait à ce sujet une sorte d'évidence selon laquelle les Arabes connaissaient cette descendance de tout temps, s'y référaient et la revendiquaient comme en témoignent le Coran, la tradition islamique et la littérature arabe du Moyen Âge. Or, les résultats de la recherche de René Dagorn ont démontré définitivement la fausseté de cette évidence.

L'enquête que cet auteur a menée à partir des textes arabes, plus exactement de l'onomastique, avait pour but de savoir si la référence à Ismaël et Abraham existait déjà avant l'islam, et si les Arabes préislamiques se considéraient comme leurs descendants, ainsi que le mentionnaient la tradition juive, depuis au moins le IIe millénaire avant notre ère, et par la suite de nombreux auteurs chrétiens.

La transmission d'Ismaël

Le travail de Dagorn est impressionnant par la masse des documents qu'il examine, par la méthode et la rigueur

1. René Dagorn, *La Geste d'Ismaël*, Genève, Librairie Droz, 1981.

de l'analyse. L'auteur étudie, en effet, les généalogistes arabes les plus importants, recense les noms propres, les compte, établit des tableaux de filiation et des fréquences, qu'il recoupe sans cesse avec d'autres sources. En voici les conclusions : « Cet examen, presque exclusivement basé sur le dépouillement des ouvrages généalogiques arabes et de la tradition musulmane la plus ancienne, nous conduit à conclure de façon formelle à l'inexistence absolue et radicale, dans la tradition arabe préislamique, des personnages d'Ismaël, d'Agar, sa mère, et même d'Abraham. » Et il ajoute un peu plus loin : « [...] aucune souvenance du patriarche biblique et de son fils exilé qui puisse servir de base à une théorie selon laquelle les Arabes auraient conservé le souvenir historique d'un rattachement charnel et même spirituel à Abraham, à travers sa descendance ismaélienne [1] ».

Question : à partir de quel moment apparaît la référence à Ismaël et à Abraham ? Réponse : « [...] le pourcentage dans l'usage de ces noms s'accroît au fur et à mesure que l'on s'éloigne des débuts de l'Islam. Il y a lieu de croire, en conséquence, que c'est sous l'influence du Coran et de la prédication islamique que l'utilisation de ces appellatifs s'est effectivement développée et même a simplement commencé comme en témoignent les tableaux suivants [2]. »

Ainsi, c'est avec Muhammad que commence la mémoire arabe de leur origine consignée dans la Genèse. Jâhiz avait donc littéralement raison : « [...] Ismaël est devenu arabe après avoir été non-arabe uniquement parce que le prophète l'a dit. »

Le contraste est frappant, d'un côté : « [...] il n'existe, dit R. Dagorn, avant l'islam, absolument aucun individu parmi les quraishites [*la tribu du prophète*] qui y sont nommés, à avoir porté un des appellatifs "Ibrâhîm, Ismâ'îl ou Ishâq" [3] » ; puis, d'un autre côté, il y a le Coran où ces noms non seulement apparaissent, mais sont revendiqués comme faisant partie de l'inoubliable mémoire qui rattache les Arabes au père du monothéisme. Le prophète a

---

1. Dagorn, *op. cit.*, p. 377.
2. Dagorn, *op. cit.*, p. 47.
3. Dagorn, *op. cit.*, p. 49.

même choisi de donner au seul fils (fils mort) qu'il a eu de Marie, la copte, le nom d'Ibrâhîm qui n'existait pas à l'époque dans la tradition arabe. René Dagorn conclut ainsi : « C'est indubitablement au prophète en personne qu'il faut laisser l'honneur d'avoir perçu le lien qu'il y avait entre ses propres conceptions monothéistes et l'idéal religieux qu'il entendait substituer au paganisme ancestral de ses compatriotes mekkois et la foi du grand patriarche biblique [1]. »

Comment expliquer que, pendant des siècles, des tribus proches détenaient un savoir sur l'origine et la filiation des Arabes, savoir qui les apparente à l'ancêtre commun du monothéisme, sans que ce savoir laisse chez eux la moindre empreinte ? On atteint ici les limites de la recherche de R. Dagorn – dont Freud aurait pu dire qu'elle concerne la vérité matérielle et non la vérité historique – qui s'en tient au constat qu'il n'y a pas de *trace de*…, sans s'interroger plus avant sur les raisons de cette absence. Est-ce un refus délibéré d'adopter ce savoir et cette filiation ? S'agit-il plutôt d'un oubli ?

Dans la préface à ce livre, l'une des conclusions tirée du travail de René Dagorn par Maxime Rodinson est troublante et pose beaucoup de problèmes. Il écrit : « Tout ce que nous savons – et la masse de documentation si laborieusement amassée et organisée par René Dagorn devrait le prouver aux plus aveugles – indique qu'il y eut une rupture de plus d'un millénaire entre les théories développées peut-être dans quelques tribus préarabes ou protoarabes du domaine péripalestinien, et en tout cas chez les historiens des Bené Yisrâél, et la reprise de ces théories, incorporées dans des textes devenus sacrés, développés avec l'autorité acquise par des religions devenues d'extension mondiale, le judaïsme et le christianisme, adoptés par Muhammad et imposés par lui, non sans longues réticences, on le verra à la vaste communauté des musulmans [2]. » Si les Arabes n'avaient pas commencé à exister en tant que tels, par rapport à quoi y a-t-il rupture et reprise ? Que signifient mille ans d'interruption ? Pourquoi tout d'un coup un homme

---

1. Dagorn, *op. cit.*, p. 377.
2. Dagorn, *op. cit., Préface de Maxime Rodinson*, p. XVIII.

parvient-il à transmettre ce qui ne s'est pas transmis au cours de tant de temps ? Il faudrait aller au-delà de la comptabilité des noms propres, afin de penser l'appropriation de ce qui n'était pas propre.

Assurément, si nous pouvons dire qu'il y a bien eu une *Wiedergewinnung* du Père, sans doute en un sens différent de celui auquel pensait Freud, et que c'est un seul homme qui l'entreprend, reste à penser l'opération proprement dite de l'appropriation et du don à son peuple.

Il n'est pas possible d'examiner ici l'opération muhammadienne dans toute son envergure. Ce n'est rien de moins que la fondation de l'islam qu'il faudrait étudier. Je voudrais m'en tenir au nœud agarien de cette opération qui est le *lacs*, comme on dit dans le langage de la tapisserie, à partir duquel le relais est pris pour constituer le tissage du texte originaire islamique. Néanmoins, j'aimerais rappeler rapidement l'hypothèse que j'avais formulée dans un travail ancien, à savoir que l'intelligibilité de l'opération muhammadienne dépendait de l'analyse de l'injonction de lire qui est à la racine de la prédication de Muhammad. « *Lis* » est, rappelons-le, le commandement de l'ange qui, par la terreur, obligea Muhammad à recevoir la révélation. Il n'est pas indifférent, lorsqu'il s'agit d'archive et de mémoire, que cela commence ainsi, c'est-à-dire que cela ne commence pas, puisqu'il est supposé que le texte était écrit. Il y avait déjà de l'écrit et il fallait lire. Or, il m'a semblé intéressant, compte tenu d'une posture que j'ai rapprochée de celle de la Vierge Marie recevant le verbe [1], de penser ce « lire » (*qara'a*) du commandement de sa signification dans l'arabe ancien : *le fait pour la femme de retenir du mâle, de former le fœtus et de le jeter dehors lorsque la geste est finie* [2]. Lire c'est concevoir, se laisser pénétrer par la trace ou par l'écriture de l'Autre. Concevoir « la mère du livre » (la table gardée dont le Coran est l'une des versions révélées), c'est recevoir l'origine, *l'Arkhé* ou l'archive comme don de l'Autre pour lui donner jour, un

---

[1]. Cf. ici même le sous-chapitre intitulé : « Le Voile » (III, 3)
[2]. Je me permets de renvoyer à mon ouvrage *La Nuit brisée*, *op. cit.* p. 81 et ss.

nouveau jour, à travers la langue. Serait-ce là la modalité du Père-traduisant, par laquelle il s'approprie l'écriture du Père-de-la-genèse et la redonne ? Ce n'est ni du registre de la citation, ni de celui de la reproduction, mais celui de la réception matricielle de la lettre, qui rappelle ce nom de Dieu en islam, nom par lequel débutent toutes les sourates du Coran, et par la profération duquel tout est entrepris : *Au Nom de Dieu le matriciel le matriciant (arrahmân arrahîm)*. Il s'agit donc d'un principe d'insémination par l'écriture du Père, où nous trouvons cette communication de la vie et de la lettre qui vient dès les premières lignes coraniques [1].

Lire la lecture muhammadienne de sa *Wiedergewinnung* du Père, cela suppose d'examiner comment il a affronté certains problèmes cruciaux hérités de l'archive biblique et de sa mémoire.

Transmissible et intransmissible

Le premier et le plus important de ces problèmes est : *que faire de l'abandon du père, lorsqu'il s'agit de récupérer le père ?* Comment récupérer celui dont le dernier acte fut d'abandonner le fils et la mère ? Que faire de celle que saint Paul avait appelée l'*abandonnée*, Agar servante et rebelle, esclave et mère éponyme ? Comment faire dériver une spiritualité monothéiste de la famille, après ce qui s'est passé à l'intérieur de la famille abrahamique et sa scission finale ? Le renvoi d'Agar n'a-t-il pas amené Abraham à produire l'antinomie spirituelle de la famille : la répudiation là où la famille est union ; l'expropriation là où elle est partage et transmission ; l'abandon de l'enfant quand elle est soin et éducation ? Quelle éthique dégager de cette antinomie ? Comment est-il possible de poser qu'il y a de l'amour à l'origine entre père, mère et fils, lorsqu'il y a la haine de l'autre femme, ou le rejet de l'autre donation de l'origine ?

---

1. « Lis au Nom de ton Seigneur qui a créé. Il a créé l'homme d'un caillot de sang. Lis. Car ton seigneur est le Très-Généreux, qui a instruit l'homme au moyen du calame, et lui a enseigné ce qu'il ignorait » (S. XCVI, 1-5).

Le Coran est assurément le premier document de la tradition arabe qui parle explicitement d'Abraham, d'Ismaël et de son frère Isaac. L'étude de ce texte montre que, jusqu'à l'exil à Médine en 615 (cinq ans après le début de la révélation), l'importance de la filiation avec Ismaël ne se dégage pas nettement. C'est à partir de l'hégire (l'an I du calendrier musulman qui débute avec l'exil à Médine, en 615) qu'elle est affirmée, sans doute dans le dialogue et la confrontation que le prophète aura avec les juifs et les chrétiens de Médine.

Alors qu'Ismaël est nommé une douzaine de fois dans le Coran, et Abraham dans soixante-dix-huit occurrences, *Hagar n'existe pas*. Ni Hagar (*hâjer* en arabe, l'exilée), ni sa fuite, ni le renvoi, ni l'abandon de l'enfant. Aucun élément du récit biblique concernant cet épisode critique n'est repris, sauf la référence à un Dieu entendant (*samî'*), lorsque *Isma'îl* (nom arabe d'Ismaël) est évoqué. On peut expliquer cette absence par quelques raisons relatives au contexte de l'époque. Rallier l'aristocratie arabe, ou même tout simplement le commun des hommes fiers du désert, en leur donnant pour ancêtre une esclave chassée par celui dont on veut faire le Père de la nouvelle religion, était sans doute une manœuvre difficile ; d'autant que Juifs et Chrétiens de la région ne se privaient pas, semble-t-il, de rappeler la descendance « impure » d'Ismaël. Est-ce la bonne raison ? Quoi qu'il en soit, la récupération Muhammadienne du père maintient la répudiation d'Hagar sous la forme de son effacement du texte fondateur. On rencontre pourtant dans le Coran plusieurs épisodes où l'annonce d'Isaac est mentionnée, et, parmi eux, au moins par deux fois, la référence explicite à Sarah sous l'appellation de « la femme d'Abraham ». L'exemple de la sourate XI qui reprend l'annonce par les anges mérite d'être cité :

> « La femme d'Abraham rit, debout, tandis qu'il était assis, et nous lui annonçâmes Isaac et, après Isaac, Jacob. Malheur à moi, s'écria-t-elle. Enfanterai-je alors que je suis une vieille stérile et que mon époux que voici est un vieillard ? En vérité, ceci est certes chose étonnante ! Ne t'étonne point de l'ordre d'Allah, lui répondirent-ils. Que la miséricorde et les

bénédictions d'Allah soient sur vous, ô gens de cette maison. Celle-ci sera digne des louanges et noble [1]. »

C'est ainsi que le texte coranique a pris aussi le parti de Sarah, en la rendant présente, en témoignant de son émotion, en la bénissant, tandis que Hagar sera maintenue hors-texte, hors référence. Hagar était coraniquement intransmissible.

Par contre, et c'est là un des actes fondamentaux de cette récupération, le Coran ajoute une nouvelle séquence par rapport à la Bible ; ce sont les retrouvailles d'Abraham avec Ismaël autour de la construction du temple de La Mecque : « Rappelez-vous quand Abraham, avec Ismaël, élevait les assises du temple, en disant : Seigneur, accepte ceci de nous, Tu es l'Entendant, l'Omniscient [2]. » La récupération aura donc consisté dans l'organisation des retrouvailles du père et du fils dans le lieu où l'enfant fut entendu et sauvé, à travers une communion dans l'acte d'édification du temple. Leur manifestation d'amour est une construction. Construire pierre par pierre, ce qu'on appellera en islam la *maison d'Abraham* (La Mecque) est la réponse au lien rompu et à la famille éclatée dans la Bible. La base de la communion du père et du fils, de leurs retrouvailles et de leur conciliation, la *Wiedergewinnung* de Muhammad est une fondation dans la pierre. Le père n'a donc pas abandonné totalement son fils, il le retrouve dans la dureté du roc.

Dans le verset qui précède, Dieu rappelle qu'il a inscrit littéralement dans la pierre la présence du père : « [...]. Nous fîmes de la maison [*le temple de la Kaaba*] un lieu de Visitation et un asile pour les Hommes, ceux-ci tirèrent du site d'Abraham un lieu de prière [...] [3]. » Voici ce que Régis Blachère indique dans une note à sa traduction du Coran à propos de cette notion de « site d'Abraham » (*maqâm Ibrâhim*) où se réalise quelque chose comme l'*impression du père* en islam : « Il s'agit d'une pierre sacrée renflée à la base et au sommet et rétrécie au centre,

---

1. Coran, XI, 71-76.
2. Coran, II, 127.
3. Coran, II, 126.

d'environ 60 sur 90 centimètres, sur laquelle se distingue, en creux, une empreinte qu'on dit être celle du pied d'Abraham. Cette pierre, dont les creux sont peut-être des cupules destinées à recevoir le sang des victimes, aurait servi à Abraham pour se hisser jusqu'à la hauteur de la terrasse de la Kaaba, quand il entreprit de la construire [1]. » Ainsi, le père est revenu, il est monté sur son piédestal, il a construit avec le fils, il a gravé son empreinte et laissé la pierre de son piédestal comme archive de son retour. La notion de « *maqâm* » que j'ai traduite par *site* n'est pas moins intéressante ici ; elle signifie le lieu où l'on se tient debout, du verbe *qâma* : « se lever », se dresser, s'élever, se mettre debout ; de sorte que la rencontre fondatrice apparaît bien comme une érection monumentale. Or, de cette érection en pierre du père et du fils ensemble, Hagar est bien sûr exclue.

Telle est la solution éthique de Muhammad : la sainteté n'est pas dans la famille, et il n'y a pas de *Sainte famille en islam*, mais dans la construction du temple, troisième terme entre le père et le fils où se monumentalise leur réunion, leur réconciliation, leur communion, leur amour retrouvé.

La récupération du père dans le même lieu va également s'inscrire non seulement dans cette formation originaire et son impression, mais aussi dans le rituel, celui du pèlerinage, au cours duquel le geste d'Abraham substituant l'agneau du sacrifice à son fils est renouvelé. Mais avant d'accomplir ce sacrifice, les pèlerins doivent aller et venir sept fois entre les collines de *Safâ* et de *Marwah*. Or cette séquence, certainement préislamique, a été proposée comme l'*imitation* d'Hagar à la recherche éperdue d'eau pour son fils. C'est le seul moment de l'ensemble dogmatique et rituel de l'islam où le souvenir d'Hagar est convoqué, non pas à travers des mots, mais par la mise en scène corporelle et muette de l'identification à son désarroi, sans la nommer. Ainsi, d'un côté, le rite rappelle le moment de la détresse de la mère et de son fils, il en est la mise en scène corporelle ; et, de l'autre côté, il commé-

---

1. Le Coran, trad. de Régis Blachère, Maisonneuve & Larose, 1980, p. 46

more le geste substitutif pacifiant de la relation entre le père et le fils. Le désarroi de la mère et la mort imminente du fils sont agencés avec le suspens de la destruction et l'institution symbolique du sacrifice de l'agneau. Dans cet agencement, la réminiscence est pour Hagar, tandis que la remémoration est pour Abraham et son fils.

Le parachèvement de la récupération du père trouve alors son ultime pensée en une surenchère originaire qui apparaît lorsque les relations de Muhammad se tendent avec les juifs et les chrétiens qui refusent de le reconnaître ; cette surenchère consiste à affirmer qu'il retrouve la religion première d'Abraham, appelée religion des *hanîfs*. Pour Muhammad, il n'y a plus alors ni ancien, ni nouveau texte, ni accomplissement des Écritures, ni écriture à venir. La religion vraie a déjà eu lieu, c'est celle d'Abraham, dont l'islam voudrait restaurer le règne. C'est là que la nostalgie du père s'organise en une doctrine du retour à l'origine religieuse et paternelle d'Abraham.

De l'abandonnée à l'abandon

Cependant, l'éviction d'Hagar de la fondation islamique pour retrouver le père et le réconcilier avec le fils a conduit le prophète à un acte essentiel sans lequel l'islam ne serait pas une religion, celui qui a consisté à reconnaître le trauma de l'abandon dans l'histoire de Hagar et d'Ismaël comme une expérience universelle commune et originelle à toute l'humanité. Le nom « *islam* » nomme ce trauma et la possibilité spirituelle de son dépassement. Si souvent on a fait prévaloir le sens de « soumission » dans ce mot, on a occulté en revanche d'autres significations importantes relatives à l'abandon ainsi qu'au fait d'échapper au péril, d'être sauvé, de saluer et de trouver le salut. Sans doute, la courbe de vie de Muhammad montre combien, dans son segment infantile, elle est parsemée d'expériences de l'abandon. Ayant déjà abordé cette question au début de ce chapitre, et d'une manière plus exhaustive ailleurs [1], je me contenterai de relever ici deux aspects.

---

1. Ici même précédemment, et dans *La Nuit brisée*, *op. cit.*, p. 172 et ss.

L'abandon s'entend certes à travers la multiplicité de ses expériences : celui de l'orphelin, de l'errant, de l'exilé, celui qui est sans foyer, sans foi, sans compagnon, sans idéal, sans projet ; mais, en un sens plus radical, celui de tout homme abandonné dans l'existence. L'existence comme don suppose l'abandon, littéralement le don du bas, c'est-à-dire la mise au monde. Bien évidemment, l'abandon de la mère et de son enfant – et Muhammad a vécu, enfant, cet épisode quand sa mère est morte lors d'un voyage en plein désert –, leur sauvetage à travers l'ouverture du lieu par l'entente de Dieu, soutient tout le mouvement de reconnaissance de l'abandon comme trauma originaire de l'existant.

Du fait des surdéterminations de cette histoire, il y a probablement en islam une radicalisation de la problématique de l'abandon qui est au demeurant commune à toutes les religions. On pourrait penser que là où ailleurs le salut (le sauvetage) émerge directement de l'abandon, comme dans le christianisme qui met en scène la résurrection suivant l'abandon et la mort du Christ sur la croix, on ne trouve pas en islam cette relève dialectique, cette volonté de maîtriser la mort par son contraire dont témoigne toute la pensée spéculative européenne. Dans l'islam, la mort n'est pas un abandon tragique, elle n'est abandon que pour aller vers un abandon plus infini qui est à Dieu même. Une telle proposition signifie une conception de l'abandon dans laquelle il y a un deuil de la relève.

L'abandonnée Hagar et son enfant ont certainement marqué l'expérience spirituelle de l'islam, au-delà de la conscience que nous en avons aujourd'hui encore.

Controverses autour d'Hagar

Les effets de l'appropriation du père en islam continueront bien sûr après la mort du fondateur. Il est intéressant d'en relever quelques aspects. Dès les premiers successeurs de Muhammad, les musulmans chercheront à mieux connaître l'histoire d'Ismaël dans la Bible, mais aussi à travers les traditions talmudiques et midrashiques, et ils poursuivront l'édification de la légende du père et du fils réconciliés. Pour Hagar, dans un premier temps, l'occultation va se poursuivre. Ainsi, pendant une longue période, elle ne sera pas connue par son nom propre, mais en tant que « mère d'Ismaël ». Puis, progressivement, son nom apparaît, sans jamais dépasser en fréquence celui de Sarah ! Par exemple, dans un recensement concernant les femmes célèbres de l'islam, René Dagorn compte pour trois Hagar dix-huit Sarah ! Le nom de Hagar ne deviendra jamais un prénom recherché.

Hagar est effacée, mais sa servitude ne demeure pas moins au cœur des rapports des musulmans avec les autres. Ainsi l'historiographe Masûdi mentionne que l'empereur byzantin Nicéphotre (802-811) a dû prendre un décret où « [...]. il défendit à ses sujets d'appeler les Arabes des Sarrasins, nom qui signifiait : esclave de Sarah, et que les Grecs donnaient aux Arabes par allusion injurieuse à Hagar, mère d'Ismaël, qui avait été la servante de Sarah [1]. »

Mais la servitude de Hagar n'est pas qu'un enjeu de débat entre musulmans, juifs et chrétiens. C'est à l'intérieur même de l'islam que la dispute s'installe : entre musulmans arabes et musulmans non arabes, tels que les Persans et les Nabatéens, surnommés les *shu'ûbi* (populace). Ces derniers, face aux Arabes qui ont récupéré Ismaël et Abraham et qui commencent à esquisser la reconnaissance d'Hagar, vont se prévaloir d'une ascendance abrahamique par Isaac, et traiter les Arabes de fils de la « *lakhnâ* », soit littéralement fils de « la puante ». Ibn Qutayba écrit à ce propos : « [...] une femme comme Hagar, que Dieu a purifiée de toute souillure, qu'il a parfumée, en lui enlevant toute mauvaise odeur, qu'il a agréée comme épouse pour son ami Abraham [« ami de Dieu » est le surnom d'Abraham en islam] et comme mère aux deux hommes vertueux que sont Ismaël et Mohammed, dont il a fait sa descendance, est-il donc permis à un hérétique, sans parler d'un musulman, de lui attribuer de la puanteur [2] ? » On continue donc à ne pas sentir Hagar à l'intérieur de sa propre famille. Mais sa défense s'intensifie, en la reconnaissant comme Ancêtre-*Mère*, au-delà de sa position de

---

1. R. Dagorn, *op. cit.*, p. 202.
2. Ibn Qutayba, "Kitâb al-'arab", in *Rasâ'il al-bulagâ'*, p. 536.

servante. Voici un autre exemple, la réponse d'Ibn Garsiya aux détracteurs d'Hagar : « [Abraham] a choisi Hagar de préférence à votre mère [*Sarah*] comme dépositrice de son message et la prit pour concubine, alors qu'il était déjà octogénaire ; elle fut ainsi la première à lui donner un enfant, celle qui reçut (en dépôt) notre père Ismaël, que Dieu répande sur lui sa bénédiction [1]. »

Le précédent passage est significatif d'une nouvelle posture. On ne peut plus effacer totalement la répudiation d'Hagar et l'abandon d'Ismaël, car l'accès aux textes juifs et chrétiens s'est répandu ; alors on tente de minimiser les effets de la répudiation et de l'abandon, jusqu'à les ramener au niveau d'une séparation momentanée où le patriarche, cédant à Sarah et craignant que l'irréparable ne soit commis, emmène Hagar pour la mettre à l'abri. La contrepartie, c'est que l'on amoindrit la responsabilité d'Abraham et qu'on accable Sarah. La haine de l'autre femme s'embrase, mais de l'autre côté.

La mention d'Hagar par l'historiographe Tabarî (IXe siècle) dans ses *Chroniques* est représentative de toute cette tendance. Ainsi l'auteur met-il au compte de Sarah la circoncision, sévices exercés à l'encontre de Hagar et généralisés ensuite sur l'ordre de Dieu par mesure de justice. Il écrit : « Sarah éprouva de la colère et une violente jalousie [après la naissance d'Ismaël]. N'étant plus maîtresse d'elle-même, elle eut des querelles et des disputes avec Abraham, et elle lui dit des injures. Ensuite, elle dit avec serment : je couperai une partie quelconque du corps de Hagar, ou une main, ou un pied, ou une oreille, ou le nez. Mais après avoir réfléchi, elle dit : c'est moi qui ai commis cette faute, car j'ai donné Hagar à Abraham. Il ne serait pas juste de couper à cette jeune fille une partie de son corps, ni de la tuer ; mais j'ai juré, et il faut absolument que je lui coupe quelque chose. Après avoir réfléchi, elle dit : je la circoncirai pour l'empêcher de chercher les hommes [2]. » Les fautes de Sarah s'enchaînent : elle ne

---

1. Cité par R. Dagorn, *op. cit.*, p. 229.
2. Tabarî *De la création à David*, extrait des chroniques, trad. H. Zotenberg, Sindbad, 1984, p. 144.

donne pas un fils au père, elle lui met une femme dans son lit, elle la persécute, la mutile, et provoque son renvoi. Inversion des places sur la scène originaire de la rivalité féminine : la femme perverse qui s'immisce entre le père et le fils, qui divise la famille patriarcale monothéiste, c'est maintenant Sarah. La hantise de l'*autre femme* change de masque mais poursuit son œuvre.

Les retrouvailles entre le père et le fils, selon Tabarî, donnent lieu à un épisode tout à fait significatif de ces enjeux. Ayant réussi à arracher à sa femme Sarah l'autorisation de visiter pour la première fois son fils à La Mecque, Abraham arrive en son absence et rencontre d'abord la femme d'Ismaël. Le dialogue suivant s'engage : « Où est Ismaël ? Elle répondit : il est à la chasse. Abraham dit à la femme d'Ismaël : je ne puis descendre de ma monture, n'as-tu rien à manger ? [Sarah a fait promettre à Abraham de ne pas descendre de sa monture, sans doute pour ne pas laisser l'empreinte de son pied.] Cette femme lui répondit : je n'ai rien ; ce lieu est désert. Alors, Abraham voulut s'en retourner, à cause du serment qu'il avait fait à Sarah. Or il n'avait demandé à manger que pour éprouver la femme d'Ismaël ; car il n'avait aucun besoin de nourriture. Il dit à cette femme : je m'en vais ; lorsque ton mari reviendra, dépeins-lui ma personne, et dis-lui de ma part qu'il change le seuil de sa porte, et qu'il mette un autre à la place de celui qu'il a maintenant [1]. » La femme d'Ismaël, en rapportant ce propos à son mari, n'avait fait que transporter la recommandation paternelle de sa répudiation. La fois d'après, Abraham trouve la femme qui convient et met pied à terre. Il fallait donc que le fils renouvelle le geste de son père de renvoyer sa femme pour retrouver son père. Ainsi se perpétue la répudiation de l'*autre femme* au cœur même de l'espace qui la dénonce ou voudrait se déprendre de son rabaissement, mais qui la reproduit à son tour. Comme si, chaque fois que le pacte du père et du fils voulait se former, resurgissait la figure agarienne susceptible de les diviser et d'empêcher l'origine de se fermer sur elle-même.

---

1. Tabarî, *op. cit.*, p. 148-149.

Chapitre III

DESTINS DE L'AUTRE FEMME

1

Hypothèse autour d'un désaveu

L'effacement d'Hagar des textes fondateurs de l'islam nous place devant deux questions inévitables : quelles en sont les incidences sur la constitution de son ordre symbolique, et dans quelle mesure y a-t-il un rapport entre ce fait et la condition de la femme dans les sociétés islamiques ?

Que l'ordre islamique ne soit pas le seul du monde antique à marginaliser la position féminine dans son institution spirituelle, à l'exclure des instances légales du pouvoir, à ravaler la personne de la femme, c'est évident. De ce point de vue, l'islam ne diffère pas fondamentalement des autres monothéismes qui ne reconnaissent de dignité symbolique à la femme qu'à travers la conception du fils, plus exactement en tant qu'intermédiaire qui achemine dans la chair la forme du père vers le fils. Mais l'effacement de l'*Ancêtre-Mère*, de son nom, de son existence du texte fondateur (le Coran), alors que l'on y accueille tous les autres protagonistes de la même histoire, nous conduit à conclure que *l'islam s'instaure originairement dans le désaveu d'Hagar* ; quelles que soient par ailleurs les contraintes héritées de sa situation dans la Bible et les tentatives conflictuelles tissées d'ambivalences de revenir sur ce désaveu à l'intérieur de la tradition. Mais ce qui fut élidé au commencement ne se restaure pas si aisément ; il ne cesse au contraire d'obséder l'institution et de la hanter tout au long de l'histoire, tant qu'il demeure impensé. L'islam provient de l'étrangère à l'origine du monothéisme, demeurée étrangère dans l'islam.

Le mécanisme du *désaveu* ne porte pas sur la vérité, comme c'est le cas du *démenti* ; il ne relève pas de l'action de nier ou de refuser de reconnaître un dû, ce qui appartient au registre du *déni* ; ce n'est pas non plus la *répudiation*, qui consiste à repousser ce que l'on a accepté dans un premier temps, mais il donne lieu à un dire qui ne reconnaît pas l'appartenance [1]. L'histoire d'Hagar est donc l'histoire d'une répudiation à l'origine du monothéisme qui devient un *désaveu* au commencement de l'islam [2].

Ce constat ouvre une perspective susceptible de rendre pensable tout un ensemble de faits inscrits dans la possibilité symbolique de l'islam, qui ont marqué sa culture, jusqu'à nos jours. Notre hypothèse est que le spectre de celle qui fut répudiée, puis désavouée du lieu de la *Référence* [3], ne cesse de hanter la raison en islam.

Dans ce chapitre, nous examinerons en trois temps des formations qui portent dans toute leur ampleur les déterminations inconscientes du désaveu et de la hantise de l'*autre femme*.

Puisque notre tâche est de poursuivre son spectre dans ses multiples apparitions, il nous faudrait rassembler et ressaisir succinctement les traits qui constituent sa figure, tels que nous les avons dégagés de l'analyse de l'écriture monothéiste de la genèse du père au précédent chapitre.

L'*autre femme* ne peut être saisie seule, sans son autre, sans l'autre terme de la structure de la différence origi-

---

1. *Désaveu* est l'une des traductions possibles de la *Verleugnung* de Freud. Je m'inspire ici d'un texte de Claude Rabant qui montre la complexité de ce concept, et y distingue quatre acceptions différentes : *le démenti, le désaveu, le déni* et *la répudiation*. Il propose précisément cette définition du désaveu : « Ne pas reconnaître comme sien, prétendre qu'on n'a pas dit ou fait une chose. » Claude Rabant, *Inventer le réel*, Denoël, 1992, p. 79 et ss.

2. Philippe Lévy note justement que le désaveu concerne l'arrimage généalogique, *Le Ban du lieu*, « Y a-t-il une psychopathologie des banlieues ? », Érès, 1998.

3. Concept que Pierre Legendre a élaboré pour désigner le lieu mythique de la provenance de la loi, lieu présentifié en général par un nom. Ce lieu recèle un trésor de signifiants, d'images, d'emblèmes, etc. Cf. *L'Inestimable objet de la transmission, op. cit.*, p. 178 et ss. Mais les implications de *La Référence* quant aux fondements de la raison sont étudiées dans *La 901ᵉ conclusion*, Fayard, 1998.

naire, figuré par Sarah. C'est pourquoi nous dirons d'emblée que l'*autre femme* est toujours le *double* de la femme. Elle double la femme en titre, lui passe devant, la dessaisit du premier coup au jeu de la maternité, met en branle le processus de différence et de division dans la famille. Devancée, la maîtresse-femme n'en garde pas moins ses titres : elle est la *femme de...* « la femme d'Abraham » selon l'expression coranique, « de la promesse » d'après saint Paul, de « l'annonce » par les anges dans les livres des trois religions monothéistes, et, comble de la dignité, elle reçoit la semence de Dieu. Elle est donc la *divine Mère*, la femme en tant que sacralisée, sanctuarisée. C'est pourquoi il lui convient d'être désignée comme la *femme de l'Autre*.

L'*autre femme* est le féminin en tant qu'il se différencie et s'écarte de la *femme de l'Autre*, permettant du même coup de créer de la *féminité comme valeur de jouissance*. Elle est d'abord l'étrangère, alors que la *femme de l'Autre* est de la même famille, de la même tribu et souvent d'un rang plus élevé que l'homme visé comme père ou comme fondateur de l'institution symbolique. N'oublions pas que Sarah est la demi-sœur d'Abraham. De basse condition, *l'autre femme* n'a pas la maternité statutaire ; elle peut enfanter, mais n'acquiert pas la position de *Sa dignité La Mère* (d'où l'absence de Hagar dans le texte coranique), car son utérus ou sa matrice s'empruntent, c'est-à-dire qu'elle peut circuler entre les hommes, ce qui la rapproche de la prostituée. Cependant, l'*autre femme* n'est pas dénuée de pouvoir, bien au contraire. Son pouvoir est occulte, inquiétant, voire sidérant. Il se rapporte à un type de jouissance que l'on pourrait distinguer en deux segments, sans pour autant les séparer :

– *Le segment de la jouissance d'un savoir sur l'altérité* : Hagar, l'Agar de la Bible, voit Dieu et ne meurt pas, le nomme, puis voit dans la terre la source qui sauve (la source est œil en arabe : *'ayn*). Rappelons-le, il s'agit d'un pouvoir exceptionnel dont aucune femme de la Bible ne dispose. Pouvoir visionnaire, pouvoir de voyance, pouvoir mystique, par lesquels elle accède à ce qui se dérobe dans l'aveuglante lumière du ciel ou dans l'obscure profondeur de la terre.

> Qu'est-ce donc ce savoir sur l'altérité qui va du plus haut au plus bas, qui conjoint la pénétration et la nomination ?
>
> – *Quant au deuxième segment de la jouissance* de l'autre femme, il concerne le corps. C'est celui de la captation de la semence et de la prolifération de la descendance. Il suffit de relire l'adresse de saint Paul et quelques commentaires bibliques à l'encontre d'Agar pour décrire cette jouissance. Elle est assurément celle de la vie brute (« la ronce »), grouillante (« car nombreux sont les enfants de l'abandonnée »), errante et douloureuse (*la femme de l'Autre* n'a pas connu les douleurs), séductrice, donc perverse. Elle se révolte contre la femme en titre, l'écarte, usurpe sa place sans pouvoir l'occuper totalement, la contraint à assumer la castration symbolique. Elle s'interpose entre la maîtresse et son accès à la jouissance phallique pour la compliquer par le jeu du désir[1].

Ces deux segments sont liés, et c'est leur liaison qui fait de l'*autre femme* une figure inquiétante et redoutée, car la conjonction entre ce savoir sur l'altérité et cette jouissance du corps, en tant que corps de désir et puissance vitale, dirige sur elle tous les soupçons, toutes les craintes. Qu'est-ce donc que ce savoir intermédiaire entre l'intelligible et le sensible ?

L'*autre femme* concourt donc au bâti de la *femme de l'Autre* et la menace en même temps. Elle est la femme et la menace féminine pour toute femme, du moins telle que l'agencement de l'ordre de la jouissance phallique l'établit dans sa puissance.

---

1. Cela rejoint le schéma de Hegel dans la *Phénoménologie de l'esprit*, selon lequel c'est l'esclave qui médiatise la jouissance du maître. Ce dernier ne se rapporte en effet à la chose que par l'intermédiaire de l'esclave, lequel « se comporte négativement à l'égard de la chose et la supprime ». Mais la chose est indépendante et ne peut être anéantie, aussi l'esclave ne peut que la transformer en objet de désir. Toutefois, la structure de l'entre-deux femmes, comme structure de la différence originaire, dépasse ce schéma. Nous y reviendrons. G.W.F. Hegel, *Phénoménologie de l'esprit*, trad. J. Hyppolite, Paris, Aubier, 1977, t. I, p. 152.

2

La lueur

Les récits de l'origine, dans un grand nombre de traditions, comportent une séquence concernant l'engendrement du fondateur. Il s'agit de mettre en scène la question : *d'où vient-il, comment fut-il conçu ?* La réponse développe fréquemment la représentation d'un moment de vacillement, avant que le destin force le hasard réfractaire et parvienne à son accomplissement. Que le père ne soit pas donné d'emblée mais doive apparaître sous la condition d'une fiction de sa genèse indique la nécessité de la mise en scène d'un dépliement par lequel le langage de l'origine apprivoise la possibilité de l'*impossible*.

En islam, la mise en scène de cette question est placée par le récit biographique du prophète sur un chemin entre deux femmes [1]. Ce choix, le scénario spécifique qu'il déroule, comporte des enseignements quant aux manœuvres de la représentation islamique de l'origine, hantée par la tentative de maîtriser l'*autre femme*.

L'engendrement du fondateur

Le récit de la conception de Muhammad est rapporté par plusieurs auteurs [2] dans un contexte où Abdallah, le père

---

[1]. J'ai relevé cet épisode dans *La Nuit brisée*, *op. cit.*, p. 184, dont je reprends ici quelques éléments, remis en perspective et amplifiés par rapport à l'hypothèse de *l'autre femme*.
[2]. Ces auteurs, considérés comme les principales sources biographiques du prophète, sont :

du prophète, vient d'échapper à l'immolation grâce à son père, qui l'a racheté à son propre vœu sacrificiel contre une fortune : l'abattage d'un grand nombre de chameaux, en holocauste aux divinités préislamiques de La Mecque. C'est donc un survivant qui accompagne son père vers la femme qu'il lui a choisie comme épouse : *Amina*, qui sera la mère du prophète. La genèse du père prend donc ici son point de départ dans le renoncement à tuer le fils et le dépassement de la figure tyrannique et cruelle du Père-originaire.

Sous le chapitre intitulé : *Mention de la femme qui a proposé le coït à Abdallah*, le biographe Ibn Hichâm écrit : « [...] [Abdallah] passa près d'une femme appelée Roqayya qui est la sœur de Waraqa [1] et qui se trouvait au sanctuaire. Elle lui dit quand elle vit son visage : "Où vas-tu Abdallah ?" Il répondit : "Avec mon père." Elle dit : "Je te donne autant de chameaux que ceux qui servirent à ton rachat, si tu couchais avec moi maintenant." Il dit : "Je suis avec mon père et je ne peux m'opposer à mon père, ni me séparer de lui." Il parvint ensuite chez Amina qui est d'un rang et d'une descendance des plus élevés de Quraysh, qu'il épousa. On dit qu'il s'unit sexuellement à elle et qu'elle conçut ainsi le prophète. Il repartit ensuite voir la femme qui s'était offerte à lui : "Pourquoi ne me proposes-tu pas aujourd'hui ce que tu m'as proposé hier ?", lui demanda-t-il. Elle répondit : "Tu n'as plus la lumière que tu avais hier. Je n'ai plus de désir pour toi aujourd'hui." Roqayya savait par son frère Waraqa qu'il y aurait un prophète arabe [2]. »

Selon les mêmes sources, il existe une autre version, assez proche de celle-ci, qui dit : « Abdallah entra chez une

---

– Muhammad Ibn Ishâq, *Sirat Ibn Ishâq* (VIIe siècle), établi d'après plusieurs manuscrits, Maison d'édition et de diffusion de Konya, Turquie, 1981.

– Ibn Hichâm, *Assayrat an-nabawyya*, Dar al-ma'rifa, s. d., Beyrouth, en 2 vol.

– Tabarî, *Târîkh ar-rusul wa al-mulûk*, trad. franç. : *Muhammad sceau des prophètes*, Paris, Sindbad, 1980.

1. Selon la tradition, *Waraqa* est un lettré chrétien qui fut le premier à reconnaître chez Mohammad le *nomos* révélé à Moïse.

2. Récit rapporté presque dans les mêmes termes par Ibn Ishâq, *op. cit.*, p. 23 ; et par Ibn Hichâm, *op. cit.*, t. 1, p. 164.

femme qu'il avait en plus d'Amina. Il venait de travailler dans l'Argile et en portait les traces. Il fit à la femme des avances, mais elle ne s'empressa pas d'y répondre à cause des traces d'argile. Il sortit, se leva, et se dirigea vers Amina. Il repassa devant la femme qui l'appela à elle, mais il se refusa. Il rentra chez Amina et la prit. Elle conçut alors Muhammad. Puis il repassa devant cette femme et lui dit : "En veux-tu ?" Elle répondit : "Non, quand tu es passé à côté de moi, il y avait entre tes yeux une lueur blanche, je t'avais alors appelé et tu t'es refusé ; tu es entré chez Amina, elle te l'a enlevée." »

Selon Tabarî, lorsque Roqayya, qui était devineresse et savait par les écritures la naissance proche du prophète, proposa le coït à Abdallah, celui-ci consentit et lui dit : « Reste ici, je vais à la maison pour en parler à mon père. » Quand il entra dans sa maison, Amina se jeta à son cou, cédant à sa passion, il s'unit à elle, et le prophète fut conçu au sein d'Amina. L'éclat dont avait été entouré le front d'Abdallah avait disparu lorsqu'il se rendit ensuite auprès de Roqayya. Celle-ci, ne voyant plus le rayonnement sur sa figure, reconnut que le trésor qu'il avait porté en lui était sorti de son corps. Ayant appris de lui qu'il avait une épouse et qu'il venait de s'unir à elle, elle lui dit : « Va, je n'ai plus de désir. » Abdallah s'en alla [1].

Quels que soient les détails qu'ajoutent telle ou telle autre version de ce récit, toutes s'accordent à constituer l'espace de l'*entre-deux femmes*, comme le lieu où se déroulent les premiers actes de génération du prophète en tant qu'être humain. C'est dans cet espace, à travers ce va-et-vient d'une femme à l'autre, que le récit islamique a choisi de placer le scénario de la question la plus radicale de l'origine. Essayons de saisir les éléments de ce montage.

Le point de départ est la question destinale : « *Où vas-tu ?* » posée par Roqayya. N'est-ce pas là l'énigme posée sur la route de toute existence, celle de la destination et du savoir pour chacun ? En un sens, tout le récit se développe comme le théâtre du « *Où vas-tu ?* » d'un fils en devenir de

---

1. Tabarî, *op. cit.*, p. 56.

père, le « *où* » renvoyant au lieu d'engendrement de l'enfant qui est au fondement de l'origine. Or, la fiction qui a présidé au montage de ce récit prétend non seulement y répondre, mais surtout répondre de la vérité et de la légalité de ce lieu.

Les dimensions du montage

La première dimension du montage réside dans la réponse d'Abdallah à la question de Roqayya. Cette réponse tombe à côté de la question, puisqu'elle ne se rapporte pas à la destination mais à l'accompagnement ; il affirme d'emblée qu'il ne quittera pas son père. La référence au père comme étant celui qui l'empêche d'accéder à la demande de cette femme, et à son propre désir si l'on en juge par la suite, fixe d'emblée l'enjeu de l'*entre-deux femmes* dans une tension entre le désir du sujet et le choix de son père. Le récit aurait pu tourner court en s'arrêtant à l'homme collé à la prescription de son père. Mais, s'il y a rebondissement, c'est parce que la prescription paternelle n'arrête pas le fils. En effet, dès qu'il s'est soumis au choix de son père en déposant chez la femme agréée « le trésor » qu'il portait, il revient sur son chemin pour revoir la première femme pour laquelle il garde un attrait, la femme agréée n'ayant pas épuisé son désir. Il n'en demeure pas moins qu'il n'y a pas d'accord possible entre eux : quand elle veut, il ne veut pas et quand il veut, elle ne veut pas. Plutôt qu'un obstacle insurmontable, la prescription du père crée une discordance dans le temps du désir. À l'évidence, l'*entre-deux femmes* désigne l'espace de mise en scène de cette discordance, à la faveur de laquelle se montre la distinction entre la procréation du prophète et le désir sexuel de son père, entre ce désir et la loi symbolique que représente le père de ce père.

La seconde dimension est relative au savoir et au désir de la femme par rapport à l'homme. Roqayya est désignée par plusieurs versions comme la sœur de Waraqa qui est un moine chrétien ayant reconnu les premiers signes prophétiques de Muhammad. Elle est donc étrangère et voyante, deux caractéristiques *agariennes* de l'*autre femme*, auxquelles s'ajoute le désir de *doubler* la femme légitime et de recevoir l'enfant du père. À l'arrière-fond, il y a la femme agréée, femme noble (de la même tribu qu'Abdallah et d'une descendance des plus élevées, dit le récit), soit la *femme de l'Autre* destinataire du saint-enfant. Or, tandis que la femme étrangère est présentée par le récit comme disposant du don de voyance – et quelle voyance ! celle de l'illumination phallique –, le père du prophète quant à lui se meut dans l'ignorance et la méprise ; car, contrairement à ce qu'il croit, il n'est pas l'objet du désir de Roqayya, il n'est que le porteur de l'objet de ce désir. Abdallah ne sait pas qu'il porte le signe de la fécondité qui produira le fils, lequel sera l'instaurateur de l'origine. Il s'agit d'abord d'une lumière ou d'une lueur perçue et déchiffrée par Roqayya comme « signifiant » que le fils est dans le père. L'*autre femme*, pour avoir su percevoir la *lueur du fils*, voudrait le prendre en elle. Mais elle est obligée de le demander au père. Elle use du fait qu'elle sait que l'autre ne sait pas, pour capter sa semence à son insu. L'*autre femme* jouit d'un savoir sur la lumière et le corps, sur le corps de lumière de l'origine infantile, invisible au père qui le porte. Abdallah, qui ne sait pas qu'il porte ce que Roqayya veut, c'est-à-dire le fils, croit refuser quelque chose d'autre. Là où il se place lui-même en objet de désir pour se refuser à l'autre, cet autre met un Autre à sa place. Abdallah refuse donc ce qu'on ne lui demande pas. Le malentendu est à son comble. À travers ce malentendu, la fiction met en scène la question de l'*appropriation phallique*. Que dit-elle ? Ce n'est ni le *savoir* ni la *possession du phallus* qui détermine son destin et sa destination, mais la loi du père. Nul n'est maître de la lumière (la semence) que cette loi qui préexiste à la naissance du fondateur de la loi.

La troisième dimension se rapporte à la rivalité sous-jacente entre les deux femmes. En effet, le récit souligne que la lueur que porte Abdallah à son insu renvoie au « saint-enfant » qui va élever sa dépositaire à la dignité de Mère du prophète, soit la *femme de l'Autre*. Il veut montrer que la rivalité entre les deux femmes ne s'exerce pas tant autour de l'homme comme objet sexuel qu'à propos de l'accession au statut de *femme de l'Autre*, ainsi que de l'accès à la jouissance phallique qu'elle confère, c'est-à-dire le pouvoir suprême d'engendrer le fils qui sera le père fondateur. Or la scène semble trancher la question : il y a une femme qui l'a et l'autre qui ne l'a pas. Il y a une femme qui sera *La Mère* et l'autre qui restera l'*étrangère*, vide, « sans désir » dit-elle, selon le récit.

L'interprétation de l'épisode devient évidente : il s'agit d'une fiction qui rejoue la genèse du père dans la Genèse, mais avec une *nouvelle donne*, une donne originaire qui, tout en maintenant l'écart entre les deux femmes, prétend mieux maîtriser la partie et parvenir à écarter l'*autre femme*. L'étrangère n'a pas devancé l'épouse, et le fils est parvenu à sa destination légitime ; il n'y a qu'un père et qu'un fils. Le trésor divin est à l'ombre du corps de la *femme de l'Autre*.

Éléments d'une comparaison

Au vu de ces éléments, le montage islamique de la scène de l'*entre-deux femmes* diffère de la scène mosaïque. Remarquons d'abord que l'enjeu n'est pas le sauvetage de l'enfant. La fiction islamique met l'accent sur la question du désir et de la loi plutôt que sur celle de la survie.

Dans le récit mosaïque, l'élément concernant le savoir de l'autre femme n'intervient pas, alors qu'il est central dans le récit muhammadien. La femme étrangère est plutôt du côté du pouvoir dans sa forme la plus destructrice, puisque le pharaon veut l'extermination des enfants mâles d'Israël. Or c'est le retournement de cette femme au service de la Mère qui fait que Moïse échappe à la mort. La *femme de l'Autre* et l'*autre femme* sont complices à leur insu pour sauver l'enfant sauveur de son peuple.

Comparant les deux scènes, nous constatons alors que chaque tradition est hantée par le risque de son origine, ou son défaut originaire. Sur le judaïsme, depuis son origine, le Dieu de la Bible fait peser la menace du retrait du don, de l'absence de filiation et de la destruction du fils. Or l'espace de l'*entre-deux femmes* pour Moïse, c'est-à-dire de la différence originaire structurale mosaïque, se présente comme le lieu de la fiction du sauvetage, jusqu'à faire de la source de la destruction (le Pharaon) celle du salut.

Pour l'islam, depuis la répudiation originaire, la hantise est celle de *l'autre femme* qui fait peser la menace de la captation du fils, de la bâtardise et de l'illégitimité. Aussi l'espace de l'*entre-deux femmes* charrie-t-il une fiction qui établit la noblesse d'extraction de la mère, la maîtrise de l'*autre femme* et la garde par le père de la semence du fils. L'obéissance du fils à son père afin d'éviter la captation par l'*autre femme* va jusqu'au risque de rompre les amarres avec son désir, qui persiste tout de même, non sans une certaine ingénuité. Le prix de la soumission à la loi symbolique du père n'est-il pas ici la méconnaissance du véritable désir de l'*autre femme* ? C'est pourquoi la scène islamique tranche dans la rivalité entre les deux femmes : alors qu'ici l'une l'a et l'autre ne l'a pas, dans la scène mosaïque, celle qui l'a (la mère) le laisse filer vers celle qui ne l'a pas (la femme de Pharaon), laquelle le redonne à celle qui a accepté de s'en déposséder, le redonne à sa mère en tant que nourrice. On pourrait dire que dans ce cas l'enfant est originairement en exil, jeté vers l'errance ou la providence, et c'est ce qui sauve l'origine et la maintient en vie, comme si le saint-enfant, en devenant étranger à sa mère, permettait à l'origine de se dédoubler, de se décoller d'elle-même, échappant de la sorte à l'auto-identification et à l'autofondation mortelle. En un sens, Freud répète ce geste en faisant de Moïse un étranger à son peuple. Pour l'islam qui est né de l'étrangère, c'est tout le contraire : le saint-enfant doit aller vers la destination identifiée par le père, permettant l'appropriation de l'origine. Ainsi, dans tous les cas, le défaut originaire veille sur l'origine et la menace en même temps ; la veille à travers la menace qui l'a ouverte à son devenir.

L'entre-deux femmes en psychanalyse

Comment la pensée psychanalytique a-t-elle abordé l'*entre-deux femmes* ?

On se souvient que, dans la première partie de son interprétation du mythe de Moïse [1], Freud relie les deux familles – celle de haut rang et celle d'humble condition – au roman familial de l'enfant qui oscille entre surestimation et déception à l'égard de sa famille réelle, et notamment de son père. Il incline ensuite cette interprétation du côté du mythe du héros qui se révolte contre son père qui l'a exposé, alors qu'il était enfant, au danger de mort dont il réchappe, pour revenir et tuer ce père. Quelle est la pertinence d'une lecture œdipienne dans le cas présent ? On remarquera qu'Abdallah est dans une situation de transition ou d'articulation généalogique entre père et fils, fils et père. La séquence de l'exposition du fils est bien présente dans cette version, puisque, selon le récit, le père d'Abdallah a voulu mettre à exécution son vœu de sacrifier son fils, mais le rachète néanmoins ; et celui-ci, débiteur de sa vie à l'égard de son père, lui obéit, l'accompagne et se soumet à la loi de son choix. Nous sommes donc dans un schéma abrahamique contre-œdipien, où le fils est lié à son père par la dette sacrificielle [2]. Et c'est ce lien qui lui évite de donner le saint-enfant à l'*autre femme*, la femme étrangère qui voit et sait beaucoup trop [3]. La loi du père relève donc d'une loi économique de la réciprocité, où la dette sacrificielle du fils ouvre la créance phallique en faveur de la *femme de l'Autre*.

Notons qu'il existe, dans l'auto-analyse de Freud, un épisode qui mérite d'être relevé, celui où il rencontre la figure de la femme détentrice d'un savoir particulier. Elle est mentionnée dans une lettre à Wilhelm Fliess ; il s'agit d'une vieille femme qui fut sa nourrice. Freud la situe bien par rapport à sa mère, lui attribuant un rôle d'initiatrice. Il la décrit comme une sorcière et l'appelle « son professeur de sexualité ». Freud aurait-il donc reçu de cette femme une incitation décisive au savoir sur la

1. S. Freud, *L'homme Moïse et la religion monothéiste*, op. cit., p. 67-73. Cette approche reprend les analyses de l'article « Le Roman familial des névrosés » (1908-1909), publié dans le livre d'Otto Rank, *Le Mythe de la naissance du héros*, Paris, Payot, 1983.
2. Cf. plus loin le sous-chapitre : « Le Sacrifice et l'interprétation ».
3. Sigmund Freud, *La Naissance de la psychanalyse*, lettre n° 71 du 15/10/1897, p. 71 et ss, Paris, PUF, 1956.

sexualité ? À en croire cet épisode, la figure de « la femme sorcière qui sait », l'*autre femme*, donc, serait en quelque sorte à la racine psychique infantile de l'invention de la psychanalyse.

Chez Jacques Lacan, c'est dans le texte intitulé « La Signification du phallus » (1958) qu'apparaît une mention qui évoque l'*entre-deux femmes :* « Si l'homme trouve en effet à satisfaire sa demande d'amour dans la relation à la femme pour autant que le signifiant du phallus la constitue bien comme donnant dans l'amour ce qu'elle n'a pas, inversement son propre désir du phallus fera surgir son signifiant dans sa divergence rémanente vers "une autre femme" qui peut signifier ce phallus à divers titres, soit comme vierge, soit comme prostituée [1]. » Cette proposition pourrait s'appliquer en partie dans le cas présent, car « la divergence rémanente vers l'autre femme » est ce dont use le récit pour montrer qu'Abdallah porte sur son visage « le signifiant » qu'il possède le saint-enfant. L'*autre femme* lit « le signifiant » et le fait apparaître en tant que tel pour Abdallah, lequel ne savait pas ce qu'il avait : « Tu n'as plus la lumière que tu avais hier », lui dit-elle. Autrement dit, ce n'est qu'au moment où il la perdit qu'il sut qu'il l'avait.

Si le père, selon ce récit, est celui qui donne ce qu'il ne savait pas avoir, nous sommes alors amenés à apporter quelques nuances à la formule de Jacques Lacan : ce n'est pas seulement le don de ce qu'on *n'a* pas qui définirait l'amour [2], mais le *don insu*. Car donner ce qu'on n'a pas ancre le problème dans le domaine de la propriété, que ce soit sous la rubrique de la créance ou bien sous celle du recel d'un bien détourné. Nous sommes à ce niveau dans la logique économique de l'avoir. Alors que « ne pas savoir » que l'on donne est en deçà ou au-delà de la question de la propriété du don et de son arraisonnement économique. *Donner à son insu* relève d'une *transpro-*

---

1. J. Lacan, « La Signification du phallus », *Écrits*, p. 695.
2. Jacques Derrida indique que cette formule n'appartient pas à Lacan, il l'aurait empruntée à Heidegger, lequel l'avait prise à Plotin, sans qu'aucun des deux ne cite sa source. « Fidélité à plus d'un », *Cahiers Intersignes*, n° 13, 1998, p. 237.

priation impensable en termes d'avoir, de valeur et de contrepartie. Cette transpropriation appartient à une logique du *non-économisable* où le don est *inestimable* parce que *insaisissable* comme don [...] s'il n'y a pas quelqu'un (comme Roqayya) qui est supposé savoir qu'il y a don. Or le non-économisable, l'inestimable, l'insaisissable est l'*impossible*.

Le père selon l'impossible

Il y aurait donc ici aussi deux strates de la genèse du père : la première est celle de l'économie sacrificielle, où le don phallique s'inscrit dans le registre de l'amour comme « donner ce qu'on n'a pas ». Ce serait la vie même du fils qui est l'objet du recel. Nous le voyons dans le geste du père d'Abadallah qui veut donner la mort et la détourne en même temps. Le fils, devenant l'obligé, lâche sa semence là où son père lui dit. Cependant, la seconde strate fait apparaître le fils-père comme ne sachant ni ce qu'il a ni ce qu'il donne, mais le donnant bien à qui de droit, selon le choix paternel ! À son niveau, il est *impossible* de savoir qu'il y a eu don [...] avant que le don n'ait eu lieu, et avant que l'*autre femme,* supposée savoir, ne le lui dise. Tant qu'il n'y a pas de savoir, le don se confond avec l'*impossible comme insaisissable, inestimable, non économisable*. La formule que nous avons proposée dans le précédent chapitre s'applique à nouveau : *il y a, il n'y a pas*. On pourrait ajouter une variante : *il y a, il ne sait pas*. Mais, dès qu'il y a eu un savoir sur le don par Roqayya, la loi du père entre en action. Cette loi, en tant que loi économique de la dette, ne légifère que sur la propriété et la destination, car l'*impossible* échappe à sa juridiction – il précède cette loi du *Pater economicus* [1] qui a besoin de savoir qu'il y a un *objet* à orienter quelque part. Bref, l'*impossible* ne se soumet pas à la loi patriarcale.

Il semble que le Dieu de l'islam, tel que le prophète l'appréhende au tout début, se situe du côté de cet *impos-

---

1. Puisque « économie » est emprunté au grec *oikonomos* qui se compose de *oikos* « la maison » et *nomos* « la règle, l'usage, la loi ».

sible. Par la suite, l'institution religieuse, dont il est le fondateur, va le récupérer pour le mettre au service de la paternité domestique et de la jouissance phallique. Mais, comme nous l'indiquions précédemment, le texte coranique a gardé trace de l'affirmation de ce Dieu qui n'est pas *père* à travers une fulguration que Jacques Berque a rapprochée du Dieu Un dans le *Poème* de Parménide : « [...] inengendré, il est aussi impérissable [...]. Tout entier à la fois, un, d'un seul tenant [1] ».

Dans la fiction de l'engendrement du fondateur, l'*impossible inestimable* se manifeste par *la lueur*. Ce n'est pas la lumière même, mais les conséquences qu'elle entraîne en se manifestant qui laissent voir la marque de l'*impossible*. Observons comment cette lueur provoque un clivage chez tous les protagonistes, d'où il résulte que ce qui est représenté comme objet de leur désir subit la négation ou se dérobe : « Il l'a, mais ne le sait pas », « il sait qu'il l'avait quand il ne l'a plus » (*Abdallah*), « Elle sait mais ne l'a pas » (*Roqayya*), « Elle a ce que l'autre n'a pas » (*Amina*). Cette dernière formule semble indiquer la possession plénière. Mais ce n'est qu'une illusion de la croyance dans l'appropriation phallique et l'arraisonnement de l'impossible. En fait, même pour Amina, il y a clivage : elle a la semence du fils, mais n'a pas le désir qu'Abdallah éprouve pour l'autre femme. La *femme de l'Autre* n'a donc pas ce que l'*autre femme* a, à savoir cette jouissance supplémentaire que l'homme lui demande, en n'étant ni fils ni père, mais *quelqu'un* qui est tendu vers un supplément excédant la jouissance phallique. L'*impossible inestimable* est donc cet effet de la *lueur* qui produit un clivage universel et dépossède ainsi chacun d'une part de jouissance, à jamais perdue. Si l'on suivait l'hypothèse de Jacques Lacan, la *lueur* ne serait pas n'importe quel signifiant, mais ce qu'il appelle « le signifiant maître », dans la mesure où il ouvre pour tous cette crise du manque.

---

1. Le Coran, trad. J. Berque, Paris, Albin Michel, 1990, p. 705. Youssef Seddik a repris cette question dans *L'Enfance grecque du Coran*, thèse de doctorat d'anthropologie, EHSS, 1995.

Entre le vide et le plein

D'autres travaux psychanalytiques sont venus explorer le schème de l'*entre-deux femmes* sous l'angle de la jouissance de l'*autre femme*, soulignant les ravages de haine que cette figure peut provoquer lorsque pour un sujet féminin ne s'opère pas le dégagement de la rivalité imaginaire avec elle. La recherche de Michèle Montrelay a contribué à éclairer cette question [1]. Dans un entretien consacré à la jalousie féminine, s'adressant à son interlocutrice, elle dit : « […] le désir t'est enlevé, tu restes un corps, un corps qui n'est que du corps, et à ce moment-là le corps de l'autre femme – qui est toujours vu comme lumineux, c'est lui qui porte la lumière du désir de l'autre, de l'homme –, ce corps t'attire et tu as envie de te fondre en lui. […]. À ce moment-là, tu cherches à te reconstruire, et cette reconstruction passe par le regard, à partir du corps d'une femme. C'est le corps d'une femme qui est la lumière – la jalousie est d'ailleurs dite "aveuglante" –, cela ramène à une période tout à fait archaïque. Ce qu'il te faut, c'est la possibilité de donner forme à cette lumière, qui est maintenant sur l'autre, pour faire le corps maternel. Toi, tu n'es plus qu'un corps, tu n'as plus de mots pour dire ta jalousie, mais il y a le corps de l'autre femme – c'est très énigmatique – qui est comme premier pas par lequel il te faut passer pour te reconstruire toi […]. Cette espèce de clarté aveuglante qui n'est plus rien, qui est le vide de la jalousie, tu lui redonnes contour du corps de cette femme. Mais cela implique que tu aies eu avec le corps de ta mère des relations qui aient été constructrices. Que tes expériences de la jalousie faites avec ta mère aient été fragmentaires et non totalement dévastatrices [2]. »

Ne nous étonnons pas que l'intelligibilité clinique trouve, par son propre cheminement, les mêmes enjeux que ceux exprimés par la fiction des origines, parfois au

---

1. Michèle Montrelay, *L'Ombre et le nom*, Paris, Minuit, 1977.
2. Michèle Montrelay, « Entretien avec Madeleine Chapsal ». Madeleine Chapsal, *La Jalousie*, Paris, Gallimard, « Idées », 1977, p. 142-173.

détail près. Arrêtons-nous devant la lumière, désignée comme *désir de l'autre*, qui serait « vide », « rien », et en même temps ce à quoi il faut donner forme par le corps de l'autre femme. Comment cette lumière révèle-t-elle le vide et le plein ? En suscitant un sentiment d'anéantissement tel (« le vide de la jalousie ») qu'on n'en sort que par un appel à l'*autre femme*, ce qui instaure donc la structure de l'*entre-deux femmes*. En somme, l'apparition d'une modalité du type binaire 0/1 ou 1/0 [1] apaise l'angoisse d'anéantissement suscitée par la lumière, à la condition que l'*autre femme* ne soit pas destructrice à son tour. La jalousie recouvre à la fois cette angoisse du néant et la volonté de s'en dégager en créant le pôle de l'autre femme. Telle est la fonction qu'occupe la *lueur* dans le récit, puisque à partir d'elle se manifestent les deux termes de la structure fondamentale où « il y a une femme qui l'a » et « l'autre femme qui ne l'a pas » (il y a, il n'y a pas) ; comme si la *lueur* était une épiphanie à travers laquelle se révèlent les forces antagonistes, les lieux opposés et cependant complémentaires, afin que le fondateur de l'institution symbolique advienne. Toutefois, s'il y a un lieu (une matrice) qui reste vide et l'autre plein, selon le schéma binaire 0/1, c'est à partir du lieu vide que la lueur est visible. Le lieu vide ne reçoit pas la *lueur*, mais crée le *regard* qui la lit. Car si l'autre femme voit, c'est pour autant qu'elle n'est pas comblée phalliquement, parce que le manque ou la persistance du *désir de l'autre* la fait voyante et savante. Nous devons néanmoins être attentif ici à l'utilisation du concept de vide. Le vide de l'*autre femme* (la matrice de Roqqaya) est un vide de privation, et non le *vide de l'intervalle* qui est entre deux, celui qu'indique la lueur ou la barre entre 0/1. Le vide de l'intervalle n'est pas un lieu, c'est le hors-lieu de l'*impossible*. Il n'est pas métaphorique, mais néant et intervalle épiphanique, l'*entre* à partir duquel l'existence de la structure que nous étudions se met en mouvement et devient possible. Certes, il se

---

1. Du point de vue de la genèse du sujet, c'est le 1 qui précède le zéro. Pierre Legendre voit dans cette fonction binaire et la place du vide le fondement même de la raison. Le binaire n'étant pas le duel, et pour cause, puisqu'il y a la barre du Tiers. Voir *La 901ᵉ conclusion, op. cit.*, p. 209 et ss.

révèle à travers la privation de l'*autre femme* qui le dévoile par le regard, par le désir, par un savoir métapsychologique [1], au sein de la lutte négatrice avec la *femme de l'Autre*. Mais le *vide de l'intervalle* ressortit à un autre ordre de négativité, au-delà des appartenances, des identités, des essences, il n'est « ni l'une, ni l'autre » : *neutre, donc*.

On aperçoit bien comment la fiction islamique de l'origine du père diffère de celle de la Bible. En étant plus tranchante sur l'opposition entre les deux femmes, elle laisse davantage poindre l'*impossible*, *le vide intervallaire*, ce *retrait* d'où émanerait la possibilité même de *« fictionner »* le père. Ce qui nous renvoie à ce que nous relevions au début de l'islam, concernant un Dieu non paternel ; l'*Un* originel serait en quelque sorte un *désert généalogique* infini, d'où ne cessent de venir toutes les origines et leur imagination. L'océan de la philosophie *illuminative* et celui de la mystique musulmane trouvent là leur fond... sans fond, à vrai dire. Mais nous voyons aussi comment cette idée est recouverte par la défense contre l'*autre femme* revenant du désaveu originaire, et par la récupération patriarcale phallocentrique de son regard. Car, en faisant apparaître l'homme comme porteur de la *lueur*, le père devient *enceint*, phalliquement certain ; tandis que la mère, dans la mesure où elle aurait pu être dépossédée par l'autre femme, passe pour incertaine : si le père du père (le patriarche) n'avait pas été là pour diriger la semence du fils vers elle... Il y a donc une inversion du *jugement de la certitude* qui est habituellement du côté de la mère. Ici, la paternité tombe sous le témoignage des sens (la vue) de l'*autre femme*.

---

[1]. On se rappelle qu'avec Hagar il y a tout à la fois un savoir sur l'altérité par la vue et la nomination. L'autre femme serait en quelque sorte le point à partir duquel se constitue une théorie spéculative, une métaphysique, notre sorcière la métapsychologie.

La mère comme fiction

Malgré ce renversement, ou plutôt à cause de lui, la mise en scène recèle une problématique qui ne manque pas d'intérêt pour le sujet féminin. En rendant la mère, ne serait-ce qu'un instant, indécise dans le désir de l'homme, le récit introduit au cœur de l'affirmation de la *certitude matricielle* un espacement, et c'est par cet espacement que se produit la *mère comme fiction*. Pour qu'une telle opération soit possible, il fallait une séquence où la *donne* de l'origine montre l'alternative d'une autre distribution et laisse voir comment la loi du père abolit le hasard du désir ignorant du destin. La conception selon la fiction déchire l'espace univoque de la certitude maternelle.

Pendant un laps de temps, la mère a failli ne pas être la mère. Une autre femme aurait pu lui prendre sa place. Dans ce « failli » de l'éventualité, dans cette *césure de pure jalousie,* se produit une histoire, un récit, une construction signifiante. L'*autre femme* permet donc que l'origine ne soit pas seulement un jet de sperme dans la matrice de la *femme de l'Autre*, mais l'émission d'une fiction entre deux, *soit le récit lui-même, ou encore l'engendrement de la fiction d'engendrement de l'origine*. En somme, il fallait que Roqayya retienne un peu Abdallah, pour que soit donné le temps d'une histoire. Cette donation, sous l'attrait de l'*autre femme*, est nécessaire pour l'institution de l'origine du fondateur. De Roqayya à Amina, il y a eu médiation, différance (selon l'écriture de J. Derrida), c'est-à-dire don de la temporalité comme fiction où se déroule l'engendrement du corps du fondateur, lequel n'est que l'imaginaire du symbolique. Pour le sujet, c'est la croyance en cette fiction qui *fait* le fondateur, en tant que corps de sainteté ou de vérité. La sainteté n'est pas dans la chair de l'enfant, elle est dans cette fiction qui la lui confère. En ce sens, la fiction est la mère de la sainteté du *saint-enfant*, et c'est ce que toute fiction veut atteindre et recréer ; y compris dans sa forme que nous appelons aujourd'hui *littérature*.

Mais quand nous disons « la possibilité qu'une femme puisse venir à la place d'une autre », quel est le statut de cette *éventualité nécessaire* que la fiction est capable de faire intervenir ? Nous l'avons déjà vu, l'*éventualité nécessaire* relève d'un espacement préalable où peut se produire cette permutation, cette alternative, un espacement d'où surgit la possibilité de l'impossible. *Entre-deux* n'est pas un espace qui émerge parce qu'il y a *une + une*, un intervalle, un écartement créé entre elles, par elles ; ce sont elles qui viennent dans l'espacement préalable à toute polarité, à toute alternative, avant toute certitude paternelle et maternelle. Il y a un écart qui est à l'origine de toute origine, une division architructurale autour de laquelle la signifiance originaire se constitue comme jalousie d'être. Nous l'avons désigné comme *vide de l'intervalle*, or la fiction est un habillage de ce *vide intervallaire* d'où procède la donation du temps [1]. La fiction de la jalousie est *jalousie* du vide (au sens initial du *gelosia* italien, le treillis dissimulant la femme au regard) ; elle en dissimule la souveraineté réelle. Les fictions se présentent comme les mères de l'origine dont elles sont les filles. Tels les colchiques d'un poème d'Apollinaire, elles seraient les « mères filles de leurs filles [2] ». L'imaginaire serait-il la mère d'un réel dont il est l'enfant ?

Mais le *réel de l'origine* se soustrait à toute paternité et à toute maternité, il se tient en retrait de tout ce qui peut en être dit ou imaginé qui n'est que jalousie.

---

[1]. Cette idée de l'intervalle comme temporalité se trouve dans un texte de Pierre Fédida intitulé si justement « Le Vide de la métaphore et le temps de l'intervalle », *L'Absence*, Paris, Gallimard, 1978, p. 197-238.

[2]. On se souvient du commentaire que Claude Lévi-Strauss a fait de ces vers d'Apollinaire. Claude Lévi-Strauss, « Une petite énigme mythico-littéraire », *Le Temps de la réflexion*, n° 1, 1980, 133-141.

3

Le voile

L'étrangère qui voit la lueur de la sainteté et tente de la détourner, la scène originaire de l'engendrement du fondateur a beau montrer que la loi patriarcale la tient en échec, elle n'en finira pas pour autant de troubler l'ordre islamique, comme si l'œil (d'Hagar) qui depuis l'origine a vu la souveraineté sans mourir ne cessait de le tourmenter.

Que cet œil se trouve de plus dans un corps qui appelle le désir, voilà qui ajoute au pouvoir de la vision, la captation du regard, et fait de l'*autre femme* une puissance voyante. Voyante en un double sens : en tant qu'elle voit au-delà du possible, et en tant qu'elle se donne à voir et se montre trop. Elle conjugue ainsi la pénétration du savoir et l'attrait de la séduction.

Cette puissance voyante, en venant à s'incarner aux commencements de l'histoire islamique, a cristallisé à son encontre une action négatrice qui a usé de la loi pour plonger les femmes dans la nuit de la cité. Il fallait que la menace fût grande pour que l'action soit aussi intense. Que s'est-il donc passé ?

On le sait bien, dans l'existence concrète, l'*autre femme* n'est pas nécessairement une autre femme, c'est la *même femme* écartée entre deux pôles du féminin, tels que la fiction des origines ou les fantasmes inconscients les mettent en scène. Tant que l'écart existe, la jouissance féminine garde sa valeur différentielle sur l'échelle de la loi du désir. Un certain clivage peut persister et la paix pulsionnelle est préservée. Mais si un resserrement de la distance ou une confusion des deux positions advient, alors le trouble se déclare, l'angoisse, voire le délire peuvent gagner le sujet ou la collectivité. Ce schème, dont nous allons affiner les traits, est au cœur de la problématique à laquelle Freud a consacré quelques-uns de ses grands textes : les *rapports entre la sexualité et la civilisation*.

Il y a parfois, à la base de l'édifice d'une civilisation, des prescriptions démesurées qui, sous le masque de l'*amour de la loi* ou du prochain, instaurent une source permanente de ce que Freud a appelé la *misère psychologique des masses*. Le voilement des femmes en islam, à travers ses ressorts inconscients, avec tout le réseau de répression et de ravalement social auquel il est lié, est assurément l'une de ces prescriptions. Une autre phrase de Freud pourrait encore trouver ici toute sa portée : « La domestication de la vie amoureuse par la civilisation entraîne un rabaissement général des objets sexuels [1]. »

Ce que nous visons ici, c'est le dispositif d'aveuglement du corps féminin et sa réclusion interne que l'institution islamique des origines a instaurée. Nous garderons en perspective le désaveu de l'*autre femme* comme point de fixation autour duquel se constitue en gravitation une série de refoulements à la base du système.

Actualité du voile

Or, l'une des dimensions de la crise moderne de l'islam est précisément celle qui a pour enjeu la place de la femme dans la cité ; aussi voyons-nous une actualisation virulente de la question du voile et de ses modalités originaires, au cœur même des espaces modernes qui ont rompu avec sa sujétion. Ce que cette actualisation montre surtout, c'est comment le *refoulement* qui est au fondement d'une culture ne se laisse pas facilement déconstituer, et comment la résistance s'organise par tous les moyens : évitement, déplacement, effacement du motif qui a déterminé le refoulement et les opérations répressives. La coexistence, dans un

---

1. Sigmund Freud « Sur le plus général des rabaissements de la vie amoureuse » (1912), trad. J. Laplanche, *La Vie sexuelle*, PUF, 1969, p. 63.

même lieu, de représentations de la femme liées à son statut traditionnel et à sa condition ultramoderne ajoute une complication supplémentaire qui radicalise les enjeux, car elle ouvre des conflits inouïs qui touchent les fondements des systèmes politiques et langagiers.

Le voile et le signe : c'est autour de l'association orageuse de ces mots qu'un débat s'est déclaré en France, qui, pendant une dizaine d'années, a pris une dimension inédite. Il faut noter d'abord l'ampleur des discussions qui ont mobilisé sur une longue période de très nombreux acteurs, qui ont donné lieu à une profusion de productions écrites et audiovisuelles impliquant les institutions de l'État et ont suscité la mise en œuvre de procès et d'actes juridiques (tribunaux, Conseil d'État, décret ministériel). En revenant à l'archive de ces événements, on ne peut qu'être frappé par les multiples domaines de discours qui furent sollicités : droit, politique, éthique, religion, langage. Avec un peu de recul, la disproportion paraît subitement flagrante entre le fait (quelques dizaines de jeunes filles impliquées ici et là dans les collèges de certains départements, quelques centaines au plus dans tout le pays) et la réaction explicative, théorique, polémique qu'il a déclenchée. Entre *le voile et le signe*, quelque chose comme un chantier sémiologique des fondements a été subitement ouvert.

Assurément, un tel chantier ne s'ouvre pas n'importe quand, ni à propos de n'importe quoi. Si tant de forces ont été mises dans la balance, c'est que l'importance de l'enjeu les commandait. Mais, si nous cherchons à travers le débat la formulation de ces enjeux, nous nous trouvons devant l'impossibilité d'en identifier un en particulier. Tout un écheveau de raisons et de thèmes aussi importants les uns que les autres et communiquant entre eux sont avancés, ce qui revient à convoquer les principes, les valeurs, l'identité même de tout le système politique et culturel. Une expression du ministre de l'Éducation résume fort à propos ce qui serait en cause : « *le visage de la France* ». Et pour marquer qu'il ne s'agit pas là d'une expression jetée au hasard, il précise : « Je suis un croyant, qui respecte naturellement les croyants. Mais nous devons montrer que nous sommes aussi des croyants des droits de l'homme, de la France et de la République. Tant pis si cela paraît un peu solennel et si ce n'est pas à la mode [1]. » Le voile et le visage de la France : le tout est donc en question.

Au-delà de la position d'un homme politique soucieux de justifier la décision d'interdiction qu'il vient de prendre en invoquant sa *croyance*, il est possible de reconnaître la portée de cette ombre menaçante du voile à travers l'ensemble du débat qui a eu lieu, où deux notions clés furent sans cesse au cœur de toutes les interventions : *intégrisme et intégration*. La première désigne le mal qui opère par le voile, la seconde le bien qu'il met en cause : la fiction politique d'entrer dans le corps commun de la nation. Littéralement, ces mots renvoient à l'intégrité d'un système qui serait mis en cause par l'intégralité d'un autre. Pourquoi le voile se présente-t-il comme une question du *tout*, c'est-à-dire comme une *question panique*, selon la formule de Maurice Blanchot ?

Que ce soit sur *le signe* et sur son caractère ostentatoire que le débat se soit cristallisé n'est pas anodin. L'ostentation renvoie à un *excès dans la manière de faire voir* (Littré) qui cause un trouble contre lequel le droit français veut protéger. Mais, comme on le sait, le Conseil d'État n'a jamais considéré qu'un signe est ostentatoire en soi. Parce que c'est l'essence même du signe que de montrer et que l'excès se détermine non pas à partir du signe en lui-même mais du sujet qui montre. Cela convoque la problématique occidentale du signe et de la *monstration*, de la main en tant qu'elle est le propre de l'homme capable de salut et de *monstruosité*. Le « montrer » du signe débouche inévitablement alors sur le problème du sens [2].

---

[1] François Bayrou : « Selon que nous aurons défendu notre idéal ou que nous aurons renoncé, le visage de la France, dans dix, vingt ans, la place de l'islam, celle de la femme musulmane, ne seront pas les mêmes », interview au journal *Libération* du 10/10/94.
[2] À propos du signe et de la main, du rapport à la monstration et à la monstruosité, cf. J. Derrida, « La Main de Heidegger », *Psyché*, Galilée, p. 415-451.

Dans la tradition islamique, ce n'est pas pour rien que l'on oppose la main (dite de Fatma) à l'œil, puisque l'excès est pensé comme essentiel du côté de ce dernier, tandis que ladite main symbolise l'organe éthique par excellence, capable de s'opposer à l'œil dans sa démesure. L'excès de la main existe, mais le propre de l'homme est de pouvoir le limiter, tandis que, du côté de l'œil, il n'y a pas d'éthique possible, sauf à lui opposer l'écran réel qui l'aveugle. Or le débat rejoint toujours cette question : à partir de quel seuil un signe montre-t-il trop ? Est-ce le cas pour la croix, l'étoile de David, la kippa ? *Le voile est-il un signe excessivement monstrateur ?* Le sens dans lequel la circulaire ministérielle a tranché, sans avoir l'air de viser explicitement le voile, tout en le désignant, fut de le considérer en lui-même comme un signe religieux ostentatoire.

Le voile théologique

Du point de vue de la théologie islamique qui le prescrit, le voile n'est pas un signe. Il est une *chose* par laquelle le corps féminin est occulté en partie ou totalement, *parce que ce corps a un pouvoir de charme et de fascination.* Autrement dit, ce qui est ostentatoire du côté de la religion, c'est le corps de la femme, tandis que le voile serait un *filtre* qui débarrasse et prémunit de ses effets troublants. Le débat a pris ainsi, dès le départ, un mauvais aiguillage en traitant le voile comme un signe religieux semblable à des signes tels que le crucifix, dont le correspondant musulman est la calligraphie du nom de Dieu, et plus spécifiquement le Coran. En effet, pour un croyant, seul le Coran est le *trésor des signes* (*'ayât*), puisque tel est le nom des constituants fondamentaux de ce texte, auquel chacun est invité à s'identifier : « *Sois Coran* », dit la parole prophétique. Les signes extérieurs d'identité, pour les musulmans, résideraient plutôt dans l'esthétisation de la lettre divine. Il est clair qu'un examen minimum aurait montré que le voile ne s'inscrit nullement dans cette direction d'interprétation, mais dans une logique théologique de *mainmise* réelle sur le corps de la femme pour l'arraisonner. Pourquoi donc fallait-il aller chercher du côté des signes pour se perdre dans une si longue querelle, qui finit par amener le ministre de l'Éducation à adopter la posture de ce qu'un philosophe a appelé un « *censeur sémiologue* [1] » ?

Certes, le voile peut être appréhendé comme symbole, chez les mystiques par exemple, ou comme simulacre dans l'esthétique et dans l'érotique arabes. Remarquons que certains mouvements islamistes n'imposent pas le voile selon les strictes prescriptions de la loi islamique dont ils se réclament. Ils y apportent des modifications qui le limitent au « foulard », ou bien à une occultation du corps de la femme qui n'inclut pas sa figure. Nous disons *figure*, car les cheveux et le cou sont entièrement couverts, ce qui donne cette impression étrange de se trouver devant un masque ou un modelé de chair derrière lequel se trouverait le visage réel. Sous cette forme, le voile est devenu l'un des emblèmes de la conquête de l'espace public par l'islamisme. Il entre alors dans une surdétermination signifiante en termes d'enjeux politiques actuels. Le registre réel du voile ne reste pas moins prépondérant à travers la référence historique au corpus islamique de la loi (*chari'a*) [2]. À ce niveau, il s'agit de l'obligation de dérober le corps de la femme par divers procédés ; ce qui fait du voile l'élément central de tout un système d'occultation sophistiqué, qui va jusqu'à l'assourdissement de la voix et du tintement des bijoux. C'est pourquoi tous les lexiques arabes, au mot *hijâb* qui est le terme canonique désignant le voile, commencent par produire cette simple définition : « *C'est l'interdit*, ou bien « *toute chose qui interdit une chose* [3]. »
Le voilement est ainsi l'opération par laquelle le corps de la femme dans son ensemble est transformé en une chose

---

[1]. Jean-Jacques Delfour, « François Bayrou, censeur sémiologue », *Libération*, du 20/10/94, p. 7.

[2]. Mohamed H. Benkheira dans un essai intitulé *L'Amour de la loi*, Paris, PUF, 1977, a entrepris de retracer tout le corpus théologique lié au voile et montre qu'il s'agit d'une institution.

[3]. C'est le cas de l'encyclopédie lexicale d'Ibn Mandur, *Lisân Al'arb*, Dar Lisân Al-'arab édit, Beyrouth, t. 1, article *hajaba* p. 567. Chez Jurjânî : « *Al-hajb, l'interdit selon la langue courante* », *Le Livre des définitions*, Beyrouth, 1977, p. 82.

interdite à la vue, sauf pour une catégorie de familiers qui appartiennent à l'espace domestique.

Dans son étude sur *La Sexualité en islam*, Abdelwahab Bouhdiba fait, dès le départ, cette constatation terrible : « Le voile va donc faire passer la musulmane dans l'anonymat le plus total : être musulmane, c'est vivre incognito. Et pour en être sûre, la société arabe n'a plus qu'à séquestrer la gent féminine. La maison arabe ne sera plus qu'un voile de pierre renfermant le voile de coton ou de laine [1]. »

Comme nous l'avons vu dans le premier chapitre à travers l'exemple de Nimat Sidqi, l'enjeu du voilement de la femme est le *corps politique de l'interdit* dont le concept de *tabarruj* dit clairement ce qui le menace, à savoir la femme en tant qu'elle ferait preuve de *monstrations* qui *séduisent* et provoquent *la sédition* dans la communauté. La notion de *fitna*, qui commande les champs de l'expérience à la fois individuelle et collective, morale et politique, réunit ces deux aspects. La *séduction-sédition* consiste essentiellement à détourner les hommes de leur dieu en troublant leur foi dans ses signes (*'ayât*). Elle rompt le rapport entre l'homme et le texte coranique. La femme incarne la perversion de la communauté et de ses lois. C'est pourquoi l'imâm Alî, gendre et successeur du prophète, la considère comme un « *mal nécessaire* » ; mal dont la puissance opère particulièrement dans le champ visuel : « Les regards jetés sur les atours féminins sont des flèches de Satan[2] », aurait-il dit. Avec les signes, il y va donc de la *croyance*, comme le ministre de l'Éducation l'a bien compris pour son propre compte. C'est cette croyance, mais d'un autre bord, que l'islam voudrait protéger *des monstrations* féminines par l'imposition du voile.

L'un des concepts majeurs de ce système est celui de « *'awra* », qui se rattache étymologiquement à l'acte de *crever l'œil*. Ce terme a fini par signifier, de façon générale, ce qui est obscène et doit donc être aveuglé. Comme le corps de la femme a été *déclaré tabou en son*

---

1. Abdelwahab Bouhdiba, *La Sexualité en islam*, Paris, PUF, 1975, p. 50.
2. Cité par A. Bouhdiba, *op. cit.*, p. 145.

entier, c'est la femme qui est devenue dans son essence un œil, un œil sexuel irradiant qu'il faut obturer. Tout montre, cependant, que l'aveuglement de cet œil n'en élimine pas pour autant le charme dangereux ; il ne fait que décaler son spectre vers l'obscur. Ses sombres rayons n'en deviennent que plus menaçants pour la lumière des signes divins.

Dans ce contexte, le voile n'est donc pas un signe, mais la chose qui aveugle le corps de la femme, lequel parasite dans le champ visuel les signes de la foi et de la loi. Le voilement relève alors d'une opération théologique d'*emballement* de la femme pour la neutraliser. Il s'agit d'une logique d'interposition pour faire cesser *la monstration* de la femme et la femme comme *monstre* de charmes indécents et dangereux. En ce sens, on pourrait dire qu'il procède d'une *démonstration* de la femme, si l'on accorde au préfixe *dé-* le sens de privation plutôt que celui d'intensité. Mais, comme nous le verrons, privation et intensité se rejoignent lorsqu'il s'agit de la question de la vérité, car il n'y a pas de croyance, de loi et *a fortiori* de dévoilement sans enjeu de vérité.

Si nous considérons maintenant la définition courante du signe comme unité du signifiant et du signifié qui vient à la place de la chose même, le voile serait plutôt la *barre* sous laquelle la femme devient un signifié invisible et inaudible. Dans sa forme canonique qui ne laisse entrevoir aucune parcelle de peau, il réduit toute femme à une entité anonyme et indifférenciée en tant que personne. Il totalise les femmes, les abstrait, les lie à un signifiant unique : sous le voile il y a *femme*. C'est le spectre d'une tête de nuit sur un corps informe qui avance dans la rue, portant, à travers l'effacement de son visage, la beauté ou la laideur, la jeunesse ou la vieillesse, l'étrangeté ou la familiarité. Indécidable, indéterminée, *femme* virtuelle qui réunit l'attirance et la répulsion indéfinies. Elle devient ainsi sujet de doute, d'erreur et de spéculation, une fiction où luttent les opposés.

Mais, par cette présence fantomatique, par ce regard que l'on ne peut qu'imaginer, l'emballement théologique ne se retourne-t-il pas contre sa propre maîtrise ? Car qu'est-ce qu'un regard invisible ou imaginé, sinon celui que l'on suppose à la toute-puissance voyante de Dieu[1] ? C'est ainsi que la réclusion du sujet féminin sous le voile l'installe comme un être doté de pouvoirs occultes, puisque ce signifié n'est pas seulement une image psychique, mais une présence vivante et mystérieuse qui agit dans le carcan de son dérobement.

La femme comme puissance voyante

Dans le champ de la clinique, les sujets féminins évoquent souvent, lorsqu'elles ont été contraintes à porter occasionnellement le voile, le fantasme d'être possédées par un œil puissant qui viendrait coller à leur peau ou les traverser de part en part, et de devenir du même coup, dans toute leur personne, cet œil qui voit sans être vu. Le voile instaurerait en quelque sorte un *partenaire visuel*, à l'instar du « *partenaire cutané* » dont Gaétan Clérambault (1872-1934) proposa l'idée à partir de ses observations sur la passion érotique des étoffes chez des femmes. Ce qui frappe en examinant les centaines de photographies du drapé traditionnel qu'il rapporta d'un séjour au Maroc, c'est la transformation de la femme voilée en une entité difforme et boursouflée qui révulse et fascine le regard en même temps[2]. Le *partenaire visuel* serait ce qui, à travers le voile, envelopperait la voyance féminine pour la subjuguer de l'intérieur et en faire extérieurement un *fantôme anamorphique*. Plus qu'un simple écran, le voile créerait une *vue d'interposition,* homologue dans le champ visuel de l'*interdit* dans le champ de la parole. *Le voile intervoit la femme.* Quelque chose comme *une vue médiate* s'emparerait de son corps pour instaurer un pouvoir séparatif entre voir et être vu, entre le désir de voir et ce qui est donné à la vue. La répression est double : du côté de la femme, elle

1. Jacques Lacan parle, dans le séminaire XI, d'un regard écrasant qui réduit à la honte : « [...] non point un regard vu, mais un regard par moi imaginé au champ de l'Autre ». *Les Quatre Concepts fondamentaux*, Paris, Seuil, 1973, p. 79.
2. Cf. l'ouvrage de Serge Tisseron et Mounira Khémir, *G. Clérambault, Psychiatre et photographe*, Paris, Les Empêcheurs de penser en rond, 1990.

vise à rompre la circularité de la *voyance*, puissance qui voit et qui se donne à voir ; tandis que, du côté de l'homme, il s'agit non seulement de dérober la femme comme objet réel du désir, mais de la transformer à travers son occultation en un fantasme obvie, en un corps-idée dans une promesse de dévoilement infini, telles les *houris* du paradis dont l'hymen se reconstitue sans cesse. Bref, par le voile, la femme devient une fable, un mirage obscur. C'est ainsi que l'on protège la vue de l'homme.

Car, dans cette histoire, l'homme apparaît comme un œil qui désire à travers la femme son propre aveuglement. On connaît, dans le monde arabe, la passion sans cesse déclamée entre l'œil et la nuit ! Une légende en saisit toute la portée. Elle est fondée sur cette exclamation que l'on entend dans les chansons d'amour, répétée souvent par les auditeurs : « yâ ein, yâ leil », soit « ô œil, ô nuit ». *Œil* (ein) est le nom d'un homme, *Nuit* (leil) est celui d'une femme. *Œil* aime éperdument *Nuit*. C'est dire qu'il la perd aussitôt qu'il la rencontre, et la cherche désespérément. Mais, quand il la retrouve, c'est pour la perdre à nouveau puisque l'œil ne peut voir sa nuit dans la nuit [1]. En somme, il n'y aurait de passion pour l'œil de l'homme que de son propre aveuglement. Et la femme qui est présentée comme une puissance de vue qu'il faut obscurcir apparaît aussi comme l'obscure visée du désir. La femme est donc tout à la fois l'œil et la nuit de l'œil.

C'est dans le sens d'une limitation de la puissance voyante de la femme que les prescriptions légales du voile ont été interprétées, même chez les auteurs les plus indulgents, tel Ibn Hazm, dans son fameux traité de l'amour : *Le Collier de la colombe* (XIe siècle). Ainsi, après avoir évoqué le passage coranique qui recommande « de baisser le regard et de préserver le sexe », il écrit : « Si Allah, glorieux et puissant, ne savait la finesse avec laquelle elles usent de leur prunelle pour parvenir à faire pénétrer leur amour dans les cœurs, et la subtilité de leur machination quand elles rusent pour attirer la passion, certes il n'aurait

---

1. Ayyam Wassef, « L'Œil et la nuit », *Cahiers Intersignes*, n°s 6-7, 1993, p. 217-224.

pas dévoilé (*kachf*) cette signification invraisemblable et obscure, d'une portée infinie. Sans cette limite, que se passerait-il[1] ? » Parmi les éléments de ce passage, notons l'allusion à une sorte de *virilité de l'œil* chez la femme qui lui permet de pénétrer l'homme et de le subjuguer. La femme *jouerait de la prunelle*[2] comme d'un instrument d'effraction érotique.

Quand l'une des collégiennes qui portait le voile écrit à un quotidien pour dire : « Étant croyante, c'est tout simplement une question de pudeur vis-à-vis de Dieu, ce qui est important dans ma religion [...][3] », nous ne pouvons tenir pour négligeable « *cette question de pudeur vis-à-vis de Dieu* » ; elle nous oblige à nous expliquer avec elle : qu'est-ce que ce sentiment de honte que des femmes éprouvent par rapport à Dieu ? Pourquoi seraient-elles *plus* que les hommes *en vis-à-vis* de la transcendance ? Pourquoi est-ce qu'un voile suffirait à parer le *regard* de Dieu, alors que son œil est supposé omnivoyant ? Qu'est-ce que le corps féminin aurait d'insolent ou d'obscène pour le plus haut ?

On retrouve certains de ces éléments dans les théologies du judaïsme et du christianisme. Par exemple, selon saint Paul, « *la femme doit avoir sur la tête un exaucia à cause des anges* ». Cette cause des anges au regard de laquelle la femme est exhaussée, saint Paul l'interprète comme un signe de *puissance et de liberté*[4]. Mais en quoi la tête nue attenterait-elle à la cause des anges ? Pourquoi le fait de se couvrir la tête élèverait-il la femme ? Qu'est-ce que la femme a à la tête ?

Serait-ce donc que le monothéisme attribue à la femme un *œil imaginaire* au sommet de la tête qui outragerait sans cesse la transcendance ?

1. Ibn Hazm (994-1014), *Tawq al-hamâma*, Dar maktabat al-hayât, Beyrouth, 1982, p. 210.
2. Dans sa traduction du *Collier de la Colombe*, L. Bercher accentue la nôtre en écrivant : « Elles jouent avec la prunelle. » Cité par Bouhdiba, *op. cit.*, p. 50.
3. Asma Gmati, élève de 5e à Paris, *Libération* du 18/11/94.
4. Annie Jaubert, « Les Femmes dans l'écriture », *Revue chrétienne*, n° 219, p. 2-16.

Dans le cadre de l'islam, on remarque que, aussi bien dans le cas d'Hagar que dans celui de Roqayya, la femme dispose d'un pouvoir arrogant de voyance qui permet à l'une de *voir* Dieu sans mourir et de le nommer du nom de cette vision, et à l'autre de percevoir la lueur de la sainteté et de vouloir la capter. Le voile serait donc la réponse dans le réel à cet œil *entête* qui défie imaginairement l'altérité divine.

Les éléments que nous venons d'exposer – la double voyance et l'obscénité du corps de la femme, la virilité de son œil, la menace qu'elle porte sur les signes divins, la pudeur vis-à-vis de Dieu et le voilement de la tête –, tout cet ensemble suggère un détour par ce que Georges Bataille a appelé « l'œil pinéal ».

Remarques et hypothèse autour de l'« œil pinéal »

Je ne pourrais donner ici tous les développements souhaitables à l'affaire de « l'œil pinéal » de Georges Bataille qui m'entraînerait trop loin de la problématique présente. Je me contenterai de quelques remarques.

Le *Dossier de l'œil pinéal* [1], publié après la mort de Georges Bataille, permet d'avoir accès aux élaborations qui entourèrent cette énigmatique conjecture. Certes, cet œil n'est pas spécifique à la femme, il concerne l'espèce humaine dans son ensemble ; néanmoins, dans les récits de Georges Bataille, il est presque toujours l'attribut d'une féminité érotisée avec horreur. L'idée émergea chez lui, d'abord d'une manière convulsive, presque délirante, pour emprunter par la suite des chemins de rationalité, au croisement de l'analyse du fantasme, de l'étude des mythes, des données anthropologiques et anatomo-physiologiques. Commençons par cette dernière dimension d'où provient le nom d'« œil pinéal ». Il s'agit d'une glande qui présente les caractéristiques d'un œil embryonnaire situé au bout de la moelle épinière, au sommet du crâne. Les scientifiques lui attribuèrent une fonction de régulation sexuelle, confir-

---

1. Georges Bataille, « Dossier de l'œil pinéal », *Œuvres complètes*, t. II, 1970, Paris, Gallimard, p. 38.

mée de nos jours (déjà Descartes y localisait le siège de l'âme) ; mais cet aspect n'est pas le plus important ici, Georges Bataille insistant beaucoup sur la dimension imaginaire, et considérant expressément l'*œil pinéal* comme « une notion purement psychologique [1] ».

Nous ne nous attarderons pas sur les images de cet œil surgissant de la boîte crânienne. Il suffirait de souligner qu'il conjugue, dans une impulsion viscérale, l'obscénité et le sentiment d'une répugnante pudeur, l'aveuglement, mais en même temps l'incandescence, la protubérance virile et simultanément la brèche orificielle, pour se cristalliser dans la vision d'un *contre-soleil noir* immonde et terrifiant. Cet œil hyperbolique, resté en quelque sorte inaccompli, mais néanmoins redoutablement efficient, Georges Bataille en situe l'apparition au moment où l'animal humain acquiert définitivement la verticalité. Dans la mesure où il se constitue en même temps que l'homme se dresse comme un arbre, cet œil est fondamentalement érectile, donc viril (l'*arbre oculaire*, dit parfois Bataille) ; l'objet de son désir est le soleil, car, contrairement à l'œil de la vision horizontale, il ne craint pas le feu du ciel, puisqu'il est déjà aveugle. Plus exactement, son aveuglement est au principe de sa puissance de vision imaginale.

D'où la dimension de défi qui réside dans cette insolente érection visuelle du crâne. La verticalisation a créé l'impulsion de toute une activité mentale vers les régions opposées au sol, c'est-à-dire vers le dessus de la tête, ce qui amène cet œil à opposer au soleil de la lumière plénière l'arrogance d'un *soleil négatif et spectral*. Du reste, les mythes de l'humanité n'ont cessé d'exprimer l'accomplissement de la fonction à laquelle cet œil est lié, c'est-à-dire le vol au plus haut du ciel, et le vol du feu céleste (Icare, Prométhée, qui est lui-même aigle) où « l'érection de la chair humaine *voit* son terme ».

---

1. Michel Surya a exposé dans *Georges Bataille, la mort à l'œuvre*, comment le fantasme de l'œil qui a une provenance biographique sinistre était à l'œuvre de la cure psychanalytique de l'auteur et de ses écritures. Michel Surya, *Georges Bataille, la mort à l'œuvre*, Paris, Gallimard, 1970, p. 137-141.

Si plusieurs motifs de l'*œil pinéal* coïncident avec ce qui est attribué à la femme comme puissance voyante dans le corpus islamique, un élément décisif vient corroborer leur appartenance à la même catégorie logique. Nous le trouvons dans le concept même de *tabarruj*, qui désigne *les monstrations* de la femme « lorsqu'elle s'exhibe pour appeler le désir de l'homme » (Lisân). Ce terme provient de *baraja*, lequel signifie « édifier une tour », « rendre ostensible et haut ». De cette racine procèdent des mots tels que la « fente de l'œil », la « distance qui sépare les sourcils », la « grandeur de l'œil », le « regard vif », la « tour », l'« éclat », la « force », l'« angle [1] ». Peut-on mieux rassembler et dire le caractère érectile de ces *monstrations*, l'érection voyante supposée à la femme ? De même, *baraja* a donné aussi les « signes du zodiaque », les « planètes », le « ciel étoilé » et la « crête des plantes » qui confirment la polarisation vers le ciel dont parle Georges Bataille. Ainsi le voile serait-il jeté sur ce que l'on considère comme le *mal visuel* de la femme dressée entre Dieu qu'elle défie et l'homme dont elle excite le désir et terrorise la puissance par l'obsession de l'œil érigé.

Dans le corpus islamique, il est possible de trouver également des exemples proches de la liberté mythique prise à travers la figure de Prométhée, ou celle de l'aigle légendaire qui peut regarder le soleil en face, figures dans lesquelles l'homme projette la fonction de surplomb d'un œil virtuel. Une mention apparaît sous la plume d'Ibn Arabî, formulée en ces termes : « *L'Homme est à Dieu ce que la pupille est à l'œil* [2]. » S'autorisant de ce que, dans la langue arabe, la pupille se dit littéralement « l'homme dans l'œil » (*insân al-'ayn*), Ibn Arabî fait de l'homme l'organe de vision de Dieu, sa quintessence voyante. L'homme ne voit pas seulement Dieu, il est la vue même de Dieu sur le monde. Ainsi le désir de l'homme, son obsession de l'*œil virtuel* l'amènent-ils jusqu'à se faire

---

1. Toutes ces significations sont mentionnées par l'encyclopédie du *Lisân*, à l'article « baraja », *op. cit.*, t. 1, p. 184-185.
2. Ibn Arabî, *Les Gemmes de la sagesse* (fuçûs al-hikam), trad. fr. sous le titre « La Sagesse des prophètes » par T. Burckhardt, Paris, Albin Michel, 1974, p. 27.

l'orifice de l'absolu omnivoyant ! Mais Ibn Arabî n'est pas le seul mystique qui ait placé l'œil humain à cette hauteur ; on peut évoquer d'autres exemples, telle la formule de Hallaj s'adressant à Dieu : « *L'œil par lequel tu me vois est l'œil par lequel je te vois.* » Du même coup, on peut comprendre pourquoi, selon les termes de ce système, la femme constitue une menace sur cette hauteur. Si elle détourne l'homme de son Dieu, elle écarte la pupille de son œil ! Elle effectuerait donc l'aveuglement absolu.

La provenance de la croyance archaïque attribuant à la femme un œil sur la tête pourrait relever de la mémoire infantile marquée par l'entrelacs avec la mère et l'incorporation de son œil fascinant et omnivoyant. La femme y conserve le caractère primitif d'un œil empreint de la source (la matrice ou le sexe féminin) qui menace, par son omnipotence, la hauteur de l'origine transcendante en tant que point de vue de Dieu. C'est cette supposition inconsciente d'un défi et d'une arrogance vis-à-vis de l'*œil divin de la vérité* qui fait dire à la collégienne citée précédemment qu'elle porte le foulard islamique par « pudeur vis-à-vis de Dieu ». C'est aussi la raison pour laquelle saint Paul déclare que la femme doit se couvrir la tête « à cause des anges », et que cet acte l'exhausse, comme si, découverte, elle était basse ou constituait un point d'attrait vers le bas.

La démonstration de la femme

Il existe, dans la tradition islamique, une scène [1] susceptible de nous mettre aux premières loges du spectacle de la cause des anges, une scène où le voile intervient pour la première fois dans le récit fondateur de l'islam. L'épisode, rapporté par tous les biographes de Muhammad, se situe avant le commencement de la révélation, au cours de cette période redoutable des prémisses, où le futur prophète eut des doutes sur sa raison et s'en ouvrit à son épouse :

---

1. J'ai évoqué cette scène une première fois dans *La Nuit brisée*, Paris, Ramsay, 1989. Compte tenu de son importance, je la reprends ici avec de nouveaux développements.

« Cette année, Muhammad, en quittant la montagne, vint auprès de Khadija et lui dit : Ô Khadija, je crains de devenir fou. – Pourquoi ? lui demanda celle-ci. – Parce que, dit-il, je remarque en moi les signes des possédés : quand je marche sur la route, j'entends des voix sortant de chaque pierre et de chaque colline ; et, dans la nuit, je vois en songe un être énorme qui se présente à moi, un être dont la tête touche le ciel et dont les pieds touchent la terre ; je ne le connais pas et il s'approche de moi pour me saisir [...]. Khadija lui dit : avertis-moi, si tu vois quelque chose de ce genre. [...]. Or, un jour, se trouvant dans sa maison avec Khadija, Muhammad dit : Ô Khadija, cet être m'apparaît, je le vois. Khadija s'approcha de Muhammad, s'assit, le prit sur son sein et lui dit : le vois-tu encore ? – Oui, dit-il. Alors Khadija découvrit sa tête et ses cheveux et dit : – Le vois-tu maintenant ? – Non, dit Muhammad. Khadija dit : réjouis-toi, ce n'est pas un démon, mais un ange [1]. »

Il va de soi que la question de la réalité historique de cette scène importe peu. Ce qui compte, c'est qu'elle soit présente dans le grand récit et qu'elle emprunte le langage des scènes originaires pour montrer, laisser voir et faire croire en la *démonstration de la femme*. Que pose-t-elle ? Premièrement, que l'histoire de la vérité en islam commence par le dévoilement d'une femme. Et qu'elle commence aussi par un attentat à la pudeur d'un ange. Ces deux affirmations sont l'avers et le revers d'une même pièce, celle de l'étoffe théologique dissimulant le corps de la femme qui menacerait la vue d'en haut. Tout repose ici sur l'acte final et l'affirmation que, lorsque la femme se découvre, l'ange se dérobe. Car l'ange, qui cesse d'apparaître dans le champ visionnaire du prophète au moment du dévoilement, ne disparaît que parce qu'il est supposé, en tant qu'ange, ne pas souffrir la vue de la tête découverte de Khadija, s'il avait été un démon, il ne se serait pas détourné d'elle, puisque ce qu'elle montre et le démoniaque sont présumés être de même nature. Comme il s'agit de l'ange qui transmet la parole véridique du Coran (l'Archange Gabriel), la démonstration de la femme se

1. Tabarî, *Muhammad sceau des prophètes*, Paris, Sindbad, p. 65-66. Il existe de nombreuses versions de cette scène, mais toutes conservent la structure de celle-ci.

révèle donc être une démonstration de la vérité et simultanément un attentat contre cette vérité dans l'acte même de la démontrer. L'ange qui fuit, c'est la vérité qui se dérobe par le dévoilement de la femme, mais ce dérobement de la vérité est la vérification de la vérité.

Deuxièmement, la situation de la femme apparaît originairement liée à la condition d'un « *ne pas voir* » sur laquelle se fonde la croyance. Alors que la femme croit ce qu'elle ne voit pas, l'homme ne croit pas ce qu'il voit. Il doit donc en passer par elle pour croire. Ce que nous appellerons désormais la *scène de la démonstration* (qui n'a pas de nom dans la tradition islamique) conduit inévitablement vers cette conclusion que l'homme, pour croire en Dieu, doit passer par la croyance en une femme, et que celle-ci dispose d'un savoir sur la vérité qui précède et excède le savoir même du fondateur. Elle vérifie donc la vérité du fondateur. Elle la vérifie à partir d'un attentat contre cette vérité et d'un défaut de voir au regard de l'excès visionnaire de l'homme-prophète. La femme paraît donc disposer d'une *négativité* qui permet de prouver la vérité de l'Autre. Le voile sépare la vérité de sa négation.

À l'homme terrorisé par sa vision, incapable de juger la nature de ce qui le hante, Khadija oppose une interprétation en acte qui débusque l'inconnu. Son dévoilement est un mouvement qui fait advenir une décision dans la subjectivité indécise de l'homme. Elle lui donne la certitude de l'Autre qu'il n'est pas en mesure de reconnaître par lui-même. L'homme est habité par l'Autre, mais ne le reconnaît pas. Sans le dévoilement de la femme, donc sans le voile, il serait resté *indécis,* vivant doutant de Dieu. La femme lui fait don du jugement qui tranche. L'homme méconnaîtrait la vérité (de la castration) dont il est porteur. Telles sont dans leurs extrêmes conséquences les suppositions que recèle cette scène. La théologie confère au voilement-dévoilement de la femme le statut d'un sauvetage, d'un accès pour l'homme à l'*identification* du divin, comme si, par la différence du corps de la femme, il pouvait saisir la différence qui le hante.

Mais si l'homme n'accède à la certitude de l'Autre qu'en passant par la femme, cette construction théologique ne revient-elle pas à dire que le narcissisme de l'homme est plus problématique que celui de la femme ? Car si la femme se présente comme *connaissant* déjà la vérité de l'Autre, ou déjà entamée aveuglément par lui, il faut pour l'homme en passer par l'opération féminine afin de *reconnaître* le signe en lui, et acquérir ainsi la certitude de cet Autre. Le voilement de la femme serait une disposition contre la *bêtise* narcissique de l'homme.

Selon l'historiographie islamique, Khadija est la première à croire au prophète. Le premier musulman aura donc été une musulmane. Celle qui fait fuir l'ange de la vérité est la première à croire. Par elle, l'homme entre dans l'affirmation de son Dieu. C'est pourquoi, sans doute, la tradition rapporte que, après cet épisode, Muhammad aurait dit à Khadija : « *L'ange vous transmet son salut.* » Mais comment ne pas saisir ici le changement de position : celle par laquelle il croit devient celle qui croit en lui ? La femme serait donc l'antiorigine sur laquelle reposerait la première *foi* dans l'origine.

Voilée, dévoilée, revoilée, voilà les trois séquences de l'opération féminine de la théologie. Voilée initialement, dévoilée pour la démonstration de la vérité originaire, revoilée ensuite par l'ordre de la croyance en cette vérité de l'origine ; car la vérité instituée aspire à recouvrir le *néant* par lequel elle est passée.

Le retournement

Tel est, en effet, le chemin qui conduira progressivement à l'imposition massive de l'interdit du voile en islam. De l'homme doutant de sa raison à celui qui institue de la raison théologique, le salut de l'ange s'est transformé en une méfiance incroyablement soupçonneuse. La croyance en la femme, au fondement de la démonstration de la vérité, s'est renversée en une dangereuse machination à travers laquelle elle apparaît comme un être qui « *manque de raison et de religion* » (*Hadîth*), comme un genre « *dont la tromperie est immense* » (Coran, XII, 28). Certes, la scène recelait déjà la possibilité d'un tel retournement, puisque la démonstration a été obtenue par une monstration (dévoilement), et l'identité de l'ange a été vérifiée par sa mise en fuite. Mais l'on voit aussi pourquoi, dans ce système, il n'est pas besoin de brûler la sorcière – l'histoire de l'islam n'a pas connu de bûchers – parce que le mensonge et la capacité de retournement que la théologie attribue à la femme resteront solidaires de la vérité de l'Autre, retenus à elle par le voile qui les suspend en vis-à-vis dans le mystère. Le voilement de la femme éviterait-il de la brûler ? L'un des slogans des islamistes dans leur campagne actuelle en faveur du voilement des femmes n'est-il pas « *le voile ou l'enfer* » ?

On ne peut examiner ici en détail les raisons profondes du changement de Muhammad. Certes, on notera qu'après la mort de Khadija il deviendra, vers la cinquantaine, polygame, aimant *les femmes, le parfum et la prière* (Hadîth). Croire en la femme (qui le croit) et aimer les femmes, toute la portée de la transformation est inscrite entre ces deux propositions. Disons succinctement qu'elles correspondent à une modification de l'économie libidinale et politique du prophète, sur laquelle nous reviendrons [1].

Le théâtre de l'interdit théologique commence quand le voile descend. La machinerie complexe dont nous venons d'explorer quelques rouages soutient souvent de puissantes interprétations, prises dans les drames obscurs des corps, de leurs vies et morts. Dans le cas de l'islam, le scénario est connu et les épisodes d'obscurcissement de la femme ou de sa rature sont trop visibles pour que l'on ne voie pas que leur divinité est leur humanité, que leur force est leur enracinement dans des drames humains, trop humains.

Ils correspondent, point par point, aux problèmes du désir de l'homme Muhammad lors des quinze dernières années de sa vie ; période qui se confond totalement avec l'édification de la cité islamique. Cela peut paraître simple, mais c'est vérifiable dans tous les cas. Chaque fois que l'homme-prophète rencontre un conflit du désir ou qu'il se trouve dans une impasse de la jouissance, Dieu y pourvoit par une solution coranique qui a valeur de loi. Le premier acte se joue avec l'affaire de Aïcha, sa femme préférée qui, lors d'une expédition, se détache de la caravane, suivie par

---

1. Voir le prochain sous-chapitre : « Parole des nuits ».

un dénommé Safwân, pour aller chercher dans le désert, durant toute une nuit, un collier perdu. On l'accuse d'adultère, d'autant que Safwân est bel homme et que des témoins auraient mentionné l'existence d'une relation entre eux dans le passé [1]. Le prophète endure pendant plusieurs mois un doute angoissant... mais il aime Aïcha. Quand les versets qui la disculpent et le délivrent du soupçon tombent (sourate dite de « La lumière »), c'est le rideau théologique qui commence inexorablement sa descente. Il est évident alors que le voile n'est pas seulement le morceau de tissu jeté sur le corps de la femme mais la main organisatrice d'un ordre rigoureusement agencé entre le sujet du désir en tant que substance voyante et l'institution politique de la Cité. Le voilement s'avère un puissant système de structuration du corps de jouissance dans l'espace, dans le temps et dans les rapports entre les personnes. À l'occasion de l'affaire de Aïcha, dans cette même sourate de « La lumière », le privé et le public seront délimités ; les entrées dans la maison seront soumises à autorisation au moment des trois prières qui nécessitent de se dénuder pour les ablutions (aube, midi, soir) ; les personnes à qui les femmes peuvent montrer « *l'extérieur de leurs atours* » seront strictement désignées en fonction de leur lien de parenté. Le principe de prohibition majeur commence à apparaître : *le voile comme interdit est en concordance avec l'interdit de l'inceste*.

Cela devient clair avec la seconde affaire qui fit scandale dans la première communauté musulmane. Un jour, en entrant sans permission et sans avertissement dans la maison de son fils adoptif Zayd [2], le prophète surprend l'épouse de ce dernier en tenue légère. Il est troublé et captivé par la vue de cette femme dont on dit qu'elle fut très belle. Devançant le désir du prophète et le dessein de Dieu, Zayd divorce de sa femme, laquelle interpelle aussitôt le prophète, vivant dans la crainte et le tourment de son désir : et maintenant ? Alors, non seulement Dieu autorise leur mariage mais il le fait célébrer par les anges. Il n'en

---

1. Ibn Hichâm, *op. cit.*, t. 3, p. 309-316, ainsi que Tabarî, *Mohamed sceau des prophètes*, *op. cit.*, p. 237-242.
2. Tabarî, *op. cit.*, p. 221-223.

fallait pas moins pour affronter le trouble et obtenir la légitimation. Ce cas unique d'une célébration céleste en islam sera cependant la dernière noce du prophète. Dans le mouvement même par lequel la sourate (« Les factions », XXX, 3) lui fait don de la femme de l'autre, elle lui interdit d'en prendre d'autres : « Il n'est point licite à toi de prendre encore d'autres femmes [...] fusses-tu ravi par leur beauté » (V, 52). Simultanément, l'adoption comme pratique antéislamique est interdite. Zayd n'était pas le fils de Muhammad : « Muhammad n'est le père de nul de vos mâles » (V, 42). Ayant écarté tout grief incestueux contre le prophète par cette manœuvre généalogique, la loi s'attaque alors à la racine du risque et généralise la restriction du voile : « Ô prophète, dis à tes épouses, à tes filles et aux femmes des croyants de serrer sur elles leurs voiles. Cela sera le plus simple moyen qu'elles soient reconnues et qu'elles ne soient point offensées » (V, 59).

On pourrait récapituler tout l'enjeu du voile comme structure à travers ces deux fragments coraniques : « *fusses-tu ravi par leur beauté* » et « *serrer sur elles leurs voiles* ». Dans la mesure où les femmes ravissent les hommes jusqu'à les amener à risquer la transgression de l'inceste, l'interdit du voile trouve sa raison dans la menace la plus grave que fait courir l'extrémité du désir humain sur l'ordre social. L'énoncé suppose, certes, une incrimination de la femme, de sa beauté ou de sa monstration ; mais il ne recèle pas moins l'indication d'une position passive de l'homme-pupille qui serait, en quelque sorte, incapable de maîtriser sa focale. Il « *serre sur elles* », à défaut de serrer sur soi. L'homme ne serait donc pas en mesure de « diaphragmer » sa vue par rapport à la femme. Tel un orifice visuel incontrôlable, il est pénétrable par les monstrations féminines qui le possèdent et le subjuguent, au point de lui faire oublier sa loi. La représentation théologique serait liée à la nécessité de pallier une faiblesse originaire de l'homme qui se laisse capter par le pouvoir voyant de la femme.

Voilée, dévoilée, revoilée, ces trois séquences que nous avons précédemment dégagées sont les mouvements qui instaurent la raison théologique, là où la vue de l'homme est en excès de réceptivité. Mais ces mouvements ne sont-ils pas ceux-là mêmes de la nuit du monde dans laquelle tombent les Hommes lors de leur chute du paradis ?

Résumons la version qu'en donne l'islam : au début, un voile de lumière séparait Adam et Ève de la vue de leur sexe ; lorsqu'ils transgressent l'ordre de Dieu et mangent le fruit interdit, le voile de lumière se lève et ils découvrent leur nudité ; alors s'impose à eux le vêtement pour la cacher (S. VII). Les trois mouvements – voilement, dévoilement revoilement – correspondent donc aux trois temps de la représentation théologique : la lumière aveuglante, l'obscurcissement qui donne à voir, l'écran qui aveugle l'objet vu.

Si l'on suit les termes du raisonnement théologique, les hommes et les femmes auraient été, après leur chute, à égalité dans la nuit du monde. Leurs troubles visuels corrélatifs de la chute étaient les mêmes et les exposaient de façon semblable à la vue insupportable de leur sexe. Quelque chose d'autre est donc arrivé qui a été de nature à modifier cette égalité, au point de nécessiter, du côté des hommes, le recours au supplément du voile pour se dégager du ravissement des femmes. Que s'est-il donc passé ?

À cette question, la scène du premier dialogue entre Ève et Adam, tel qu'il est rapporté par quelques récits, semble suggérer une réponse : « Lorsque Adam ouvrit les yeux, il vit Ève sur le lit qu'il occupait ; comme il est dit dans Le Coran : "Nous avons dit : Ô Adam, habite le paradis, toi et ton épouse." Lorsque Adam regarda Ève, il fut étonné, et il lui dit : qui es-tu ? Elle répondit : je suis ton épouse ; Dieu m'a créée de toi et pour toi, afin que ton cœur trouve le repos. Les anges dirent à Adam : quelle chose est cela, quel nom a-t-elle et pourquoi l'a-t-il créée ? Adam répondit : c'est Ève [1]. »

Ce qui frappe dans ce récit, c'est qu'Adam ne *reconnaît* pas Ève en ouvrant les yeux, alors qu'il connaît son nom, Dieu ayant appris à Adam tous les noms. Le savoir d'Adam reste donc nominal et n'est pas lié à la chose féminine comme altérité. Par contre, Ève, qui n'a pas le

---

[1]. Târîkh at-Tabarî, *op. cit.*, p. 127. En français, Tabarî, *op. cit.*, t. 1, p. 78-79.

savoir des noms, *sait* qui est l'autre et répond à sa question, non pas en termes d'identité, mais de lien et de désir [1] : « [...] je suis ton épouse ; Dieu m'a créée de toi et pour toi, afin que ton cœur trouve le repos ». Le récit semble donc dire qu'originairement l'homme méconnaît l'altérité du genre qui procède de lui en tant qu'espèce (puisque Ève fut créée d'Adam) et que sa question directe et violente sur l'identité de la femme reste sans réponse.

Le discours théologique ne cesse donc de mettre en scène le trouble de l'homme devant la femme, trouble par rapport à sa puissance voyante, trouble par rapport à son savoir sur l'altérité, précédé par le trouble originaire devant l'identité de son être [2]. Tous ces troubles et les dérèglements qui leur sont inhérents se cristallisent autour du rapport de la femme à la vérité ; car la femme, comme épreuve de vérité, c'est la vérité et l'attentat contre la vérité, sa confirmation et simultanément sa fuite. La femme qui n'aurait pas de propre, puisque son propre serait de pouvoir discriminer entre le propre et le non-propre. Le propre de la femme est d'être en retrait du propre, indécidable. On peut penser que c'est ici que le piège se ferme sur la main théologique, la conduisant à la solution désespérée du voile. Et si c'était là que résidait la cause du ravissement des hommes, dans ce retrait du propre, dans ce qui apparaît comme proprement indécidable de la vérité chez la femme ? Et si l'extrémité de leur désir était de vouloir jouir de ce lieu où la vérité et la non-vérité communiquent entre elles ? Vouloir *LA* vérité se révèlerait donc incestueux, parce que la vouloir toute inclut nécessairement un vouloir de non-vérité que la vérité

---

1. Comme le soulignent justement Zhor Benchemsi et Okba Natahi, « Le Féminin et la question du savoir dans la civilisation arabo-islamique », *Psychanalystes*, n° 40, 1991, p. 73.

2. Le discours théologique n'est pas le seul à mettre en scène ce trouble, tel est aussi le cas du discours philosophique, de Nietzsche, par exemple, comme le montre Jacques Derrida, *Éperons, les styles de Nietzsche*, Paris, Champs-Flammarion, 1978. Le discours psychanalytique n'y échappe pas non plus, comme on le voit chez Freud avec sa fameuse formule sur « le continent noir ». « Sur la sexualité féminine » (1931), *La Vie sexuelle*, Paris, PUF, 1969. « La Féminité », *Nouvelles conférences d'introduction à la psychanalyse*, Paris, Gallimard, 1984.

par essence contient [1]. La représentation théologique se propose alors d'arracher les hommes à ce ravissement, d'intercéder pour eux, eux les pupilles dilatées, envahis dans l'invisible par le dieu, subjugués dans le visible par les femmes ; aux hommes, elle assigne une tâche salutaire : *la tâche* de la vérité ou le voilement de la femme.

Retour sur l'actuel

Ainsi l'affaire du voile apparaît-elle sous un autre jour. Le problème ne se pose plus en termes de signes, mais d'*interdit* auquel ces signes sont référés. L'interdit ne se laisse pas réduire à une interdiction qui prohibe, il relève d'un dispositif de vérité qui plonge ses racines dans le bas-fond des pulsions pour instaurer en surface une légalité de la jouissance, dont l'impératif est une jouissance dans la légalité. Dès lors que les jeunes filles se trouvent dans l'espace conquis par le désœuvrement politique de Dieu et qu'elles réactivent des impératifs théologiques, nous sommes en présence d'un conflit entre deux interdits et deux croyances qui les soutiennent, lesquelles sont nécessairement des croyances en une certaine posture de la femme et de la vérité. Ces croyances sont représentées ici par la fille qui défend sa « *pudeur vis-à-vis de Dieu* » et par le ministre qui oppose « *le visage de la France* », du moins un certain visage de la France associé à sa croyance aux droits de l'homme. La fille croit à la *dé-monstration* de la femme. Ce qui signifie que dans l'inconscient de son système, elle est représentée par la *monstre à la puissance visuelle érectile et au savoir énigmatique*. C'est ce que nous rencontrons dans l'imaginaire des civilisations antiques sous la figure de la sphinge, telle que le mythe d'Œdipe la met en scène par exemple. La culture arabo-islamique abonde en sphinges énigmatiques et dangereuses, toujours placées sur le chemin initiatique du héros masculin [2]. La solution théologique, comme nous l'avons

---

1. Martin Heidegger, « De l'essence de la vérité » (1954), trad. A. de Waelhens et W. Biemel, *Question I*, Paris, Gallimard, 1968.
2. Cf. Le sous-chapitre sur « Le Spectre de la mère ».

vu, consiste à lui imposer l'interdit du voile comme interdit portant sur la monstration de sa tête (de ses cheveux selon la tradition) qui défie le point de vue originaire de la vérité. Le ministre, lui, croit plutôt que la dé-monstration est la monstration (le voile comme signe ostentatoire) et l'interdit. *Ce faisant, il interdit l'interdit de la fille.* C'est cet acte dont la querelle sur les signes était la diversion. En en faisant un signe parmi les signes, on a dérobé le voile derrière un rideau de sémiologie religieuse, pour éviter d'affronter la redoutable question de l'*interdiction de l'interdit de l'autre*.

Mais quelle est exactement la posture de la femme dans la croyance du ministre, quand il interdit l'interdit de l'autre femme ? Est-ce un monstre qui a le droit de faire monstration de ses signes ? Ou bien plutôt un être qui serait définitivement dé-monstré, n'étant plus justiciable d'aucun interdit du voile ? Et qu'est-ce qu'une femme selon cette croyance ? Il faudrait revenir au corpus de référence, c'est-à-dire au texte des droits de l'homme. Nous savons que la textualité de ces droits est plus étendue que la déclaration du même nom. Mais des principes y sont énoncés et, sur ce point, il est clair que la femme est un Homme, l'Homme comme anthropos ou singularité-type de l'espèce. Non seulement la différence sexuelle n'est pas un trait essentiel de cette textualité, mais il s'agit là précisément de l'une des discriminations qu'elle veut supprimer. Ce qui compte ici, c'est l'humanité dans sa différence avec les autres espèces. L'homme de ces droits ne désigne en principe ni l'homme, ni la femme, mais l'*identité singulière de leur identité et de leur différence*. À ce niveau, la scission originaire du sexe n'a plus cours ; ce qui veut dire que, de façon essentielle, la question de la vérité ne dépend pas, dans cet univers de référence, de la différence des sexes. En principe, ce système veut que la vérité de la différence sexuelle devienne, comme la vérité religieuse, une affaire privée et subjective.

On comprend maintenant en quoi la manifestation du voile est une question panique. Les filles voilées n'arboraient pas seulement des signes religieux, mais introduisaient dans le jeu la mise la plus élevée pour un système en guerre avec un autre : son dispositif à produire de la vérité, même si c'est sur le mode de la non-vérité. Le mythe de l'Occident moderniste et celui de l'Islam traditionaliste, qui sont partout en guerre, ont été ainsi amenés à faire monter les enchères. Cette guerre n'est pas la confrontation antique entre deux croyances en une même vérité, comme les croisades le furent et le sont encore dans nos mémoires, mais la guerre entre deux vérités décroisées. Si, avec l'affaire Rushdie, la guerre de la vérité a eu lieu à travers la *fiction,* en opérant dans le champ textuel de l'origine, avec le voile, c'est tout le dispositif de l'interdit autour de la *femme* qui se trouve ébranlé. Il n'y a pas de hasard dans le fait que la *fiction* et la *femme* sont l'enjeu du conflit le plus important de la croyance et de l'identité dans le monde d'aujourd'hui. Car, par l'une et l'autre conjointement, *c'est la vérité du corps et le corps de vérité*, en tant que déterminants des limites du propre d'un système, d'une personne ou d'une communauté, qui se trouvent mis en cause. Il s'agit donc du motif le plus crucial pour penser les rapports dans le monde, entre les mondes. Telle est la question de l'interdiction de l'interdit de l'autre.

Question abîme. Il n'y a pas d'autre sans l'interdit qui l'altère comme autre à lui-même et à l'autre. L'interdit est l'institution de l'autre. Interdire son interdit, c'est l'interdire en tant qu'autre. De ce point de vue, il n'y a pas de doute que *la dés-institution* est l'une des formes de la destruction humaine. Il existe, dans le cours actuel du monde, maints indices sur l'amplification de ce mode de destruction. Les mouvements identitaires qui surgissent partout en sont le symptôme le plus massif, le signal d'une angoisse mondiale généralisée devant la question de l'interdit ; à condition de ne pas entendre cette angoisse au sens moralisant du relâchement des mœurs, etc.

Cette angoisse provient de ce que nous semblons tous placés devant quelque chose comme une échéance inéluctable, celle de l'imposition d'une universalité de droit à toute l'humanité et de l'institution d'un législateur du monde. On ne peut entrer ici dans les détails de la formation de ce projet en Occident, de ses multiples versions qui gravitent autour de l'idée d'une humanité ordonnée à la communauté d'un interdit universel et d'une universalité d'interdits. Ce projet est présent aujourd'hui dans les discours militaires, économiques, politiques, scientifiques, humanitaires, et son actualité est quotidienne.

Ce qui caractérise ces discours, avec la terreur et l'espoir qu'ils charrient ou suscitent, c'est que le droit y est pensé comme technique et l'interdit comme ordre. Cette pensée élude donc la question essentielle de l'interdit, à savoir qu'il se fonde sur un dire d'interposition [1], sous-tendu (sous-entendu) par un dispositif de vérité. Quel serait le dire universel qui viendrait s'interposer pour toute l'humanité ? Dans quelle langue serait-il articulé, à partir de quel lieu d'entre les lieux pourrait-il être énoncé ? L'interdit universel supposerait une position d'INTER entre tous les *inters* des communautés humaines, incarné par une féminité absolue, une Femme-monde qui n'aurait aucune identité et déjouerait toutes les identités, afin de dispenser la différence entre vérité et non-vérité pour tous ; une mère après-coup de l'humanité dont la langue serait maternelle à l'intérieur de toutes les langues !

S'il y a donc matière à combattre la servitude ou l'injustice que produit l'interdit de l'autre, il ne peut y avoir de *lieu* pour *énoncer* l'interdit qui frapperait son interdit. Il n'y a pas d'*interposant* universel, parce qu'il n'y a pas de maître du langage. Il n'y a que des dires d'interposition. Mais le mythe identitaire de l'Occident moderne est chevillé à cette idée de produire l'interdit des interdits, de devenir donc la différence des différences, de rejoindre par conséquent une féminité absolue de l'espèce. La liberté qu'il promeut est dans sa visée radicale la marche vers ce destin où la vérité en conformité avec cette liberté rejoindrait leur identité qui serait : *femme*.

Les dernières pages de *Tristes Tropiques* de Claude Lévi-Strauss constituent sans doute la formulation la plus limpide de mythèmes identitaires de l'Occident à ce sujet :

> « Aujourd'hui, c'est par-dessus l'Islam que je contemple l'Inde ; mais celle de Bouddha, avant Mahomet qui, pour moi européen et parce que européen, se dresse entre notre

[1]. Comme le souligne Pierre Legendre dans *Les Enfants du texte, op. cit.*

réflexion et des doctrines qui en sont les plus proches, comme le rustique empêcheur d'une ronde où les mains, prédestinées à se joindre, de l'Orient et de l'Occident ont été par lui désunies. [...]

Que l'Occident remonte aux sources de son déchirement : en s'interposant entre le bouddhisme et le christianisme, l'Islam nous a islamisés, quand l'Occident s'est laissé entraîner par les croisades à s'opposer à lui et donc à lui ressembler, plutôt que se prêter – s'il n'avait pas existé – à cette lente osmose avec le bouddhisme qui nous eût christianisés davantage, et dans un sens d'autant plus chrétien que nous serions remontés en deçà du christianisme même. C'est alors que l'Occident a perdu sa chance de rester femme [1]. »

L'Occident aurait donc rencontré à travers l'islam *l'interposant* qui l'empêche de réaliser son destin identitaire de femme. Le cri du mythologue mythifiant est déchirant, il pleure un Occident ne pouvant plus rejoindre son Orient extrême, ni fermer le cercle de l'identité de l'identité et de la différence. L'autre comme malchance, comme détournement, comme mâle coupant la femme d'elle-même, c'est ainsi que le mythe anthropologique de l'Occident vit l'Islam comme son voile. Sommes-nous donc à l'époque du dévoilement de l'Occident ?

Songeant à tous les développements que nous avons consacrés jusqu'ici à la problématique du féminin à l'origine de l'islam, le propos de Claude Lévi-Strauss pourrait acquérir un autre relief si l'on considère que c'est de sa propre féminité originaire que l'islam a essayé en fait de se couper.

---

1. Claude Lévi-Strauss, *Tristes Tropiques*, Paris, Plon, 1955, p. 472-473.

4

Parole des *Nuits*

L'islam a donc reçu sa première épreuve de vérité sur les genoux d'une femme. Cet énoncé impensable aujourd'hui dans l'ordre du discours islamique, nous avons peine à croire qu'il fut un temps où il n'avait rien de choquant, puisque la *scène de la démonstration* fut transmise et répétée par plusieurs générations de chroniqueurs, selon une chaîne qui remonte jusqu'au premier d'entre eux [1]. C'est là sans doute l'un des symptômes de ce *tourment* que nous évoquions au tout début de cet essai, qui rend indisponible l'origine sous le mode de *la fiction*. Les travaux en sciences humaines sur l'islam, sur « la raison islamique », comme il est courant de le dire depuis quelque temps, n'ont pas peu contribué à l'indisponibilité de la fiction des origines. Ils considèrent que des scènes comme celle de la démonstration relèvent du rebut de l'histoire, « tout juste bonne pour la littérature ». La raison résiderait pour eux dans la machine des concepts, dans les grandes constructions théologiques ; c'est là que se cacherait l'or d'un système, sa pure vérité originaire.

Du salut de l'ange à la déconsidération

Pourtant, cette scène de la *première foi* ou de la foi première n'est-elle pas une grande scène de la raison qui ne dissimule pas son appartenance à la métaphysique et qui se

---

1. À savoir Ibn Ishâq, au VIIe siècle, *op. cit.*

donne un pouvoir d'affecter, en présentant l'événement d'un partage et d'une guérison ? Voici le fondateur, l'homme de la parole de la loi, halluciné, terrorisé, visité sans cesse par un être invisible, qui se demande s'il n'est pas possédé par le démon ! Tel un enfant en proie à la douleur, une femme le tient dans son giron pour lui apporter la preuve de l'ange et le délivrer du soupçon de la folie ! Cette scène veut assurément montrer que la représentation de l'origine de la Loi en islam a eu besoin du corps d'une femme pour lever l'incertitude sur la raison de l'homme et aider un ange à le placer dans le trajet de la lettre. C'est en ce sens que nous comprenons le salut de l'ange à Khadija.

Mais, entre ce moment où la femme est médiatrice entre l'homme et l'ange – autrement dit en une posture de médiation entre deux médiateurs – et le moment où elle va devenir progressivement un auxiliaire du démon, « dont la tromperie est immense » (Coran, XII, 28) ; entre cet instant où, par le dévoilement, elle vérifie la vérité de la vision et celle qu'il faudra voiler pour protéger de ses séductions la vue des croyants ; entre le moment où elle semble détenir un savoir antérieur au savoir prophétique du fondateur et le temps où elle deviendra celle qui « manque de raison et de religion » (*hadîth*) ; entre le moment où elle libère le prophète du soupçon de la possession et l'être affolant qu'il faudra posséder, s'approprier, surveiller, dont la soumission sera rigoureusement organisée, bref entre le salut de l'ange et la déconsidération de la femme en islam, que s'est-il donc passé ?

C'est vers l'horizon de cette question qu'il faut orienter la lecture la plus exigeante du devenir de la femme en islam, afin d'avoir une chance de saisir ce qui s'est tramé en un laps de temps relativement court (une vingtaine d'années), mais qui a déterminé le destin de la femme jusqu'à ce jour, perpétuant un ordre parmi les plus excessifs à son égard. Cet excès, son origine, ses multiples raisons, tout le réseau d'attitudes et d'imputations infamantes dressé autour de la femme doit être analysé sans concession, avec la plus grande précision, tant les mécanismes de l'aliénation sont bien plus complexes qu'ils ne paraissent.

Cette scène semble accréditer l'idée qu'il y eut un temps où la femme fut témoin de vérité, au double sens où elle atteste ce qui a eu lieu et où elle fait la preuve et le test de vérité de la vision. Puis il y eut un autre temps où la femme devint tromperie, piège, ruse et artifice (tel est le sens du mot « kayd » de la sourate XII, 28) qu'il faut masquer, démasquer, maîtriser.

La démarche qui a prévalu jusqu'ici a consisté à expliquer ce renversement au regard de la conjoncture sociale et politique. Le nombre d'épouses du prophète serait dû, par exemple, aux nécessités tactiques de s'allier avec les tribus voisines pour les pacifier. Pourtant, un examen attentif montre que cet argument n'est pas valable pour beaucoup de ces mariages. On évoque également les conséquences de la bataille de 'Uhud où la nouvelle communauté perdit un grand nombre d'hommes, rendant la polygamie « nécessaire » car vitale pour le groupe. Bref, ce type d'explications qui fait état de données certes non négligeables ne peut à lui seul permettre de déchiffrer le changement énigmatique majeur qui survient dans l'économie libidinale du prophète après la mort de Khadija, laquelle avait, à l'époque de la scène, aux alentours de la soixantaine (alors que Muhammad en avait quarante) et qui est restée sa seule épouse jusqu'à son décès. Le prophète passe, en effet, d'un grand attachement à une figure maternelle à des figures « féminines » de la femme, d'un rapport strictement monogame à des relations multiples auxquelles il s'est adonné, non pas seulement par obligation ou par tactique, mais par désir, par plaisir, comme l'indique le fameux *hadîth* : « Trois choses de votre monde me furent rendues dignes d'amour : les femmes, les parfums et la prière qui est la fraîcheur de mes yeux. » Ce changement qui s'effectue il est vrai dans le contexte de la fondation d'une nouvelle cité, nous pouvons en suivre chaque épisode à travers des énoncés coraniques de nature juridique et éthique. Nous avons vu aussi comment ils plongent simultanément leurs racines au plus vif du désir du sujet Muhammad lui-même. Mais l'approche diachronique qui voit dans l'accumulation des épouses et leurs circonstances historiques une raison suffisante pour rendre compte du régime de jouissance de l'homme Muhammad par rapport à la femme, et de la dégradation de sa situation, a occulté pendant longtemps une dimension irréductible à la sociologie politique.

La question de la jouissance

L'hypothèse que nous voulons mettre à l'épreuve lie ce changement à une modification du rapport du prophète quant à l'énigme de la *jouissance féminine* dans sa propre économie de jouissance. Elle part de cette observation que la place spécifique de Muhammad, dans la chaîne prophétique du monothéisme, se caractérise, du point de vue de la réception de la parole, par des similitudes frappantes mais jamais relevées avec la position de la vierge Marie (la femme la plus citée dans le Coran). Le même ange Gabriel, le même envahissement subit, le même subissement dans le corps qui, dans un cas, accueille le verbe, tandis que dans l'autre il reçoit la lettre divine. La phrase d'Ibn Arabî à propos de la conception virginale de Marie : « le souffle était de Gabriel et le verbe de Dieu [1] » peut rigoureusement s'appliquer à l'opération de transmission de la parole coranique décrite par le prophète comme étant accompagnée de douleurs physiques intenses. Opération de « la sainte lettre », pourrait-on dire, fondée sur un autre principe de *virginité*, puisque le prophète est supposé être illettré (*ummî*), de sorte qu'il recevra le texte comme s'il était une page blanche. Cette ignorance de la lettre mérite d'être rapprochée de ce que Pierre Legendre relève à propos de la vierge Marie dans la tradition chrétienne : « Si nous allons un peu plus loin dans l'inventaire de l'exégèse traditionnelle, nous constaterons que la doctrine de la pureté innocente est en même temps une doctrine de l'ignorance [...]. La mère de Dieu est une ignorante, exaltée en tant qu'ignorante. Ce non-savoir : ne pas connaître la souillure se dit nommément jouir de Dieu [2]. » Il n'est pas jusqu'à l'impératif de réception donné par l'ange qui ne suppose cette posture. En effet, l'injonction de lire (*'iqra'*) qui inaugure la révélation et qui a donné son nom au Coran comporte,

---

1. Ibn Arabî, *fuçûç al-hikam*, Beyrouth, Dar al-Kitâb al-arabî, s. d, p. 139.
2. Pierre Legendre, « La Phalla-cieuse », *La Jouissance et la Loi*, Paris, UGE, 10/18, 1976, p. 9-31.

dans la langue arabe, tout un pan de significations mentionnées à maintes reprises par le *Lisân*, dont j'extrais cet exemple : « *une femme "qara't"* quand elle a retenu *du mâle* [...] *quand sa matrice a rassemblé un fœtus* [1]. » La réception de la lettre serait donc une gestation matricielle. Lire aurait à voir avec une transpropriation du masculin vers le féminin. L'objet de l'acte de lire est une *lettre-geste* qui, tel le fœtus, a pu s'accrocher à l'abri de la matrice, pour être mise hors de son abri dans le monde comme geste finie. Et que dire encore de l'association dans la toute première *sourate* entre le grumeau de sang de la première adhérence de la vie (*'alaq*) dans la matrice et le calame [2] ? Si la lecture est une conception dont la geste serait la lettre, pour l'accueillir il faut donc une position qui peut être qualifiée de féminine.

Avec l'homme Muhammad, la lettre prend assurément corps. Elle prend le corps et se prend dans le corps, ce qui pourrait signifier qu'elle se retient à l'intérieur et jaillit par la voix. Mais il a fallu qu'il croie à cette position de réception, de subissement de l'ange, et qu'il l'occupe, autrement dit qu'il croie en la femme pour recevoir le divin. C'est pourquoi, dans la scène de la démonstration où il n'est pas encore assuré de sa posture, il se tourne vers Khadija pour l'interroger sur ce qui lui arrive, supposant à juste titre que, en tant que femme, elle savait déjà ce qu'il en est d'une telle position. Elle répond par son corps qu'il s'agit bien de ce rapport d'*un autre genre*. Tel est l'arrière-plan de la scène de la démonstration qui est essentiellement l'authentification de la posture de Muhammad, en prise directe avec l'énigme de la jouissance féminine dans son rapport à l'Autre.

Nous venons ainsi d'approcher ce que la psychanalyse depuis Jacques Lacan a cerné sous les termes de *jouis-*

---

1. Cette phrase n'est qu'un exemple parmi beaucoup d'autres sur l'analogie entre lecture et conception. Ibn Mandûr, Lisân al-'arab, Dâr Lisân al-'arab, Beyrouth, s. d., article « qara' », t. 3, p. 42-44.

2. Sur le verbe « lire », cf. les développements que nous avons proposés dans *La Nuit brisée, op. cit.*, p. 83-92. Mais dans ce travail, nous ne formulions pas encore l'hypothèse autour de la jouissance féminine.

sance Autre ou *jouissance supplémentaire* [1], pour la différencier de la jouissance phallique que l'homme et la femme partagent par ailleurs, puisque ce que nous désignons par le mot « phallus » est une fonction dite symbolique, autour de laquelle le désir de l'homme et de la femme se structure en termes d'être et d'avoir – celui qui l'a ne l'est pas et celui qui l'est ne l'a pas –, de sorte que cette fonction est la fonction du manque des deux côtés. Dans la dissymétrie radicale qui en résulte, si l'homme et la femme partagent (différemment) la jouissance phallique, la femme a l'expérience d'une jouissance dite *Autre* qui échappe à la localisation et au savoir. C'est ce qui a amené Freud à parler de « continent noir » à propos de la femme et à poser la question : « Que veut la femme ? », l'énigme de cette jouissance étant restée non résolue.

Car, avec la jouissance, nous n'avons pas affaire à la reconnaissance de l'autre que suppose le désir, mais plutôt à ce qui se rapporte au corps propre comme expérience singulière, impossible à partager et toujours excessive. C'est Hegel, rappelons-le, qui a introduit la notion de jouissance à partir de la contradiction entre la jouissance du maître et celle de l'esclave. Il écrit dans la *Propédeutique philosophique* : « Quand je dis que quelque chose me plaît aussi, ou quand je m'en remets à ma jouissance, je ne fais qu'exprimer que cette chose a de la valeur pour moi. De cette façon, j'ai supprimé la relation possible avec les autres, qui se fonde sur l'entendement [2]. » La jouissance ne souffre donc pas l'entendement, c'est pourquoi son destin a tant de conséquences sur les liens sociaux. La jouissance ne saurait se confondre non plus avec le plaisir, car le plaisir et le déplaisir relèvent d'un système de régulation qui impose une limite au corps et obtient par la décharge du plaisir l'homéostasie. Tel n'est pas le cas de la jouissance, qui est toujours excès, « consumation » selon

---

1. Certes, le séminaire *Encore*, livre XX, Seuil, 1975, aborde spécifiquement cette question, mais, en fait, le problème de la jouissance a occupé à partir de là le centre de l'œuvre de Jacques Lacan, comme le montre le livre de Nestor Braunstein, *La Jouissance*, Point Hors Ligne, 1992.

2. G.W.F. Hegel, *Philosophie propédeutique* (1810), Paris, Gonthier-Médiation, § 36-39.

le mot de Georges Bataille, et qui n'est pas utile pour la survie du corps. La jouissance est en effet pour *rien*. Pourtant, c'est avec ce *rien* que se produisent les dérèglements les plus graves, que la loi élève ses interdits, que la souveraineté défaille. De là à ce que la jouissance « condescende au désir », selon la formule de Jacques Lacan, c'est un long chemin.

Mais si la femme a accès à une jouissance et à un rapport que l'homme ne peut connaître que par l'insigne dignité prophétique, par la sainteté, par l'élection divine, qu'est-ce donc que l'être de la femme ? S'il faut à l'homme une opération de l'esprit ou de la lettre, anges et démons, dieux et diable, bref tout le « fatum spirituel » que Nietzsche, parlant des hommes, a appelé « notre bêtise », pour parvenir à ce dont la femme jouit du fait seulement qu'elle est femme, on imagine ce qu'une telle constatation charrie de conséquences pour l'ordre théologique et son système qui repose sur l'organisation phallique. Conséquences sur la vérité, sur la souveraineté, sur la différence homme/femme, sur l'érection comme modèle de la puissance et de la jouissance.

Quelques-unes de ces conséquences se laissent deviner à travers la scène de la démonstration :

– la femme y est présentée comme une puissance (négative) pouvant tester la source de la parole et distinguer celle qui est véridique de celle qui serait mensongère. La première aurait sa source hors l'homme, la seconde en son dedans possédé et aliéné par le démon. De ce fait, la femme semble disposer d'un *pouvoir de partage* entre raison et déraison, ou de diagnostic, dirions-nous aujourd'hui ;

– son lieu est dans l'embrasure entre l'homme et l'ange, puisqu'elle occupe la fonction de *médiation entre les médiateurs*, comme si elle ne hantait pas un intervalle ou une région délimitée, mais une conjonction de bords.

– elle détient un savoir qui procède du corps, qui n'est pas soumis à l'ordre du langage ; bien plus, son corps dévoile le dérobement de l'origine du langage, puisque l'ange Gabriel, l'ange de la parole, s'enfuit dès que Khadija s'est dévoilée, selon le récit de la scène.

– si la femme est entre l'ange et l'homme, si elle connaît les limites entre la raison et la déraison, si son savoir ne s'acquiert pas par les voies habituelles, c'est que son identité déborde sans cesse les identités. Chacune de ces conséquences prise en elle-même constitue un danger pour l'ordonnancement théologique et met en péril sa souveraineté.

Venons-en maintenant à l'hypothèse vers laquelle tend ce propos : l'islam à ses débuts, à travers la posture de son fondateur recevant la lettre, s'est exposé à l'énigme de la *jouissance Autre* d'une manière si brûlante que, passé le premier temps éblouissant et trouble de son expérience initiale, il recourut à une dépense de prescriptions pour la réduire, la démanteler, puis la dénier, afin d'asseoir progressivement la souveraineté d'un ordre phallique, juridique et éthique congruent avec la formation d'un État ; bref, en édifiant tout ce front intérieur à l'islam, qui en fait un puissant barrage contre-féminin ; d'autant plus puissant que l'exposition à son abîme aura été intense et centrale au foyer originel.

Les religions ne durent et n'acquièrent leur force que parce que chacune d'entre elles a ancré la croyance dans quelque région de l'abîme, dont elles ont fait à travers leur fondateur une terrible expérience originelle. Elles procèdent alors, dans un second temps, au refoulement de cette expérience et au recouvrement de l'abîme entrevu. Le fondateur de l'islam ne procède pas autrement ; il n'approche la question de la jouissance féminine, qui chemine dans le monothéisme depuis Hagar, que pour la voiler et raturer son inscription originaire, lisible dans la scène de la démonstration. Il est donc nécessaire de lire cette rature à partir de la posture spécifique du fondateur et de son expérience où l'énigme de la jouissance féminine est nouée au destin des Arabes, à travers leur *Ancêtre-Mère*, plutôt que de réduire le problème à ses conduites sexuelles, à ses épouses, à la sociologie politique de ses relations matrimoniales, toutes sous la juridiction du voilement de l'abîme et de la rature.

Du salut de l'ange à la déconsidération éthique et juridique de la femme, il faudrait donc suivre les mécanismes d'une *rature de la jouissance féminine* à mesure que s'établit le gouvernement théologique de l'islam. Examinons rapidement ces mécanismes qui touchent les trois dimensions relevées dans la scène : la vérité, le corps, la *jouissance Autre*.

De la rature

La femme deviendra mensongère et trompeuse. De plus, dans la mesure où elle dispose d'un pouvoir d'éprouver la vérité et d'une connaissance des limites, elle est capable de mêler le vrai et le faux, la raison et la déraison, et de les détourner l'un dans l'autre. Elle imaginarise le réel et rend l'imaginaire réel, elle fait s'effondrer les barrières symboliques, ridiculise les emblèmes et annule l'effet des rituels. Située entre l'ange et l'homme, elle brouille les différences, elle est dotée du pouvoir de métamorphoser les identités visibles et invisibles. À la femme serait donc attribuée la propriété de désapproprier le propre des êtres.

Dans la mesure où le corps de la femme dispose d'un savoir qui semble précéder celui du prophète et d'une puissance d'évanouissement du langage (tel l'ange de la scène), il deviendra nécessaire de le raturer dans ses moindres manifestations. La rature est cet écran sur son corps qui le met à distance et le rend opaque dans la Cité, dans les rapports sociaux et parfois jusque dans la vie intime même, afin que cesse le défi qu'elle lance à l'organisation signifiante de l'univers phallique. Le corps de la femme a une puissance d'irresponsabilité, de vol et de dépossession du langage ; aussi son aveuglement s'imposera-t-il à travers la notion de *'awra* (partie aveugle et obscénité) généralisée à la quasi-totalité de son anatomie.

Mais là où la rature exerce toute sa charge, c'est évidemment sur la *jouissance Autre* de la femme. Son mécanisme fondamental est le déni qui rencontre le démenti, lequel provoque une volonté accrue de maîtrise qui échoue ; échouant, elle s'achève dans la violence. La femme, on l'a vu, semble avoir un rapport corporel avec une *jouissance Autre* qui n'entre pas dans l'économie de la jouissance sexuelle. Le déni a pour objet cette *jouissance Autre* et la réduction de toute la jouissance de la femme à la jouissance sexuelle phallique sur le modèle de la sexualité masculine. Comme ce modèle ne suffit pas à dire le dernier mot sur la jouissance de la femme, et que le déni ne parvient pas à éliminer l'expérience de la *jouissance Autre*, l'insuffisance du modèle de la sexualité phallique et masculine laisse l'homme devant un solde de jouissance féminine inépuisable qui l'affole. Il devient à ses yeux la marque de l'insatisfaction irréductible de la femme. « *Encore* », qui signifie le *supplément*, selon le titre du séminaire de Jacques Lacan, est synonyme dans l'entendement phallique de la demande insatiable et de la disponibilité illimitée de la femme à recevoir d'autres hommes : *elle veut donc encore !* Ainsi le déni de la *jouissance Autre* de la femme – déni que nous désignons désormais comme rature – ne fait-il qu'accroître l'inquiétude de l'homme, au lieu de la soulager. Pis, l'objet de son déni lui revient déformé, au point de paraître monstrueux.

L'inquiétude devant ce qui apparaît comme « le gouffre de la femme » amènera l'organisation masculine à chercher davantage de contrôle sur elle et à tenter par des moyens réels et imaginaires d'en maîtriser la jouissance. D'où les écrous et les contre-écrous, les serrures réelles et les coffres de versets. Mais, plus la contrainte est étroite, plus la jouissance aspire à l'impossible et cherche inlassablement la faille. Elle la trouve toujours, puisqu'il n'y a pas d'organisation qui n'ait de faille à un endroit quelconque de son édifice. Dès lors, la jouissance de la femme devient, pour l'homme qui veut la maîtriser, la jouissance de la faille de cette maîtrise, ou bien encore la jouissance de la faille de l'homme, et, dans certains cas, la jouissance de l'homme failli.

La conservation et la prise de la virginité cristallisent les enjeux les plus radicaux de ce rapport à la jouissance féminine. Comme nous l'avons déjà mentionné, Freud s'est arrêté devant « le tabou de la virginité », l'expliquant d'une part par l'angoisse de castration chez l'homme devant le sexe de la femme, et d'autre part, dans les sociétés où les femmes doivent arriver vierges au mariage, par la volonté des hommes de marquer sexuellement les femmes pour les maintenir sous leur domination [1]. À ces développements on pourrait ajouter une autre interpréta-

---

[1]. S. Freud, « Le Tabou de la virginité », *op. cit.*

tion qui verrait, dans la tradition très stricte de la conservation de l'hymen pour le mari, la tentative anticipée de contrôler la *jouissance Autre* par le fantasme de la jouissance absolue. L'homme croit par le dévoilement unique accéder une fois pour toutes à la femme, comme si, entrant dans la profondeur inentamée, enlevant la surface immaculée, il parvenait à la « consumer » toute, sans reste. En s'appropriant l'unique perte, il voudrait être l'unique. Ayant la première et la dernière prise sur cette surface, il chercherait à supprimer la possibilité d'autres inscriptions. Or, en prétendant devenir le maître de cette perte, il ne fait que libérer la femme de la préservation hyménéenne, la rendant accessible à d'autres. Il dévoile d'un dévoilement qui ruine toute maîtrise sur l'objet qu'il aspire à garder absolument. *L'unique est donc perdu dans la première fois*. Or, comme nous allons le voir, cette perte est le point de basculement dans la violence et dans la fureur du fantasme masculin d'omnipotence qui tente de répondre à la *jouissance Autre*, par l'imaginaire d'une *jouissance de l'Autre* illimitée.

Si la rature vise à établir la souveraineté masculine sur la *jouissance Autre* de la femme, c'est pour autant que cette jouissance se rapporte à une souveraineté qui semble sans cesse échapper à l'homme et lui échapper d'autant plus qu'il tente de la contrôler et de s'en assurer la maîtrise. Aussi l'ordre théologique a-t-il cherché à porter les mécanismes de la rature non pas seulement au niveau des pratiques, mais à l'échelle d'une théorie au cœur du système des lois, dont le voile est l'élément central parmi toute une organisation de soupçons, de contrôle, de confinement, de ravalement, qui entoure le sujet féminin d'un cercle opaque de méfiance morale hypersexualisée.

Cependant, des tentatives pour lever la rature ont existé à l'intérieur même de l'islam. Elles ont revêtu soit un caractère poétique, telle la période de l'*amour courtois* avec l'idéalisation de la Dame qui correspond à une désexualisation de la femme ; soit une dimension ésotérique et allégorique plus durable que la première, qui relève de l'expérience mystique où de nombreux soufis se reconnurent dans la posture d'être « la femme de Dieu », tels Ibn Arabî et Bistâmî [1].

C'est à un autre moment plus commun et plus populaire que nous allons à présent nous attarder, moment qui s'est incarné dans le récit des *Mille et Une Nuits*.

La parole, la jouissance, la mort

Notre hypothèse est double :

– les *Nuits* peuvent être lues, de bout en bout, comme le drame de la rature de la *jouissance Autre* de la femme et la tentative de lever cette rature.
– la scène inaugurale du récit, qui est aussi sa scène centrale convoquée de nuit en nuit, reprend d'une autre manière l'enjeu de la scène de la démonstration : un homme et une femme confrontés à la question de la *jouissance Autre* et du trouble de la raison lié à cette jouissance.

À partir de ces hypothèses, on peut lire la situation initiale des *Mille et Une Nuits* comme étant celle de la femme dont la *jouissance Autre* est déniée, autrement dit qui devient la femme mensongère, trompeuse, insatisfaite, dont la sexualité est anarchique au point de briser la raison de l'homme. Toute la question sera donc de savoir en quoi consiste exactement l'opération de levée de la rature et comment elle se rapproche de la scène de la démonstration.

Il était une fois une femme qui a rendu un homme fou et une autre qui le ramena à la raison. Réduites à ce simple énoncé, *Les Mille et Une Nuits* sont le récit d'une restitution, en un sens à double fond : le récit comme thérapie, et le récit qui rapporte la thérapie du récit. Ce double fond s'ouvre sur le drame d'un homme qui a été rendu fou par l'infidélité de sa femme, plus exactement par la vue de sa femme se donnant à un autre dans une scène d'orgie. Ainsi, ce que l'une défait par son sexe, l'autre le rend par

1. Cf. Abdelwahab Meddeb, « Épiphanie et jouissance », *Cahiers Intersignes*, n° 6-7, 1992.

la parole. Tel est le cheminement de cette histoire qui constitue une autre version de l'*entre-deux femmes* : entre la jouissance sexuelle de la femme qui déchaîne la sexualité meurtrière de l'homme et l'héroïsme de la parole qu'incarne la seconde. Le récit va ainsi de la débâcle au combat, il est tout à la fois dramatique et épique. Et Shéhérazade incarne cette figure de l'épos de la parole qui appelle la raison depuis la nuit où elle fut plongée par la jouissance dévastatrice.

Mais cette situation n'atteint son caractère extrême que parce que l'homme, devenu fou, est un roi blanc dont la reine se donne à un esclave noir. Ce n'est donc pas seulement le désordre engendré par l'infidélité qui est en jeu, mais le sans-fond du dérèglement de la jouissance du maître par rapport à l'esclave. Le conte prologue des *Mille et Une Nuits* ne nous montre-t-il pas, dans le langage le plus cru, la souveraine montée par le serf et le souverain humilié, sous l'emprise des instincts sexuels meurtriers, lui, le garant de la loi ? Les *Nuits* constituent bien un récit de la subversion de la *jouissance féminine* qui blesse l'homme en tant que maître, lorsque la maîtresse femme ne recule pas devant le recours à l'esclave pour sa propre jouissance et installe ainsi la folie au cœur de la souveraineté.

Mais quel motif y a-t-il donc à mettre en jeu la souveraineté face à la sexualité de la femme qui la défait, puis à lui donner les chances d'un sauvetage par l'*autre femme* ? Pourquoi cette insistance à voir la jouissance affrontée au verbe tomber dans les bras de l'amour ? Car les *Nuits* sont un piège d'amour, de l'amour de l'*autre femm*e quand la femme de l'Autre (la reine) a déclenché la haine meurtrière ; à condition de ne pas ramener cet amour à un sentiment ou à la croyance naïve selon laquelle il suffit de raconter quelque chose ou de parler pour que l'amour triomphe de la mort et jette sur l'abîme de la jouissance entrouvert le voile de la raison. Jamais la *parole seule* n'est venue à bout de quelque folie que ce soit. Il faut que la parole puisse se tenir et pour qu'elle le puisse, un site, un dispositif sont nécessaires, sinon elle échappe de partout, en pure perte. En somme, il s'agit d'identifier l'invention par laquelle la parole d'une femme diffère la mort. *Quelle* *est donc la machine d'amour des Nuits qui tente de venir à bout de la folie de la jouissance ?*

Il faut se confier ici au génie du récit. Pourquoi cette affirmation ? Parce qu'une longue tradition de commentateurs dénie aux *Nuits* une intelligence des questions abîmes, y voyant au contraire une œuvre de distraction, une collection de récits où l'Orient donne libre cours à sa fantaisie et à son érotisme si délectables. C'est en particulier le cas du conte appelé « prologue », dont nous venons d'indiquer le motif essentiel, qui fut souvent considéré comme un « prétexte » pour raconter, un procédé de conteur pour commencer le conte.

Cette longue tradition d'anecdotisme orientaliste a toutefois été interrompue, depuis quelques années, par des analyses qui ont entrepris de lire et d'interroger, sur le fond, le grand récit du monde arabe. Nous en citerons trois particulièrement significatifs. Le premier est *De la mille et troisième nuit* [1] d'Abdelkébir Khatibi, qui a marqué à cet égard un tournant ; il s'agit d'une lecture littéraire qui soutient subtilement l'articulation entre le récit, le désir et la mort. Elle fait pivoter l'ensemble de son interprétation autour de ce qu'elle décèle, dès le début, comme le principe de la série des *Nuits*, celui d'une contrainte absolue énoncée ainsi : « *Raconte une histoire ou je te tue.* » Son analyse a d'un seul coup enlevé ce texte à une longue période de glose sirupeuse et montré l'envergure de ses enjeux autour de la parole et de la mort. En poursuivant sur cette voie, nous ajouterons que la problématique du désir ne permet pas de penser à elle seule la folie et l'extrémité de la violence ; il nous semble nécessaire pour en rendre compte de faire ressortir la dimension de la jouissance, infiniment plus abyssale. Autrement dit, notre triptyque sera : *la parole, la mort, la jouissance*.

Par une autre approche anthropologique ouverte à la psychanalyse, Gilbert Grandguillaume analyse les *Nuits* à partir du conte prologue sous l'angle de la *jalousie,* avec ses deux versants, d'une part de la rivalité paternelle œdipienne, et d'autre part de la rivalité fraternelle passionnelle

---

1. Abdelkébir Khatibi, *De la mille et troisième nuit,* Paris, éd. Mazarine, 1979.

entre le personnage central du roi Schâhriyâr et son frère [1]. Cette lecture aborde, assurément de près, le drame de l'altérité et de la sexualité pour le sujet masculin, qui est l'enjeu central du récit. Là aussi des éclairages significatifs permettent de mieux apprécier l'importance des *Nuits* quant à la constitution par une culture d'un lieu d'imagination métapsychologique. Mais le déchiffrage œdipien, malgré sa pertinence, montre ses limites devant la composition *originaire* qui caractérise l'ouverture des *Nuits*, laquelle met en scène, selon notre hypothèse, une figure du *père archaïque de la horde*. C'est d'ailleurs à ce niveau que la question de la jouissance fait son entrée, c'est-à-dire au commencement du récit.

Le troisième texte est l'essai de Jamel Eddine Bencheikh, *Les Mille et Une Nuits ou la parole prisonnière* [2]. Son intérêt réside particulièrement dans les questions qu'il soulève à propos de ce conte « prologue », questions auxquelles il ne cherche pas nécessairement à répondre. J'en extrais les passages suivants : « Pourquoi une collection de Nuits aurait-elle besoin de cette fiction pour se constituer, et surtout pourquoi aurait-elle eu besoin de celle qui a été choisie ? [...] Les reines coupables n'ont même pas de nom. Rien ne vient expliquer comment il a pu se faire qu'elles se livrent à leurs esclaves en des jeux organisés qui ne pouvaient échapper aux regards. [...] C'est-à-dire que rien, encore une fois, ne vient nous dire pourquoi une reine se donne à un esclave. [...] Il y a véritablement dans tout cela matière à étonnement : le prologue des Nuits conclut abruptement un drame dont personne ne semble se soucier, et la conteuse [Shéhérazade] chargée d'obtenir la grâce du souverain bafoué s'empresse de lui raconter des histoires qui, en toute logique, ne peuvent que le confirmer

---

1. Gilbert Grandguillaume, « Jalousie et envie dans *Les Mille et Une Nuits* », *Che vuoi*, n° 6, 1997, p. 53-67. Cet article représente en fait la somme d'une réflexion à laquelle ont participé plusieurs chercheurs : Gilbert Grandguillaume et François Villa, « Les Mille et Une Nuits : la parole délivrée par le conte », *Psychanalystes*, n° 33, 1989. Ainsi que Jacqueline Guy-Heineman, « Les Nuits parlent aux hommes de leur destin », *Corps Écrit*, n° 31, 1989.
2. Jamel Eddine Bencheikh, *Les Mille et Une Nuits, ou la parole prisonnière*, Paris, Gallimard, 1988, p. 25-27.

dans son sentiment à l'égard des femmes [...]. Il n'y a pas de vision euphorique et simpliste du désir dans les *Nuits*. Le conte ne s'y met pas au service de l'amour. »

C'est bien juste : le conte n'est pas au service de l'amour, c'est l'inverse. Mais avant d'y venir et de voir comment cela est possible, reprenons la question de Jamel Eddine Bencheikh : « [...] pourquoi une reine se donne à un esclave ? » Pourquoi, en effet, *Les Mille et Une Nuits* ont-elles choisi de se donner comme commencement, comme cause du récit, ce scénario ?

Revenons à la scène : un roi part en voyage pour rendre visite à son frère. Il oublie le cadeau qu'il voulait lui apporter (c'est toujours l'oubli qui est la source d'une découverte ou d'un nouveau point de vue...) et revient sur ses pas ; c'est là qu'il trouve « son épouse étendue sur le lit royal enlacée à un esclave noir du service des cuisines [1] ». La réponse à la question est assez évidente : Les *Nuits* ont voulu que *ça commence* par la défaite du maître et que cette défaite ait pour cause le spectacle de la jouissance sexuelle de sa femme avec le dernier de ses serviteurs, celui qui est précisément supposé être privé de sa jouissance au regard du maître. *Donc, au commencement de l'histoire, il n'y a pas de maître de la jouissance.* Le rapprochement avec le récit de la paternité dans la Genèse s'impose, sauf que nous sommes ici devant un renversement : l'esclave ne vient pas à la place de la maîtresse, mais à la place du maître, et l'enjeu n'est pas le don de l'*enfant*, mais celui de l'*imaginaire et du texte*. Pour qu'il y ait ouverture de l'imaginaire, il faut ce *retrait* de la jouissance *toute* à celui qui est supposé posséder la souveraineté. *Il y a qu'il n'y a pas de jouissance absolue*. La possibilité des *mille nuits plus une*, c'est-à-dire de la durée indéterminée et du temps d'une histoire, commence quand *il y a*, non pas don de l'imaginaire, mais quand l'imaginaire met en scène la jouissance totale *comme impossible*. Pour que la vie vive, il faut une opération de l'imagination qui dit la possibilité de l'*impossible*. Il y a donc un imaginaire qui fait don de l'*impossible*. Si nous reprenons la for-

---

1. *Les Mille et Une Nuits*, trad. Jamel Eddine Bencheikh et André Miquel, Paris, Gallimard, 1988, p. 35.

mule « *il y a, il n'y a pas* », nous pouvons dire maintenant que le « *il y a* » doit nécessairement être imaginaire, imaginaire par lequel peut être posé le réel du retrait (*il n'y a pas*). Nous proposons donc d'appeler cet imaginaire : l'*imaginaire nécessaire*, pour le distinguer de l'imaginaire du contenu de la narration. L'imaginaire nécessaire est donc le texte hors de toute thématisation, comme tramage, tissage, entrelacement des signifiants. Que le retrait d'une part de la jouissance du maître laisse un vide où l'*imaginaire nécessaire* vient dire le retrait qui l'a rendu possible, ce n'est là qu'une autre version du père comme don de l'*impossible*. Or, le texte de l'*imaginaire nécessaire* se dit encore une fois du lieu du féminin. Nous retrouvons ainsi la structure originaire déjà approchée comme féminin divisé entre deux femmes, la femme de l'Autre (la reine) et l'*autre femme* (Shéhérazade).

Cependant, on peut objecter qu'il y a ici un entre-deux différent de celui du féminin, l'*entre-deux hommes* où la reine comme objet de jouissance est placée entre l'esclave et son maître. C'est bien vrai, cet *entre* là est celui à partir duquel s'enchaîne la narration de l'histoire, mais il ne donne lieu qu'à une lutte violente qui ne peut déboucher que sur la neutralisation de l'esclave négateur de la souveraineté, ou bien sur l'effondrement de la toute-puissance du maître. D'ailleurs, l'esclave n'a-t-il pas déjà renversé la chose sexuelle du maître pour en jouir ? On connaît la dialectique des rapports entre ces deux hommes décrite par Hegel, rapports dont l'espace relève du champ de bataille et non de l'espacement originaire du retrait, propre à l'*entre-deux femmes* comme condition de possibilité du don de l'*impossible*.

Ici aussi le récit semble disposer d'un savoir sur la temporalité psychique, sur la logique du trauma, de l'organisation narcissique et des relations passionnelles à l'autre dans tous ses états. Ce n'est pas le roi qui observe pour la première fois la scène de la tromperie qui devient fou et entreprend « d'épouser chaque nuit une femme vierge qu'il tue à l'aube ». Il faut une autre clause que le récit va faire intervenir dans la séquence suivante. En effet, après le choc de la scène sexuelle, le roi tue la reine et son amant, puis quitte son palais dans un état d'hébétude mélancolique, pour aller voir son frère, lui aussi roi d'un pays voisin. Il découvre alors que l'épouse de ce dernier se livre à des orgies comme la sienne. Il se sent soulagé de n'être pas seul à subir ce sort et se dégage de la mélancolie. Or, c'est le deuxième roi nommé Schâhriyâr qui va connaître un envahissement pulsionnel, après les révélations de son frère et la constatation de visu, en la présence de ce dernier, que sa femme le trompe au cours d'une orgie avec un esclave noir. Tout se passe donc comme si ce qui va arriver au roi devenu fou avait été anticipé chez son frère qui lui a raconté ce qu'il a vu avant lui. Cette anticipation, cette narration de l'autre qui a déjà vu à la place du moi (du sujet) est la signature du caractère spéculaire du drame passionnel. Pierre Fédida, dans un texte court et dense, en a saisi toute la portée à travers une première rencontre avec un analysant : « *Parler de jalousie, n'est-ce point toujours faire tenir le récit par le rival qui n'est autre que le double imaginaire persécuteur* [1] *?* », écrit-il. Le sujet est, en effet, dépossédé d'une histoire par l'autre, comme le rival l'a dépossédé de sa femme. Et c'est le vide créé par le narrateur (le double) qui persécute le moi, en le menaçant d'anéantissement, placé qu'il est devant un réel face auquel il n'a d'autre solution que de glisser dans la répétition de l'autre.

Mais avant le déchaînement meurtrier, les deux frères décideront d'aller errer ensemble de par le monde dans une quête éperdue de l'amour, avec l'espoir de comprendre ce qui leur arrive. Dans cette errance à deux, ils vont découvrir l'ampleur de la perversion féminine, d'où se formera le projet d'une vengeance sur les femmes que le second roi mettra à exécution à son retour dans son royaume.

Ainsi, avant d'en arriver à la violence sexuelle meurtrière, le récit intercale entre la scène traumatique et la folie, la répétition, l'écart qui fait redécouvrir après-coup au sujet une scène identique chez un autre qui est le même que soi. L'errance des deux frères ensemble ne sera donc

---

[1]. Pierre Fédida, « Le narrateur mis à mort par son récit », in *L'Absence, op. cit.*, p. 49.

que le temps de mûrir la haine à l'intérieur d'une *dualité narcissique* livrant toutes ses potentialités mortifères. Cette dimension du *double narcissique* est d'autant plus frappante que, lorsque la séquence a rempli sa fonction, le premier roi est rejeté à l'arrière-plan du récit, lequel devient l'histoire du seul roi Schâhriyâr auquel la jouissance féminine a fait perdre raison. Il y a bien un mécanisme de la jalousie à l'œuvre, repérable notamment dans la présence de ce *tiers-frère* lors du spectacle des rapports sexuels de l'épouse, mais cette jalousie ne s'exerce pas vis-à-vis de quelqu'un d'identifiable constitué en rival, puisque l'esclave a été tué avec la reine. Il s'agit d'une *jalousie pure* et inconsciente qui, une fois le moment de basculement atteint dans l'enceinte narcissique avec le double ou son image spéculaire, devient une privation absolue de jouissance, c'est-à-dire un vide de la chose, éminemment destructeur pour le sujet. Comme nous l'avons vu avec Roqayya, ce vide apparaît dès lors qu'il y a captation du phallus par une autre. Ici, on peut faire l'hypothèse que c'est la « phallicité » de l'homme lui-même (dans le désir de sa mère) qui s'effondre. Comme si le *noir* logeait désormais dans toute image aimée, la sienne comme celle de l'autre, et que chaque femme aimable lui *renvoyait* cette intolérable tache obscure sur son image, d'où il ne se voit plus aimant, mais annihilé par l'absence de regard. C'est ce *vide phallique* à l'endroit de son image que le roi essaie de combler ou d'effacer en épousant chaque nuit une femme qu'il tue à l'aube. La jouissance de l'esclave joue ici la fonction d'un *retrait phallique* insupportable parce qu'elle signifie la castration pour le maître.

La femme dont la jouissance est dévastatrice n'est autre que la figure de la femme sous rature. Elle a toutes les caractéristiques de la femme produite par le déni de la *jouissance Autre* : disponibilité illimitée pour recevoir les hommes, insatiable, trompeuse, déjouant tous les contrôles. Le meilleur exemple nous est donné dans le récit de la jeune fille et du démon. C'est la première rencontre édifiante que les deux frères feront lors de leur errance commune. Une jeune fille, prisonnière d'un démon, va les obliger, sous la menace de réveiller son époux démoniaque, à faire l'amour avec elle. Par la suite, elle leur montre quatre-vingt-dix-huit bagues de couleurs et de formes différentes enfilées dans un collier : « Savez-vous ce que sont ces bagues ? demanda-t-elle. Tous ceux qui les portaient ont couché avec moi, sous le nez et à la barbe de ce démon cornu. Donnez-moi vos anneaux à votre tour puisque vous m'avez baisée. » *De son propre aveu, cette femme déjoue tous les contrôles possibles* : « Ce démon m'a enlevée la nuit de mes noces. Il m'a enfermée dans ce coffret et a mis ce coffret dans un coffre qu'il a fermé à l'aide de sept serrures. Il a déposé le tout au fond de la mer venteuse dont les vagues se font houleuses : lorsque la femme veut quelque chose, nul ne peut la détourner. » Plus la contrainte est étroite, plus la jouissance vise l'impossible. Non seulement la femme apparaît ici toute-puissante et phallique – ne s'enfile-t-elle pas les hommes comme des bagues –, mais, de plus, l'impossible devient la visée de sa jouissance, là même où la réclusion est maximale. Le poème, que la jeune femme déclame ensuite, résume à lui seul toute la réduction de la *jouissance Autre* à la jouissance sexuelle phallique :

> « Jamais à femme ne te fie ! Jamais n'écoute ses serments.
> Qu'elle soit satisfaite ou furie, tout de son vagin dépend.
> Elle mime un amour menteur alors que traîtrise l'habille.
> Souviens-toi de Joseph pour te garder de ses ruses.
> C'est grâce à Ève que Satan du ciel fit expulser Adam. »

Tel un rêve, les *Nuits* présentent, de récit en récit, plusieurs visages, plusieurs éditions qui se complètent de cette même figure de la femme sous rature. On peut même dire que les *Nuits* sont une description clinique exhaustive de la souffrance du féminin raturé.

L'histoire la plus pathétique, celle dont la finesse confine justement à l'observation clinique, est l'histoire de ce roi dont la moitié inférieure du corps a été transformée en pierre par son épouse. Ce conte illustre deux autres traits de la femme raturée : sa capacité à déproprier le propre des êtres, puisque cette reine a transformé les sujets du royaume en poissons rouges, bleus et jaunes selon qu'ils sont musulmans, chrétiens ou juifs. Le second trait est relatif à l'horreur de la jouissance de la femme sous rature, puisque l'objet de sa passion est un Noir monstrueux qui la soumet à toutes sortes de traitements sadiques et dégradants. Le roi l'ayant à moitié tué, la reine va lui édifier à l'intérieur du palais un oratoire qu'elle appellera « *la chambre des afflictions* [1] ». Elle conservera ainsi, pendant des années, mort-vivant, le monstrueux objet de sa jouissance au vu et au su de son époux, le malheureux roi impuissant [2].

La levée de la rature

Si les *Nuits* se déroulent dans l'*entre-deux femmes*, c'est pour autant que Shéhérazade incarne cette *autre femme* qui va lever les effets de rature sur la jouissance de la *femme de l'Autre* (la femme idéale, la maîtresse), devenue perverse et traître aux yeux du maître. En ce sens, Shéhérazade ne traite le roi devenu fou que dans la mesure où elle traite la femme raturée en lui, cause de la folie qui atteint l'homme dans sa souveraineté. Déflorer des hymens et tuer des femmes, ces deux gestes ont ici une valeur de compulsion par laquelle l'homme, déchu de sa souveraineté, veut maîtriser son traumatisme, retrouver sa toute-puissance et contrôler absolument la jouissance de toute femme, en supprimant la possibilité qu'elle puisse jouir d'un autre après lui. *L'unique veut donc garder la première fois*. Seule la répétition des meurtres peut empêcher l'émergence de la différence. C'est là que le récit invente Shéhérazade pour différer la mort et sortir de cette scène originaire où Schâhriyâr incarne une figure *du père de la horde*, s'appropriant la jouissance de toutes les femmes, figure très proche de celle que Freud a pensée. Sauf qu'ici *Les Mille et Une Nuits* proposent un autre scénario de sortie de l'omnipotence du père originaire, à travers l'introduction

---

1. En arabe : *bayt al 'ahzân*.
2. Cette séquence correspond à ce que Jacques Lacan écrit à propos de la jouissance féminine : « S'il n'est pas de virilité que la castration ne consacre, c'est un amant châtré ou un homme mort (voir les deux en un) qui pour la femme se cache derrière le voile pour y appeler son adoration [...]. » « Pour un congrès sur la sexualité féminine », in *Écrits*, *op. cit.*

d'un *supplément imaginaire* par la parole dans le réel de la jouissance brutale.

L'homme est malade de la rature de la *jouissance féminine* : tel est en clair ce qui pourrait être une sorte de diagnostic que le conte ne cesse de dire et de redire, en répétant le même motif selon des angles différents. Les *Nuits* sont la redite, par la bouche de Shéhérazade, de cette situation dramatique de l'homme qui veut être maître et souverain de la jouissance de la femme. Mais l'homme a beau être roi, et l'époux un puissant démon, il ne peut confiner cette *jouissance* qui se soustrait à la toute-puissance, parce qu'elle trouve son foyer dans le défaut même de la jouissance absolue, dans « la joui-absence », comme l'écrivait Jacques Lacan, ou dans le *Rien* qui est la souveraineté selon Georges Bataille. Effrayée et dépitée, la femme lui paraîtra alors plus démoniaque que le démon. Il cherchera donc à mettre quelqu'un – un autre vaut mieux toujours que *Rien* –, puis tentera vainement d'effacer sa trace, au prix de la destruction de l'objet de sa passion. Cette maladie, la maladie de la jalousie du *Rien*, trouve son origine dans l'incapacité du sujet masculin à supporter l'*impossible de la jouissance Autre,* enfermé qu'il se trouve dans le désir phallique de la mère [1], que le conte met très souvent en scène. D'où la tentative de maîtriser l'impossible par le phallicisme. Solution classique du monothéisme si l'on se rappelle le coup de force de la Genèse faisant engendrer divinement un garçon par une femme de plus de soixante-dix ans.

Comment comprendre l'opération de Shéhérazade pour enlever la rature de la jouissance féminine et restaurer le défaut de la *jouissance absolue* (l'impossible) chez le Roi ? Certes, l'homme doit être soigné, mais c'est la rature de la femme qu'il faut lever. Il ne suffit pas de raconter quelque chose pour que la parole triomphe des forces de la folie et de la mort, avons-nous souligné plus avant. Nous suggérions aussi qu'un dispositif était nécessaire pour que

---

1. Selon une remarque judicieuse de René Major qui ajoute : « Dès lors le masculin serait à penser à partir du féminin. » « Le Non-lieu de la femme », préface au livre de Wladimir Granoff et François Perrier, *Le Désir et le féminin*, Paris, Aubier, 1991, p. 13.

la parole soit opérante. De quoi donc est faite la machine d'amour des *Nuits* ?

La psychanalyse nous apprend que, lorsque la folie règne *entre deux*, il faut nécessairement un *tiers* de raison pour que cessent les tourments. Dans la scène de *démonstration*, ils étaient en effet trois : l'homme, la femme et l'ange. Le soupçon de la folie venait du fait qu'il y avait un doute sur la nature du troisième : appartenait-il à l'ordre de la pulsion (le démon) ou à l'ordre du langage (l'ange) ? L'ange s'avère être le représentant de la parole de la loi. Mais, entre l'homme Schâhriâyr et Shéhérazade, qui faisait tiers ? Autrement dit, où est l'ange ?

L'ange est l'inévidence de l'évident. Dans les *Nuits*, il est convoqué très rapidement :

> « Le vizir, son père [le père de Shéhérazade], l'accompagna chez le roi qui fut fort satisfait. Lorsqu'il voulut consommer l'union, Shéhérazade se mit à pleurer. Il lui demanda ce qu'elle avait. "Sire, dit-elle, j'ai une jeune sœur à qui je voudrais faire mes adieux." Le roi la fit quérir. Dunyazade se présenta, se jeta au cou de sa sœur, puis alla se placer au pied du lit. Le roi se leva, défiora Shéhérazade. Après quoi, les époux s'assirent et se mirent à bavarder. Dunyazade dit alors : "Par Dieu, ma sœur, raconte-nous une histoire pour égayer notre veillée." *Ou bien, selon une autre version* : "Ma chère sœur, si vous ne dormez pas, je vous supplie, en attendant le jour qui paraîtra bientôt, de me raconter un des beaux contes que vous savez. – Bien volontiers et de tout cœur, répondit Shéhérazade." »

Dunyazade ne quittera plus le couple, puisque cette demande va recommencer chaque nuit, jusqu'à ce que la jeune sœur soit remplacée à la fin par l'enfant du couple.

Introduire la jeune sœur dans la chambre nuptiale ne relève pas de l'improvisation. Shéhérazade a préparé son dispositif. Le récit dit : « Elle prévient sa jeune sœur qu'une fois chez le roi, elle la fera mander : Lorsque tu arriveras, le roi me prendra. Tu me demanderas alors : ma sœur, raconte-nous donc une histoire merveilleuse. » Tel est l'artifice de Shéhérazade selon le récit : elle vient dans la chambre nuptiale avec le *tiers* !

Mais en quoi cette jeune sœur fait-elle *tiers* ? En ceci que, dans le lieu même où se déroulent la relation sexuelle et la violence de la défloration, Shéhérazade place d'emblée la *voix invoquante* qui est l'instanciation de l'écoute infantile, au plus proche du sexuel. Cette *ouïe* est une création de l'amour au service du récit et donc de la vie, puisque le récit ajourne la mort ou ajoure la nuit. L'onto-théologie reconnaît là le fondement de l'existence et de sa préservation. Ibn Arabî ne voit-il pas le premier amour divin dans le « sois » que l'homme saisirait à l'état fœtal par l'ouïe ? La Genèse n'indique-t-elle pas à propos d'Ismaël, perdu avec sa mère dans le désert, que « *Dieu a entendu la voix de l'enfant dans le lieu où il est* » ? Elle est aussi dans le nom d'Ismaël (Dieu-entend), comme si de cette instance de l'écoute infantile surgissait la possibilité de la transcendance du *tiers* qui donne le temps de vivre. On voit comment la psychanalyse récupère cet énoncé métaphysique, en traduisant sa topologie sur l'échelle immanente du désir, puisque l'écoute de l'inconscient est l'écoute de l'infantile comme dimension originelle du sujet du désir.

Dès lors, le piège d'amour ou le dispositif à différer la mort se met à fonctionner dans les *Nuits*, non plus sous la dictature de la pulsion sexuelle, mais entre *hymen et tympan*. Entre l'hymen, surface pénétrable de la femme qui se donne sexuellement à l'homme, et le tympan de la sœur, surface qui ne peut être effleurée que par les mots. Si nous considérons la sœur comme une figure du double ou de l'auxiliaire, Shéhérazade, loin de se confronter directement au Roi fou, aurait fait appel à l'autre d'elle-même impénétrable, pour figurer ce qui en la femme n'est pas prenable sexuellement, et cela dans le lieu où se déroule le rapport sexuel. C'est ainsi que Shéhérazade restitue la *jouissance Autre* de la femme, en entretenant toutes les nuits la part impénétrable d'elle. C'est elle-même, donc, qu'elle entretenait au moment où elle parlait à l'autre, jusqu'à ce que l'enfant de l'oreille (Duyazade) soit remplacée par l'enfant réel du couple, lequel n'est que le produit de l'amour qui, par la parole des nuits, fait venir la jouissance *entre hymen et tympan*, jusqu'au jour de la survie.

Si l'on se confie à l'intelligence du récit, ce ne sont donc pas les histoires délectables des *Mille et Une nuits* qui constituent le traitement de la folie du roi, mais le fait que la femme est devenue tout à la fois *pénétrable et impénétrable*, autrement dit qu'elle a retrouvé sa double surface qui accueille en elle l'homme mais le laisse devant la virginité infantile de l'entente de la parole. Tel est le dispositif prodigieux de la levée de la rature sur la femme que constitue le récit des *Mille et Une Nuits,* récit rassemblé par les mains anonymes du langage désirant affranchir les hommes de la tyrannie de la jouissance absolue ou de la *jouissance de l'Autre*, lorsqu'un homme prétend l'incarner.

L'analogie avec la scène de la démonstration se précise. Elle n'est pas tant entre le roi Schâhriyâr et le prophète, puisque celui-ci doute et croit à la femme, à laquelle il demande ce qui lui arrive. Par la suite, lorsqu'il recevra le premier fragment coranique, il se reconnaîtra dans sa nomination comme l'*orphelin,* c'est-à-dire celui qui est référé au père mort, d'où procède la jouissance donnant lieu à un texte endossé à Dieu, l'Absent. L'analogie est plutôt autour du discernement par la femme entre *la jouissance Autre* et *la jouissance de l'Autre*. L'une relève de l'*impossible* comme défaite de la jouissance totale et de sa maîtrise, tandis que la seconde est une jouissance qui prétend à l'absolu et à l'arraisonnement de l'impossible. La femme semble non seulement disposer d'un savoir qui différencie l'une de l'autre, mais elle se propose de rétablir à distance le partage et d'ouvrir à l'homme l'accès à la sainteté et à la santé. C'est là que Shéhérazade apparaît comme une rémanence de Khadija dans la scène de la *démonstration*, cette femme à qui l'islam reconnaît un rapport à la *jouissance Autre* qui délivre le prophète du soupçon de la folie. Shéhérazade serait une remémoration de la femme qui reçoit le salut de l'ange, de la femme d'avant la rature, dont le conte est la mémoire immémoriale.

Singulier texte que celui des *Nuits !* Il pose un problème, invente une femme pour le résoudre, laquelle invente un dispositif où un enfant en appelle à ce texte, lequel donne le temps à la femme de donner un enfant à celui qui est à l'origine du problème. En se déroulant, le texte s'est enroulé en quelque sorte autour du problème initial de la souffrance qui est la folie de l'homme omnipotent. Le texte fait de l'enfant le médium par lequel il a prise sur cette folie et en même temps son terme. L'enfant dans le texte est le moyen et la fin, le nœud de l'histoire et son dénouement. En un mot, les *Nuits* établissent une solidarité *infantile* entre le don du texte et le don du sexe.

Si l'exploration de quelques figures du destin de l'*autre femme* nous a amenés devant ce texte qui a une valeur de libération d'une contrainte extrême, que nous avons reconnue comme la *folie narcissique de l'homme devant la jouissance féminine*, notre tâche sera alors d'interroger les rapports entre le narcissisme masculin et le texte islamique.

Chapitre IV

DE LUI À LUI

Tout se passe comme dans le conte de Grimm Le Lièvre et le Hérisson : *« Je suis là* [1]. »

[1]. Ruse du hérisson qui prétend battre le lièvre à la course, mais installe secrètement au but sa hérissonne, indiscernable de lui pour le lièvre. Lui-même fait seulement semblant de courir et reste au point de départ. Qu'il aille dans un sens ou dans l'autre, le lièvre trouve toujours au bout du champ un hérisson qui crie : « Je suis là ! »

Martin Heidegger

« La Constitution onto-théo-logique de la métaphysique », trad. A. Préau, *Question 1*, Paris, Gallimard, 1968, p. 297.

1

Clinique des *Nuits* ou les tâches de Shéhérazade

Mise en scène d'une passion

« *Je vous supplie en attendant le jour* [...] » : de toutes les répétitions très nombreuses qui parsèment *Les Mille et Une Nuits*, c'est le rappel de cette supplication par la petite sœur de Shéhérazade, chaque nouvelle nuit dans la chambre conjugale, qui a le plus gêné le public des lecteurs français du XVIIIᵉ siècle, à tel point que le traducteur, Antoine Galland, introduira dans le tome trois de l'édition originale cet avertissement : « Le lecteur ne trouvera plus à chaque nuit : "Ma chère sœur si vous ne dormez pas, je vous supplie, en attendant le jour [...]", cette répétition a choqué plusieurs personnes d'esprit, on l'a retranchée pour s'accommoder à leur délicatesse [1]. » Dans le tome quinze, l'auteur en vient à prendre une décision plus radicale : « Les lecteurs des deux premiers volumes de ces contes ont été fatigués par l'interruption que Dunyasade apportait à leur lecture, on a remédié à ce défaut dans les volumes qui ont suivi [2]. »

Ainsi l'instance infantile de la demande du récit va devenir « une interruption fatigante » et l'*enfant prétexte* à conter sera retranché pour ne laisser subsister qu'un *saut de ligne*, comme si ce qui importait désormais le plus était le canevas séparé de ce que le récit s'est donné comme son

---

1. *Les Mille et Une Nuits*, trad. A. Galland, Paris, GF-Flammarion, 1965, t. 1, p. 225.
2. *Ibid.*, t. 2, p. 256.

événement, ce *pré-* du texte qui a fait de lui une parole qui interrompt la folie meurtrière du roi.

Qu'est-ce qui a amené les lecteurs à demander ce retranchement ? Est-ce l'insupportable présence de l'enfant dans cette scène *archi-primitive* qui conjoint l'observation du rapport sexuel parental et l'immémoriale violence d'une figure du *père de la horde* jouissant sexuellement de toutes les femmes, puis les tuant pour empêcher d'autres hommes d'y accéder ? Cette condensation des deux scénarios originaires freudiens (sur le plan individuel et sur celui de l'espèce) serait-elle d'autant plus insoutenable que l'enfant comme sujet y est représenté ? Ou bien est-ce le fait de la parole écrite qui rend superflue cette place de la *demande infantile*, parce qu'une autre économie de l'imaginaire vient à s'instaurer à partir de la technique de l'imprimerie et de l'édition ? Dans cette optique, l'*enfant prétexte* se réduirait à un blanc muet entre les lignes et dans les marges de la page. Ce nettoyage est-il significatif de l'écart entre deux civilisations, à travers la traduction de leurs champs imaginaires ?

« *Dunyazade se présenta, se jeta au cou de sa sœur, puis alla se placer au pied du lit. Le roi se leva, déflora Shéhérazade* [...]. » La séquence est assurément abrupte, comme si le récit voulait imposer sur-le-champ la présence de l'enfant, en tant que témoin et acteur par lequel s'effectue une mutation de la scène sexuelle vers la parole de l'imaginaire. La place que cette scène occupe ne saurait donc être effacée sans ruiner la fonction de *survie* du récit, face au déchaînement de la pulsion de mort sexualisée. De toute évidence, l'*enfant prétexte* constitue le pivot d'un dispositif thérapeutique, éthique et technique que le récit propose comme élément décisif pour engager le processus de *différement* de la mort. La structure de cette scène, les trois figures qui la composent, le problème qu'elle formule, bref l'ensemble de la configuration clinique des *Nuits* – et le terme « clinique » convient étymologiquement à ce qui se déroule ici au pied du lit – n'apparaît comme telle dans cette œuvre majeure de l'imaginaire arabe que dans la mesure où elle procède d'une inscription profonde de l'histoire, de la politique et de la société.

Autrement dit, si les *Nuits* sont à la fois une guérison et une libération de la figure monarchique du mâle dont la jouissance devient meurtrière, c'est pour autant que cette figure s'impose comme une menace de fond, menace qui requiert ce déploiement de l'imagination au pied du lit pour s'opposer à elle et s'en délivrer. Les *Nuits* porteraient ainsi les stigmates d'un *excès* de l'édifice islamique et de l'ordre façonné de son sujet, autour du *narcissisme masculin dans son rapport au désir de l'Autre*. On ajouterait, dans ce cas, à la relation que Gilles Deleuze établissait dans son dernier livre [1] entre « clinique et littérature », un troisième terme pour obtenir le jeu d'un triptyque : littérature, clinique et politique.

À cette hypothèse sur le narcissisme masculin dans l'édifice islamique, on pourrait objecter que ce problème est celui de la structure universelle du phallocentrisme de façon générale, et que les fictions de l'islam ne font que reproduire sur ce plan des éléments communs à l'ensemble de la tradition patriarcale du monothéisme. Cette objection que nous rencontrons souvent, souvent portée par un discours de conversion immédiate dans la conciliation universelle, mérite d'être discutée brièvement.

Il faudrait d'abord rappeler l'anecdote de Hegel, rapportée par Heidegger, lorsqu'il en vient à évoquer le problème ontothéologique de l'universalité de l'être : quelqu'un qui désire des fruits se rend chez un marchand pour s'en procurer ; on lui propose des pommes, des poires, des pêches, etc., mais l'acheteur s'entête à vouloir des « fruits ». Il ne peut se résigner à avoir chaque fois un fruit et constate qu'il n'y a pas de « fruits » à vendre. Heidegger commente ainsi ce cas : « *Il n'y a jamais d'être si ce n'est chaque fois marqué de telle empreinte à lui dispensée* [2] », et il ajoute en soulignant que ces figures de l'être ne sont pas rangées comme des pommes et des poires sur les étals historiques. Non seulement il y a *chaque fois* une empreinte différente, mais chaque fois la différence ne se dispense pas sans un effort pour la mani-

---

1. Gilles Deleuze, *Critique et clinique*, Paris, Minuit, 1993.
2. Heidegger, « La Constitution onto-théo-logique de la métaphysique », *op. cit.*, p. 301.

fester, par un dire, dans une langue qui lui rend et demande raison.

Reprenant une idée de Georges Devereux selon laquelle la différence entre les cultures relèverait du *pathologique* [1], nous l'inclinerons vers le sens essentiel d'un *discours des passions*. Comment, en effet, penser la culture comme une fondation en raison, si elle ne s'enlève pas sur un fond d'excès, de démesure ou d'anomalie, et comment imaginer un dire de cette fondation s'il ne dit pas en même temps une épreuve risquée avec la *déraison* qu'il veut surmonter ? La raison dans toute institution n'échappe pas à la *différance*, c'est-à-dire à l'exposition à la mort et à l'impossible qui la font trembler dans le mouvement même de son instauration.

En prise avec *les passions* qui ont marqué leurs émergences, les civilisations ne cessent de les machiner pour s'en déprendre et, ce faisant, d'y puiser les ressources de leurs inventions. À travers leur aspiration à guérir et à se libérer de leur anomalie fondatrice, c'est-à-dire à gagner l'immunité et le salut, elles produisent des œuvres mues par un puissant désir de sainteté qui est le désir de traverser leurs passions et leurs excès originaires, qu'elles gardent en même temps comme le foyer du propre de ce qu'elles sont. Elles traversent ou non, elles répètent le passage, elles ne cessent d'y revenir, de vénérer et d'exécrer le retour et le dépassement. Aussi ouvrent-elles ici et là des lieux pour donner à voir l'*ombre de ces passions* s'agiter et y puiser un approfondissement de leur possibilité.

La mise en scène de l'*ombre d'une passion,* telle que celle des *Nuits,* prend donc la valeur d'un acte, afin d'éprouver et de se dégager d'un type de démesure qui n'est, a priori, ni celui d'Hamlet ni celui d'Œdipe roi. Les scènes de la passion dans une culture indiquent toujours qu'il y a eu une mémorisation fondamentale coextensive de l'effet de la pulsion de mort, par laquelle quelque chose de mémorable a pu s'enregistrer à travers le texte comme réserve signifiante, psychiquement transmissible entre les

---

1. Georges Devereux, *Essais d'ethnopsychiatrie générale*, Paris, Gallimard, 1970. C'est tout l'objet de l'article « Normal et anormal ».

générations. On ne peut donc faire l'économie ni de l'approche spécifique de leurs motifs, ni de leurs forces plastiques, sans quoi la prise de l'homme dans le champ de l'inconscient, en tant que fait transindividuel, serait incompréhensible dans l'espace politique et historique où il vit. Il y a une *géographie des métapsychologies* à constituer, à partir des *logia* [1] passionnelles des peuples dans leurs idiomes. Ce serait alors la fin de l'époque des « ethnopsy » (ethnopsychiatrie, ethnopsychologie, etc.), fin vers l'horizon de laquelle nous nous tournons avec patience.

Que le trouble de *sa féminité originaire*, dont nous avons analysé quelques séquences importantes, empreigne d'une marque particulière la construction métapsychologique de l'islam, c'est ce que nous avons tenté de cerner jusqu'ici. Celle-ci paraît hantée par une contradiction paroxystique entre un féminin qui affole l'identité masculine et en même temps qui lui permet d'entendre raison, en assurant son ouverture au tout Autre. L'ampleur qu'a prise la mystique en islam, au regard des autres religions monothéistes, nous semble correspondre à la tentative de répondre à (de) cette contrainte, à laquelle est confronté le narcissisme masculin. Elle est l'aventure d'une recherche par le *féminin en soi* comme voie d'accès à cette essence de l'absence qui est le désir de l'Autre. Le soufisme a ouvert à l'expérience de soi un vaste désert où la jouissance phallique théologique épuise ses repères et rencontre l'exil langagier du manque en *Lui* (Dieu se nomme *Lui* : *huwa,* en islam), là où son institution rendait la femme coupable de ce manque, qu'elle traduit en un défaut fondamental de raison et de religion [2]. C'est un fait que le manque qu'introduit la jouissance féminine subvertit le rapport d'identité de *Lui à Lui* – Lui est Lui (*huwa huwa*)

---

1. J'emprunte cette expression à Heidegger dans ce même texte exceptionnel, déjà cité, qu'est « La Constitution onto-théo-logique de la métaphysique », où par *logia* il entend s'écarter de *la logique* du savoir des sciences, pour désigner un ensemble de rapports rationnels de fondation.
2. Je rappelle encore une fois le hadîth : « Les femmes manquent de raison et de religion. »

est la formule de l'identité absolue – sur lequel se calque le sujet masculin de la théologie [1].

Arrêtons-nous encore devant cette scène des *Nuits :* elle est notre meilleure introduction, tant par le problème qu'elle pose que par la solution qu'elle prescrit face à l'impasse du narcissisme masculin qui va nous occuper dans ce chapitre, à travers quelques séquences de l'interprétation islamique.

Le roi et son double

Pour l'un et l'autre roi, pour le roi et son double ou bien encore pour *le roi et le roi*, la découverte de la jouissance sexuelle de la reine avec un esclave a un effet de non-sens qui vient brutalement mettre une limite à la toute-puissance souveraine, provoquant une déperdition d'être dont témoignent la mélancolie et le choix de l'errance à deux dans le monde.

Le processus de l'aliénation qui mène à la folie est dès lors amorcé. D'évidence, il réside dans la relation duelle entre un « Moi et Moi » qui revient, du fait de la répétition à l'identique de la même histoire, à un « Toi c'est Moi ». Notons ici que les *Nuits* sont proches du repérage que Jacques Lacan a effectué autour de la question du « Vel de l'aliénation » à partir de Hegel [2], puisque le point de départ, que nous avons désigné comme *retrait de la jouissance absolue*, ouvre pour *le roi et le roi* une expérience du manque violente, dont les termes sont les positions du maître et de l'esclave. Mais peut-on parler véritablement d'une lutte dans ce cas ? Car le roi découvre soudain l'esclave à sa place et fait subitement le constat *qu'il peut manquer dans le désir de la reine*. En principe, là *où* il y a le roi, l'esclave ne devrait pas être ; or son éviction de ce lieu exclusif va ouvrir pour *le roi et le roi* une épreuve de destitution, une blessure irréparable de leur narcissisme de

---

1. Voir cette question dans le sous-chapitre : « L'Individualité en islam ».
2. Jacques Lacan, *Les Quatre Concepts fondamentaux de la psychanalyse*, Paris, Seuil, 1973, p. 185-208.

maîtres. En effet, quand bien même l'esclave a perdu la vie, il a gagné du côté de la chose, puisque non seulement le maître est délogé de sa place et confronté au manque dans le désir de l'Autre, mais, de plus, en tuant la reine, il supprime cet Autre qui est l'objet de son désir. Le maître se trouve donc précipité dans un processus d'*évidement* catastrophique.

Cependant, le vide ne cause pas la folie. Le récit le démontre bien, puisque devant la même situation il n'y a qu'un roi qui devient fou. Il faut une condition supplémentaire de dépossession liée au langage. Ce n'est pas le roi narrateur qui devient fou, mais le second qui est amené à voir par le récit (la vue) de l'autre, ce qu'il verra ensuite par lui-même. C'est là que se produit la captation spéculaire qui aliène le sujet, absorbé par le roi (le Moi) narrateur. Avant de constater que l'esclave lui enlève sa reine, c'est le semblable qui l'a dépossédé d'une parole sur ce qui n'a pas encore eu lieu, de sorte que, lorsque l'événement se produit devant lui, le Moi devient fou d'être ravi effectivement dans la répétition de l'autre. Le ressort de l'expérience fondamentale de la destruction des femmes, par la suite, réside en ce point, puisqu'elle est la réponse agressive à cette intrusion dépropriante du pair, qui vient avant celle de l'esclave. En épousant chaque nuit une femme vierge qu'il tue à l'aube, c'est la trace de l'autre (l'autre roi et l'autre esclave) qu'il veut effacer de l'objet de son désir. Mais dès que l'objet se constitue et qu'il y accède, c'est l'autre qui surgit à travers lui. Dès lors, il y a mise en œuvre d'un pur désir sans objet ou d'un désir dont l'objet serait le vide. C'est le fantasme de jouissance de ce que l'on pourrait appeler la *vierge éternelle*, c'est-à-dire la jouissance sexuelle de la pure destruction ou de la mort. La pulsion échoue sur les bords de cet *impossible*, d'où la répétition.

Le fantasme de la *vierge éternelle* est chez l'homme l'effet de l'agressivité de la relation imaginaire à l'autre homme, qui prend le tour extrême d'une tentative d'effacement de la trace de l'Autre dans la femme. Des auteurs musulmans l'ont illustré en imaginant ces femmes mythiques du paradis que l'on appelle *houris*, supposées récompenser les élus de Dieu. « Chaque fois que l'on couche avec une houri, écrit Suyûtî, on la trouve vierge. D'ailleurs la verge de l'élu ne se replie jamais. L'érection est éternelle [1]. » Derrière cette promesse paradisiaque se profile le fantasme originaire radical du *sexe phallique unique* qui abolit le manque qu'introduisent la différence de jouissance des sexes et leur altérité.

Il s'agit donc là du fantasme de jouissance absolue, qui aboutit à l'émergence de cette scène archi-originaire qui va en deçà de celle du *Père de la horde*, parce qu'elle comporte non pas seulement une appropriation de toutes les femmes mais une tentative de régression vers l'objet originaire de la pulsion sexuelle, celui dont la barrière de l'inceste a séparé le sujet, instaurant à sa place les substituts. « Or, écrit Freud, la psychanalyse nous apprend ceci : lorsque l'objet originaire d'une motion de désir s'est perdu à la suite d'un refoulement, il est fréquemment représenté par une série infinie d'objets substitutifs, dont aucun ne suffit pleinement. Voilà qui nous expliquerait l'inconstance dans le choix d'objet, la "faim d'excitation", qui caractérisent si fréquemment la vie amoureuse des adultes [2]. » Shâhriyâr est en fait le contraire de cela, une figure antinomique de celle de Don Juan ; il ne fuit pas l'horreur de l'objet originaire en augmentant la série par *une* de plus ; il veut plutôt diminuer la série par le meurtre : *chaque nuit, une de moins*. D'où sans doute le titre *Les Mille et Une Nuits*, qui signifie le rétablissement de la série, éloignant de l'unique et de l'originaire. De même, à l'inverse de Don Juan qui cherche à sauver son désir, il s'agit ici de quelque chose comme un *désir de la fin du désir*, puisque le but serait de retrouver un objet originaire non entamé par l'Autre. Le désir de n'avoir pas à désirer est une visée extrême du désir masculin, expression de la pulsion de mort qui veut posséder le *Tout* et le *Rien* de la femme. L'évidement de la série pour parvenir au premier terme fait éprouver l'effroyable imminence de la jouissance absolue, mais ne débouche que sur la destruction. C'est pourquoi

---

1. Cité par A. Bouhdiba, *La Sexualité en islam*, *op. cit.*, p. 96.
2. Sigmund Freud, « Sur le plus général des rabaissements de la vie amoureuse », *op. cit.*, p. 62.

nous voyons dans le conte prologue des *Nuits* une scène *archi-originaire*, au sens où ce désir d'abolir le désir rencontre l'impossible. Mais ne s'agit-il pas là du noyau fantasmatique de la figure du guerrier viril du désert, tel que nous le rencontrons par exemple dans la poésie arabe, qui a donné lieu dans sa forme la plus sublimée à ce que Nadia Tazi a appelé « une virilité aristocratique, courtoise, « stoïcienne » »[1] ? On pourrait alors désigner en quelques mots le dessein qui s'exprime dans l'extrémité de ce désir : *un désir qui vise le désert*[2].

Le fantasme de *la vierge éternelle* ou le furieux *désir du désert*, voici le point ultime de ce que nous pouvons atteindre de la question de la jouissance masculine dans les *Nuits*, à laquelle se confronte Shéhérazade.

On entrevoit en quoi consiste la tâche de Shéhérazade afin d'arrêter l'évidement destructeur : réinscrire *l'impossible* accès à l'objet originaire, en donnant contour au vide par le langage, en restituant la fonction écran de l'imaginaire.

L'histoire de Jawdar

L'un des exemples significatifs de la réinscription de l'impossible dans *Les Mille et Une Nuits* est l'histoire de Jawdar. Il s'agit d'un adolescent qui part à la recherche d'un trésor enfoui sous terre, guidé par un sorcier marocain. Le sorcier fait brûler des encens, récite des formules secrètes. Il parvient à assécher le fleuve ; or sous le fleuve se trouve, dans un gouffre, le trésor. Mais Jawdar doit ouvrir sept portes pour y accéder... Il doit ouvrir les six premières portes en récitant chaque fois une formule. Et chaque fois, à chaque porte, il doit subir sans broncher,

---

[1]. Nadia Tazi, « Le Désert perpétuel, visage de la virilité au Maghreb », *Cahiers Intersignes*, n° 11-12, « La virilité en islam », p. 27-57, 1998.
[2]. On pourrait également analyser, sous cet angle, la figure, certes non guerrière, de l'amour virginal (*'udrite*) qui a pris une place si considérable dans la poésie arabe.

avec courage, son propre meurtre. Il est assassiné et il ressuscite. Il ressuscite seulement s'il subit cette épreuve avec courage. Arrivé à la septième et dernière porte, le sorcier marocain lui dit : « Tu devras frapper à la porte. Ta mère sortira et te dira : "Bienvenue à toi mon fils, viens me saluer." Mais tu lui diras alors : "Reste éloignée et ôte tes vêtements". Elle te dira : "Mon fils, je suis ta mère. J'ai sur toi les droits que donnent l'allaitement et l'éducation. Comment veux-tu que je t'expose ma nudité ?" Tu répondras : "Enlève tous tes vêtements, sinon je te tue." Regarde alors à droite, tu trouveras un sabre accroché au mur, prends-le, dégaine-le et dis-lui : "Enlève tes vêtements." Elle cherchera encore à biaiser, à implorer, mais point de pitié. Chaque fois qu'elle enlève un vêtement, dis : "Il faut tout enlever." Menace-la de mort jusqu'à ce qu'elle ait ôté tous ses vêtements et apparaisse entièrement nue. Alors tu auras déchiffré les symboles, annulé les blocages et mis ta personne en sécurité. » Et le magicien de préciser : « N'aie pas peur, Jawdar, car ce n'est qu'un spectre sans âme. »

Assez clairement dit, ce dont Jawdar doit triompher n'est pas *sa mère* mais *le spectre* (*shabah*) de la mère. Alors que Jawdar parvient à traverser l'épreuve de sa propre mort, devant le spectre de sa mère il ne réussit pas du premier coup, il lui faut s'y reprendre à plusieurs reprises : « Jawdar parvenu devant sa mère ne put point lui imposer d'enlever l'ultime cache-sexe. Il était troublé par sa mère qui ne cessait en effet de répéter : "Mon fils, tu tournes mal ; mon fils, ton cœur est de pierre ; tu veux donc me déshonorer, mon fils ? Ne sais-tu point que c'est interdit (*harâm*) ?" Alors Jawdar, devant ce mot d'interdit, renonce à ce projet et de dire à sa mère : "Garde le cache-sexe." Radieuse, la mère de crier : "Tu t'es trompé, qu'on le batte." » Jawdar est battu presque à mort, il est jeté au bord du gouffre. Il doit s'y reprendre une deuxième fois avec le magicien, un an plus tard. Jawdar recommence les opérations magiques, et il réussit cette fois-ci à dévêtir entièrement sa propre mère. Une fois celle-ci complètement nue, elle se transforme en « un spectre sans âme ».

Affronter l'inceste le sabre à la main, voilà la formule du héros selon Shéhérazade, non pas simplement pour tuer la mère ou pour accomplir le matricide, comme on le dit souvent, mais pour conclure au bout d'un geste courageux que *l'inceste est impossible* [1], puisque le franchissement du seuil ne se résout pas tant dans la confrontation avec la nudité réelle de la mère qu'avec celle de son fantôme. La finalité du parcours initiatique apparaît dans un certain dévoilement du spectral par rapport au réel du manque, à travers lequel le sujet élabore le retrait de l'objet premier de son désir. *Il y a il n'y a pas* évoque tout à la fois ce retrait originel, et en même temps la subsistance d'un reste qui dure, nous faisant articuler : *Il y a* qu'*il n'y a pas,* en tant que don de ce qui se retire. *Il y a* prend donc la valeur d'un appel au revenant, que nous devons en même temps dissiper, comme si nous étions sans cesse incités à perdre ce que nous avons déjà perdu. Croire au spectre, c'est croire au *reste* qui soutient l'énonciation d'un *il y a*.

Si l'on suit les développements du livre passionnant de Jean-Joseph Goux *Œdipe philosophe* [2], où il montre comment la tragédie d'Œdipe peut être pensée comme un mythe qui constitue une anomalie par rapport à d'autres mythes ayant le même motif, et que cette anomalie est celle d'un sujet qui se soustrait au rituel initiatique du monde antique (d'où le renversement de la sphinge) et se trouve de ce fait conduit à la transgression radicale des lois humaines ; si, en parallèle avec ces analyses, on se rappelle le cadrage rigoureux donné par Philippe Lacoue-Labarthe dans « Œdipe comme figure [3] », qui cerne le fond métaphysique à partir duquel Freud va donner valeur de concept et de théorie au sujet autoréflexif moderne, recourant à cette anomalie dans l'ordre du *subjectum* de la tradition occidentale, on pourrait avancer l'hypothèse que l'illusion psychologique moderne a *été de dérober l'impossible derrière l'interdit*, impossible que la tradition a su bien garder jusqu'à un certain point par sa construction imaginaire, comme en témoigne le récit de Jawdar.

1. Cf. La discussion que j'ai eue sur ce conte avec Jean-Joseph Goux, Lucien Mélèse, Georg Garner, Philippe Réfabert, que je remercie pour leurs remarques, in *Les Travaux d'Œdipe*, Paris, L'Harmattan, 1997, p. 55-64.
2. Jean-Joseph Goux, *Œdipe philosophe*, Paris, Aubier, 1990.
3. Philippe Lacoue-Labarthe, « Œdipe comme figure », in *L'Imitation des modernes*, Paris, Galilée, 1986.

Tout en découvrant que l'Œdipe est le nom propre (européen) du sujet de l'inconscient, Freud n'a-t-il pas privilégié, dans son approche de l'inceste avec la mère, le registre de l'interdit, alors que, dès *L'Esquisse,* il a pensé l'irrémédiable perte de l'objet originel ? Le désir incestueux peut avoir lieu, il est même souhaitable qu'il existe et que l'interdit dise cette possibilité qui va s'avérer *impossible*. On voit bien comment, dans ce conte, Jawdar rate son passage dès lors qu'il se laisse prendre à l'invocation de l'interdit par sa mère (« Tu t'es trompé, qu'on le batte, dit-elle »). L'énoncé de l'interdit semble, dans cette situation, être complice de la tromperie du spectre. Plus exactement l'interdit peut faire croire que le spectral est réel, il ne tranche pas dans ce moment et dans cet état *spectréal* où le spectral et le réel sont indiscernables, parce que l'image investie d'affect ne porte pas d'indice de réalité, y compris dans son énoncé. Il faut donc que le sujet aille jusqu'au bout de son désir de passer le seuil et trouve le vide comme trésor, à l'instar de quelqu'un qui doit aller jusqu'à la fin de sa phrase pour rencontrer l'espace d'inexistence de l'objet vers lequel le *je* l'a précipité, et découvrir qu'*il reste à dire...* Le dire est du côté du *spectréal* comme tout le langage dont est tissé l'inconscient, mais c'est le reste, la trace, le « en attendant le jour » de Dunyazade qui placent le sujet devant le vide, l'inaccessible, l'horizon d'attente. Le « *reste à dire* » diffère la mort et nous introduit dans un rapport possible à l'impossible ou au réel. C'est ce que Francis Ponge a appelé l'« *impossible qui dure* » qui rend la vie si difficile, nous dit-il, mais, en même temps, ce par quoi « nous avons tout à dire... et nous ne pouvons rien dire ; voilà pourquoi nous recommençons chaque jour... [1] ».

Ouvrons une rapide parenthèse. Sommes-nous pour autant conviés à retrouver la garde de l'*impossible* que la tradition avait montée pour le bénéfice de son sujet ? Nous savons l'inanité des tentatives de ravaudage. Le mouvement islamiste nous a montré où mène l'illusion des res-

---

1. Francis Ponge, *Méthodes*, Paris, Gallimard, « Folio », 1961, p. 164-165.

taurations. Les impasses de l'imaginaire de la tradition devant les recompositions dictées par la science sont patentes. Par exemple, certaines versions du conte de Jawdar ne s'arrêtent pas à la dissipation du spectre maternel, mais font accéder le sujet à un trésor au-delà du vide, ce qui rétablit l'imaginaire de la fécondité phallique et fait de l'impossible un simple passage pour accéder à la plénitude. C'est le coup de la Genèse avec l'engendrement d'Isaac, et non son adoption. On ne peut souscrire à ce mirage de *happy end*, bien que le processus de ces textes soit si proche de ce que nous comprenons aujourd'hui du rapport du sujet à la loi. Maintenir l'enjeu de l'*impossible* comme arrêt, comme transcendance du vide pour le sujet moderne est une tâche essentielle, mais très difficile, notamment à cause de la façon dont la technique et la gestion se sont emparées du *spectréal*. Mais la littérature, l'art contemporain, la psychanalyse tentent de reprendre une haute garde et d'ouvrir les clairières nécessaires, à condition qu'ils ne soient pas cantonnés dans les réserves muséales ou les temples de la consommation. À nous d'inventer des dispositifs de passage vivants pour les sujets, à partir de là. J'ajouterai que la question du *spectréal* est un point fondamental dans la problématique du devenir psychanalyste.

La seconde tâche de Shéhérazade

Si nous essayons maintenant d'examiner la seconde tâche de Shéhérazade, à côté de celle de l'inscription de l'impossible accès à l'objet originaire, nous devons nous demander en quoi l'*enfant prétexte* constitue une fonction structurale de *bord* dans la scène archi-primitive des *Nuits*.

On pourrait, dans un premier temps, rappeler l'interprétation classique qui fait apparaître l'enfant comme un tiers terme (qui en appelle à lui en l'occurrence), soit le phallus en tant que signifiant universel qui limite la jouissance entre les sexes, en l'amenant par la parole du côté du manque et du désir. Son irruption dans la scène, dès la défloration et sa supplication répétée, ne laissent pas de doute sur cette fonction d'interruption (qui a tant gêné les lecteurs du XVIIIe siècle). On remarquera alors aussitôt que ce phallus est référé au père de la narratrice et que Shéhérazade vient avec sa sœur, soit l'enfant de son père. C'est un coup magistral du récit qui consiste, à l'égard d'un homme qui ne supporte pas la trace de l'Autre dans l'objet de son désir, de lui imposer d'emblée la situation de n'être qu'un substitut. On se souvient, en effet, de la remarque de Freud dans son article sur le tabou de la virginité : « L'époux n'est pour ainsi dire toujours qu'un substitut, ce n'est jamais l'homme véritable, c'est un autre qui a marqué le premier la capacité amoureuse de la femme et dans les cas typiques, cet autre, c'est le père, lui n'est tout au plus que le second [1]. » La narratrice a donc pris de l'avance, elle est la vierge qui signifie qu'elle est déjà entamée depuis toujours par le désir du père et que le roi arrive en retard, même si l'hymen est intact. L'*enfant prétexte* signifie donc que l'origine originaire n'existe pas. On pourrait suivre ici Hegel, en disant que, de façon générale, par l'*enfant, l'origine se supprime* [2].

Prétexte : *cause supposée, raison apparente dont on se sert pour cacher le motif réel d'un dessein, d'une action*, dit Émile Littré. On ne peut mieux dire le simulacre de la narratrice, par lequel le texte pivote sur lui-même et s'envoie par l'enfant la supplication, l'espérance mise en lui pour attendre le jour. Le *pré-texte* n'est donc pas un hors-texte, mais son espacement interne qui est marge, réserve, *fabrique du pré-*, selon le titre d'un recueil de Francis Ponge, à travers un jeu de séparation et de retournement sur soi. L'enfant est l'écart en soi du texte par lequel il se dit à lui-même : *viens*. Le texte s'invite par lui au pied du lit. Shéhérazade ne dit pas au roi : « Écoutez-moi Sire, je vais vous raconter une histoire » ou bien « Voulez-vous Sire que je vous raconte une histoire ? » Elle ne demande pas elle-même pour elle-même. Elle ne se place pas dans une interlocution de faveur entre « je et tu »,

---

1. S. Freud, *op. cit.*, p. 75.
2. Plus exactement, la phrase que cite Jean Hyppolite est la suivante : « Les parents sont pour l'enfant : *"Der sich aufhebende Ursprung"* l'origine qui se supprime ». G.W.F. Hegel, *Phénoménologie de l'esprit*, trad. Jean Hyppolite, Paris, Aubier, 1941, t. 2, p. 24.

« toi et moi ». Elle choisit cet enfant très proche d'elle et de son identité sexuelle pour solliciter l'ouverture d'une *autre scène* dans la *scène archi-primitive*. L'enfant sert donc à faire parler un autre, à introduire la parole d'un Autre par la voie de l'imaginaire. La narratrice invente ainsi la troisième personne. La *supplication* est ce point de basculement de l'appel adressé à l'Autre, à son intercession, à sa suppléance devant l'enjeu de vie et de mort. Il faudrait garder en vue ce rapport étroit entre *supplier et suppléer*, car il y va de l'événement d'un pli nécessaire (*supplicare*, c'est proprement plier sur les genoux) qui permet d'introduire le supplément imaginaire au cœur du réel sexuel.

De même, Shéhérazade ne demande pas non plus l'arrêt du massacre des femmes, elle raconte et ce qu'elle raconte vient en avant pour dissimuler le véritable motif : sauvegarder la vie, la sienne et du même coup celle des autres femmes. Cette disposition n'est pas factuelle dans *la mise* de la scène. L'enfant et l'imaginaire se placent au-devant par rapport à un enjeu de *fond* qui est la restitution de la raison pour garder la vie. En ce sens, le *prétexte* introduit un écart, un jeu entre deux plans. Le *jeu* dont il s'agit n'est pas le conte lui-même mais la possibilité de *fabuler*, en tant que demande infantile tenant lieu de *cause supposée* ou de paravent derrière lequel l'imaginaire peut jouer comme un enfant.

C'est ce pli entre le devant et l'arrière qui permet de créer les conditions d'une *ambiguïté* fondamentale, semblable à celle dont parle Freud dans *La Gradiva de Jensen*[1], où il montre comment, pour guérir Norbert, il fallait que le discours acquière un double sens. Le premier sens suit le délire afin de gagner sa confiance et de pénétrer sa pensée, tandis que le second interprète le délire selon le langage de la vérité inconsciente. On se souvient de l'étonnement de Jamel Edddine Bencheikh à ce sujet : « La conteuse [*Shéhérazade*] chargée d'obtenir la grâce du souverain bafoué s'empresse de lui raconter des histoires qui, en toute logique, ne peuvent que le confirmer dans son sentiment à

---

1. Sigmund Freud, *Le Délire et les rêves dans la Gradiva de W. Jensen* (1907), trad. P. Arhex et R.-M. Zeitlin, Paris, Gallimard, NRF, 1986, p. 233 et ss.

l'égard des femmes. » L'ambiguïté donne donc la possibilité de la *double entente* comme jeu. Et pendant que l'enfant écoute une histoire, l'imaginaire joue là où la jouissance dévastatrice se déchaîne pour lui faire entendre raison.

La notion de *jeu* doit être accentuée dramatiquement ici, puisqu'il s'agit du risque de la vie. On se rappelle, en effet, que Shéhérazade se porte volontaire, contre l'avis de son père, non pas pour affronter la folie du Roi par la ruse féminine comme on l'a dit, mais pour installer le *jeu* dans les parages de la mort et *dis-traire* le maître de son attrait. Dès lors, dire de ce jeu qu'il est « play » et non « game » n'est pas suffisant, si nous ne soulignons pas aussitôt qu'il s'agit d'un *jeu de dissimulation aux lisières de la mort*. Or, un tel jeu de la parole et de l'imaginaire avec le sexe et la mort ne peut être que le grand *Jeu* que nous appelons du nom d'*Inconscient*.

Cela implique que l'inconscient soit dissimulé dans la scène dite « primitive » ou « originaire », sans quoi la « primitivité » ou l'« originarité » aurait tout emporté, jusqu'à la possibilité de la scène même. L'inconscient est ce qui a vu et entendu pour nous depuis la nuit des temps où régnait le maître de la jouissance absolue qui donne la mort, et veut garder la virginité sans la trace de l'Autre.

Dès qu'il y a histoire, récit ou mythe, cela suppose le dérobement, le simulacre, le jeu. Bref, chaque fois que la *survie* donne à voir et à dire sa trame, l'inconscient était déjà *là* dans le tramage du sauf de la vie. *Il y a* toujours déjà l'inconscient *là*. Plus précisément, l'inconscient est le « *là* » du « *y* » entre « *il* » et « *a* ». « Y » disjoint le rapport d'appropriation transitif dans « il a », ce qui veut dire que par son intercession « y » marque que dans « il y a », « *il* » n'a pas. Absolument pas. Le « y » est une séparation qui précède la négation, séparation qui vient sous le mode de la *dis-traction*. La distraction est l'ouverture du lieu de l'inconscient. Une ouverture qui précède l'affirmation et la négation. L'inconscient ne saurait alors être le point de vue d'un spectateur extérieur à la scène, il se trouve au-dedans comme condition de possibilité de son ouverture en tant que scène. Il l'ouvre de l'intérieur par un *supplément imaginaire infantile*, là où régnait la brutalité meurtrière de la jouissance absolue. Nous proposons ainsi de radicaliser la position théorique exprimée par Jean Laplanche et Jean-Baptiste Pontalis dans *Fantasme originaire, fantasmes des origines, origines du fantasme*. Ce n'est pas seulement le sujet qui est dans le fantasme originaire, c'est l'inconscient comme jeu qui ouvre la possibilité de « la scénité » et de « l'originarité » où vient trouver abri le sujet [1]. En somme, le meurtre du Père imaginaire de la horde ne peut avoir été commis que par des moyens purement imaginaires : la narratrice a tué le père par le simulacre de *l'enfant prétexte* qui a porté le coup de la distraction, au cours de laquelle se produisit l'immunisation temporaire de la vie par la fable. Et si nous reprenions la formule d'Abdelkébir Khatibi qui résume la contrainte dans laquelle le terrible roi a mis Shéhérazade : « Raconte une histoire ou je te tue », on pourrait dire, alors, que Shéhérazade a répondu : « Je te tue en te racontant une histoire. » C'est un fait peu remarqué, mais le roi dans *Les Mille et Une Nuits* ne dit mot, dès que la narratrice a parlé. Il fait le mort dans un tombeau imaginaire.

L'axe Shéhérazade, Schâhriyâr

La scène des *Nuits* est donc le lieu où se rencontrent d'une manière axiale la problématique du refoulement de la féminité avec tous ses avatars et les impasses du narcissisme masculin dans ses effets violents sur son autre du même sexe. Axiale veut dire qu'elle indique une orientation dans les rapports d'altérité, où la confrontation de l'homme à l'autre homme (et au double) va être l'enjeu de la constitution d'une *référence* pour l'identité masculine et son inscription généalogique, sous le mode de la perforation et de la performance [2].

---

1. J. Laplanche et J.-B. Pontalis, *Fantasme originaire, fantasmes des origines, origines du fantasme* (1964), Paris, Hachette, 1985.
2. Cf. Le récent travail en psychanalyse de Monique Schneider, *Généalogie du masculin*, Paris, Aubier, 2000, qui croise bien des aspects de cette élaboration. Ce livre parvient trop tard pour que je puisse en tirer profit pour la présente recherche.

Il semble que les inventions spirituelles du monothéisme se soient constituées, dans une large mesure, pour résoudre les problèmes de la destructivité du sujet masculin, dans ses rapports narcissiques de disjonction-conjonction avec l'*Autre originaire,* et de captation par l'image du semblable. Le trouble commence dès qu'il y a *deux hommes ensemble* ou dans une relation généalogique interne. Apparaissent alors les différents scénarios de la violence : le sacrifice (le père et le fils), le meurtre du semblable (les frères), l'extermination (l'enfant et le génocidaire), les déclinaisons de l'individualité (un, deux, un), la communauté (le fondateur et son héritier).

Dans ce qui va suivre, nous allons approcher la façon dont l'islam, héritier des fictions monothéistes qui l'ont précédé, a traité quelques figures fondamentales du rapport *entre-deux hommes.* Bien évidemment, les situations ici présentées n'épuisent pas toutes les possibilités ; ce ne sont que des cas de figure de la manifestation de l'*impossible* auquel l'*imaginaire nécessaire* cherche à donner acte d'inscription et à proposer *des détours*, parfois désespérément.

2

Le sacrifice et l'interprétation

Le sacrifice dans le monothéisme se veut être une interprétation et une solution au problème de la violence. Il s'institue à partir d'une séquence particulière qui se trame à l'intérieur de la configuration de la famille patriarcale, entre le père et le fils. Cette configuration est, en effet, hantée par la question de l'intrication du père et du fils, de leur entremêlement imaginaire à un point tel que leur existence, leur devenir, leur salut viennent à se poser en termes de meurtre de l'un ou de l'autre.

Le monothéisme a voulu faire de la symbolisation de cette violence son fondement ; il l'a élevée à la dignité d'un modèle pour la résolution de la violence de façon générale. Il s'agit donc de l'élection d'une scène dramatique où se joue le spectacle du meurtre du fils par le père ou du consentement du père au meurtre du fils.

Sachant que d'autres traditions non monothéistes mettent en avant l'inverse, à savoir le meurtre du père par le fils, le choix de l'une ou de l'autre des versions modifie l'interprétation de la violence, de son processus et de sa résolution, et notamment sur un point précis : l'origine du désir meurtrier, chez le père ou chez le fils.

Le monothéisme biblique, bien que choisissant le sacrifice du fils, n'opte pas pour autant pour une localisation simple du désir sacrificiel du côté du père. Le père est, en effet, le sujet de Dieu, exécutant sa volonté dans une mise à l'épreuve terrible : celle de l'exigence du Plus Haut de détruire le plus cher, ou bien le désir de l'Un de détruire l'unique. Le désir sacrificiel est donc localisé chez l'Autre, l'Autre par la grâce duquel s'opère la substitution qui n'est que la récompense de la soumission absolue du père.

Si le judaïsme et l'islam semblent s'accorder pour présenter une solution où le désir sacrificiel ne se réalise pas, mais trouve le moyen d'une substitution, la solution chrétienne opte radicalement, comme on le sait, pour l'effectuation réelle de la mise à mort du fils.

L'islam, qui est dans la position historique de connaître la solution judaïque et la solution chrétienne, refusera l'accomplissement du désir sacrificiel du fils, puisque le Coran soutiendra à propos de Jésus : « Ils ne l'ont pas tué, ni crucifié, cela leur est seulement apparu ainsi » (S. IV, 157), mettant ainsi quelqu'un d'autre (un sosie) à la place du Christ, ce qui rétablit la substitution [1].

Si l'islam restaure la solution biblique de la substitution, il lui apporte certaines modifications sur quelques points importants ; c'est ce qui nous permet de parler d'une version ou d'une *interprétation coranique du sacrifice du fils*.

Cette interprétation s'inscrit dans une vaste conjoncture où le sacrifice d'Abraham apparaît comme l'une des articulations généalogiques majeures du texte coranique avec le monothéisme biblique. La scansion rituelle, commémorant chaque année, lors de la fête de l'Aïd, le geste d'Abraham par l'immolation d'un mouton est à cet égard cruciale, puisqu'elle réactualise le récit de la substitution sacrificielle et lui donne corps. Chaque année, chaque père de famille, en refaisant le geste supposé, procède à une subjectivation de l'acte initial. Cela coïncide avec la fin du pèlerinage à La Mecque. Il n'y a pas de pensée possible du sujet en islam sans prise en compte de cette théâtralité domestique du sacrifice.

La réactualisation dans l'espace familial du geste d'Abraham, nous allons le voir, est présente dès l'émergence de la version islamique du sacrifice du fils.

---

1. Il semble que, sur ce point, le Coran reprenne à son propre compte la version de l'une des communautés judéo-chrétiennes arabes de l'époque de la révélation, qui soutenait la thèse de la substitution par quelqu'un qui ressemblait à Jésus. L'Évangile apocryphe de Barnabé reprend cette idée en mettant Judas à la place de Jésus.

Le récit coranique du sacrifice

Partons d'abord du récit coranique. Il commence par cette invocation d'Abraham : « Seigneur, accorde-moi un fils parmi les saints », et se poursuit ainsi [1] :

> « Nous lui annonçâmes un fils longanime.
> Quand l'enfant eut atteint l'âge d'aller avec son père,
> celui-ci dit : "Mon cher fils, je me vois en songe, en train de t'immoler. Considère ce que tu en penses.
> – Mon cher père, répondit-il, fais ce qui t'est ordonné.
> Tu me trouveras, s'il plaît à Dieu, parmi les patients."
> Après que tous deux se furent soumis et qu'il eut placé l'enfant front contre terre,
> Nous lui criâmes : "Ô Abraham ! tu as cru en ton rêve !
> En vérité, c'est là la preuve évidente."
> C'est ainsi que nous récompensons ceux qui font le bien.
> Nous avons racheté son fils par un sacrifice solennel
> et nous perpétuâmes son souvenir dans la postérité.
> Paix sur Abraham.
> Ils sont parmi nos serviteurs.
> Nous lui avons annoncé une bonne nouvelle :
> la naissance d'Isaac, un prophète parmi les justes. »

Ce passage appelle une série de commentaires :

« *Mon cher fils, je me vois en songe, en train de t'immoler.* » Cette phrase mise dans la bouche d'Abraham indique que, dans la version coranique, Dieu ne demande ni n'ordonne directement à Abraham d'immoler son fils. Le désir sacrificiel est localisé dans le rêve. Abraham rêve et accomplit dans le rêve le désir d'immoler son fils. Au réveil, encore sous l'effet de sa vision (le *Coran* met bien le verbe « voir » au présent), il veut mettre à exécution ce qu'il s'est vu faire dans son rêve. À l'évidence, l'interprétation du sacrifice est située dans un autre registre, dès lors que c'est dans le rêve du père (Abraham) que le désir meurtrier du fils surgit, et non point selon un ordre de Dieu.

---

1. Le passage de référence est la Sourate XXXVII, versets 101-112. Il s'agit ici de notre traduction du Coran, qui s'est inspirée à la fois de la traduction de Régis Blachère, Paris, Maisonneuve & Larose, 1980 ; et de celle de Denise Masson, Paris, Gallimard, « Folio », 1967, t. 2, p. 553-554.

« *Considère ce que tu en penses.* » En arabe, les deux verbes qui se suivent : *'undhur* (regarde) *mâ tarâ* (ce que tu vois), devraient être traduits par : *regarde voir*, au sens de : « Quel est ton avis ? » Ce qui signifie qu'Abraham demande à son fils un point de vue sur son rêve, comme si, plutôt que de chercher à imposer son acte ou à obtenir un simple assentiment, Abraham demandait à son fils de conférer une signification à ce rêve. D'ailleurs, ce verbe « regarder » a donné en arabe la notion de « théorie » (*nadhariat*), comme l'origine du *théôria* grec.

« *Mon cher père,* répondit-il, *fais ce qui t'est ordonné.* » C'est donc le fils qui considère que son père a reçu un ordre.

« *Ô Abraham ! tu as cru en ton rêve !* » Cette phrase est stupéfiante. Dieu renvoie Abraham à la croyance en son rêve, et non à une exigence qu'il lui aurait imposée.

« *Nous lui avons annoncé une bonne nouvelle : la naissance d'Isaac, un prophète parmi les justes.* » Certains commentateurs musulmans déduisent de ce passage que le fils dont il s'agit dans le sacrifice est Ismaël, puisque la naissance d'Issac est annoncée à la fin de l'acte et qu'Ismaël est l'aîné des fils d'Abraham. En fait, il n'y a pas de position tranchée et claire dans le Coran sur la question de savoir lequel des fils, Issac ou Ismaël, est l'enjeu du sacrifice. Les commentateurs trouvent dans ce même passage des arguments en faveur de l'une ou l'autre position. Ainsi certains d'entre eux s'arrêtent-ils à la phrase du début : « Nous lui annonçâmes un fils longanime », en disant que le Coran ne parle d'annonce que pour Isaac : « Nous lui avons annoncé Issac, excellent prophète [1] » et dans un autre passage : « Nous avons annoncé à Sara Isaac, et après Isaac, Jacob [2]. » Il y a annonce pour Issac, puisque c'est lui qui vient par des voies miraculeuses. De fait, toute une tradition maintient l'indécision quant au choix entre les deux fils.

Ceux qui optent pour Ismaël s'autorisent d'une parole du prophète Muhammad dans un *hadîth* qui dit : « Je suis le descendant de deux victimes » (ou de deux personnes

---

1. Coran, XXXVII, 112.
2. Coran, XI, 74.

qui ont failli être sacrifiées). Les commentateurs, tel que Tabarî, précisent que les deux victimes sont Ismaël, ancêtre des Arabes, et Abdallah, le père du prophète Muhammad.

Cela nous permet de nous reporter à une autre séquence du récit islamique du sacrifice qui concerne cette fois la généalogie du prophète Muhammad et sa famille et que nous n'avons fait qu'évoquer rapidement au chapitre III.

L'historiographie traditionnelle rapporte qu'à l'époque préislamique le grand-père du prophète aimait dormir dans *La Kaaba*, à la Mecque (lieu déjà sacré à l'époque) dans un endroit nommé *hijr* (terme qui signifie pierre, giron, orbite) où l'on sacrifiait aux idoles. C'est à cet endroit qu'il fit plusieurs rêves au cours desquels une silhouette fantomatique lui ordonnait de déterrer un trésor enfoui.

Il creusa, semble-t-il, assez longtemps pour s'exposer à l'hostilité des membres de la tribu qui considéraient cet acte comme sacrilège. Le grand-père du prophète finit par faire surgir de l'eau à cet endroit, qui est, selon le récit de l'islam, la source d'eau que Dieu a fait jaillir sous le talon d'Ismaël pour le sauver de la mort en compagnie de sa mère. C'est dans ces parages qu'il édifia avec son père le temple et la future cité islamiques.

Les chroniqueurs musulmans disent qu'au moment où le grand-père du prophète s'exposait à l'hostilité de sa tribu en creusant un trou dans le lieu sacré, n'ayant avec lui qu'un fils pour faire face, il fit le vœu de sacrifier l'un de ses enfants s'il parvenait à en avoir dix. C'est donc au moment où il découvre le lieu biblique de l'enfant sauvé que ce père fait le vœu de tuer un fils, comme si la question du *lieu* comportait l'enjeu sacrificiel du fils. Il est important de souligner également que c'est en rêve que le grand-père du prophète reçoit l'ordre de redécouvrir *le lieu* des Agaréens (des Arabes selon la nomination des anciens) et de rouvrir leur source. Gardons à l'esprit cette antinomie de l'enfant et de la source que nous avons relevée précédemment dans la phrase de Hegel.

Des années plus tard, lorsque le grand-père du prophète eut effectivement dix enfants, ce vœu commença à le hanter, au point qu'il se décida à le mettre à exécution. Selon les mêmes sources, son choix se porta sur le dernier,

Abdallah, son préféré. Au moment où il menait le fils élu vers le lieu du sacrifice (l'orbite), des membres de la tribu ameutés par les femmes – mères, sœurs et tantes – s'interposèrent. Devant l'hostilité générale, il dut se résoudre à le racheter et à offrir en expiation un sacrifice animal. Les scrupules du grand-père furent si grands qu'il opta pour un mode de fixation du prix du rachat fondé sur le hasard. Il dut payer une rançon très élevée de cent chameaux qui furent offerts en sacrifice.

C'est ainsi que le récit islamique s'établit par une réactualisation de l'enjeu sacrificiel du fils, à l'intérieur de la généalogie de Muhammad. Cette réactualisation s'effectue à travers le rêve où surgit le désir de rouvrir le lieu. Creuser le lieu et sacrifier le fils semblent donc se conjuguer dans le rêve paternel.

Du désir de sacrifier

Il revient au grand mystique andalou Ibn Arabî (XIIe siècle) d'avoir donné à cette conjecture sur le rapport entre le rêve et le sacrifice en islam la plus belle interprétation, en l'inscrivant dans sa théorie de *sa dignité l'imagination*, ou de *la présence imaginative* (hadrat al-khayâl) traduite par Henry Corbin par l'expression : l'*imagination créatrice*.

Partant de la réponse : « Ô mon père, fais ce qui t'a été ordonné », Ibn Arabî a ployé toute la question du sacrifice à l'enjeu de l'interprétation du rêve ; il écrit :

> « Or l'enfant est l'essence de son générateur. Lorsque Abraham vit dans un songe qu'il immolait son fils, il se vit en fait se sacrifier lui-même. Et quand il racheta son fils par l'immolation du bélier, il vit la réalité, qui s'était manifestée sous la forme humaine, se manifester sous l'aspect du bélier. C'est donc ainsi que l'essence du générateur se manifesta sous la forme de l'enfant, ou plus exactement sous le rapport de l'enfant [1]. »

---

1. « De la sagesse sainte dans le verbe d'Enoch », *op. cit.,* p. 70.

Ainsi, l'objet de la privation que subit le père dans son essence, par l'intermédiaire du fils, est l'enfant. Certes, l'interprétation d'Ibn Arabî s'inscrit dans une longue tradition du soufisme qui considère que le « grand sacrifice » est le sacrifice de Soi. Le Soi étant le « nafs » qui est la psyché, laquelle est la part animale et mortelle de l'âme dont la représentation est l'agneau paisible du sacrifice, puisque c'est ainsi que le gnostique se laisse mener à l'extinction dans le divin.

Mais l'originalité d'Ibn Arabî tient au développement, dans son *Gemme* sur Isaac, de l'une des théories les plus élaborées et les plus subtiles sur l'interprétation du rêve du désir de tuer l'enfant dans le père, et le passage de l'acte dans l'imagination vers le réel :

« Sache qu'Abraham, l'ami de Dieu, dit à son fils : "En vérité, j'ai vu dans un songe que je t'immolais." Or le songe relève de la présence imaginative qu'Abraham n'a pas interprétée. C'était en fait un bélier qui apparut en songe sous la forme du fils d'Abraham. Aussi Dieu racheta-t-il l'enfant du fantasme (*wahm*) d'Abraham, par la grande immolation du bélier, ce qui était l'interprétation divine du songe, dont Abraham n'a pas été conscient (*lâ yach'ur*) [1]. »

Il n'y a dans cette traduction aucune tentative de tirer Ibn Arabî vers notre époque. Chaque terme, chaque idée fait partie de l'ensemble théorique de cet auteur sur « sa dignité l'imagination » ou sur « la présence imaginative » ; non pas la présence à l'imagination, mais la présence de l'imagination comme essence de l'absence qui est le désir de l'Autre. Dans sa théorie, Ibn Arabî distingue deux pôles imaginaires. Il y a d'une part un imaginaire lié à la condition singulière du sujet : « Tout homme crée par fantasme (*wahm*), dans sa faculté imaginative, ce qui n'a pas d'existence en dehors d'elle. C'est là une chose commune », écrit-il dans le même *Gemme*. Il y a d'autre part un imaginaire inconditionné : « Mais le gnostique crée par l'imagination spirituelle (*himma*) ce qui a une existence en dehors de cette faculté », précise-t-il. Les termes de cette division sont appelés : imagination conjointe au sujet (*kahyâl mut-*

[1]. Ibn Arabî, *op. cit.*, p. 87-88.

tasil) et imagination disjointe du sujet (*khayâl munfasil*). Cette dernière recouvre, à mon sens, ce que nous avons appelé l'imaginaire nécessaire qui n'imaginarise pas *l'impossible*, mais l'indexe comme retrait, comme reste à dire, tel que le *Il y a*.

Il ressort du précédent passage, selon Ibn Arabî, qu'Abraham n'a pas pu ou su interpréter le fantasme de son rêve : « sacrifier son fils ». Il est resté « non-conscient » (*bi lâ chu'ûr*) du véritable objet du désir de sacrifier. C'était en fait *l'enfant qu'il est* qu'il devait sacrifier, et non son fils. Dès lors, la scène de l'immolation du bélier serait un rattrapage dans le réel (par Dieu) de ce qui, exprimé dans l'imagination, n'a pas trouvé les moyens de sa transposition dans la forme appropriée. Quelle est donc la forme appropriée et d'où viennent les moyens de la transposition ?

Ibn Arabî explique : « La manifestation des formes dans la présence imaginative (épiphanie) nécessite une autre science pour comprendre ce que Dieu a voulu par telle forme [...]. Quand Dieu interpella Abraham : "Ô Abraham, tu as cru au rêve" (XXXVII, 104-105), il ne lui a pas dit qu'il a cru que le rêve d'immoler son fils est vrai, car Abraham n'a pas interprété le rêve, il l'a appréhendé au niveau manifeste, or le rêve demande interprétation [...]. Interpréter signifie transposer la forme perçue vers un autre ordre. Si Dieu louait Abraham d'avoir cru vrai ce qui est manifeste, il aurait fallu qu'il eût immolé réellement son enfant. Or, auprès de Dieu, il s'agissait du *grand sacrifice à travers la forme du fils*, et non de l'immolation du fils. L'enfant fut donc racheté à cause de ce qui était dans l'esprit d'Abraham et non dans l'ordre divin [1]. »

Autrement dit, Ibn Arabî nous donne à penser que la substitution sacrificielle du bélier palliait un défaut d'interprétation chez Abraham qui aurait cru à la littéralité des images du rêve. *La substitution sacrificielle est un rattrapage in extremis d'une faute d'interprétation qui serait devenue un infanticide.* Le sacrifice ferait donc office d'interprétation. C'était le sacrifice de l'enfant dans le père

---

1. Ibn Arabî, *ibid.*

qui était visé à travers le fils, plus exactement par la forme du sacrifice du fils et non par le meurtre du fils.

Mais si le sacrifice vient à la place d'une interprétation manquante, en se substituant à elle, il y aurait une équivalence entre l'interprétation et le sacrifice. Si tel était le cas, le sacrifice dans le rêve serait le rêve d'accomplissement du désir d'interpréter. Et le sacrifice serait le désir d'interpréter incarné dans le réel. L'enjeu d'un tel désir d'interpréter, comme nous venons de le voir, est de tuer l'enfant dans le père. Or le désir de tuer l'enfant dans le père, c'est le désir du fils de devenir père ou, si l'on veut, le devenir père d'Abraham qui était en impasse.

C'est ainsi qu'Ibn Arabî, cet homme du Moyen Âge islamique, a su tirer les ultimes conséquences de la conjecture du sacrifice en islam, à savoir que le sacrifice est un défaut d'interprétation du rêve du père ou du désir du père. Il y a chez Ibn Arabî, qui est un contemporain d'Averroès, une tentative dont témoigne toute son œuvre de dégager la spiritualité du monothéisme islamique du Dieu obscur qui réclame la livrée de chair et exige, pour calmer la culpabilité des pères, le sang des fils. Il renvoie donc Abraham à son désir de l'Autre, à l'enfant imaginaire, c'est-à-dire à un dieu gisant dans sa non-conscience. On voit bien pourquoi les islamistes interdirent ses livres et les brûlèrent, en les considérant comme une œuvre d'apostat.

Le fils comme privation

Dans *Les Colligés*, Al-Kafaoui (XVIIe siècle) écrit :

« Il est nécessaire de mentionner le fils pour définir le père, car il est impossible de se représenter le père en tant que père, sans se représenter le fils, comme lorsqu'on dit que l'aveuglement est la privation de voir. Il est en effet nécessaire de mentionner l'aveuglement pour parler de la vue, bien que l'un provienne de la quiddité de l'autre, comme le fils provient de la quiddité du père [1]. »

---

1. Al-Kafaoui (Abî Al-Bakâ), *Al-Kulliyât* (XVIIe siècle), Damas, 1981, t. 1, p. 15.

Le père serait donc une essence que l'on ne peut déterminer que par une privation qu'elle engendre. À suivre l'auteur, Œdipe aveugle serait enfin devenu le fils de Laïos. Mais il est peu probable qu'Al-Kafaoui ait lu les tragédies grecques, lesquelles, à la différence du legs philosophique et scientifique, ne furent pas traduites par les Arabes. La reprise de l'héritage monothéiste juif et chrétien par les penseurs de l'islam, l'interprétation poussée des grands mythes bibliques avec l'optique de la double explication que l'on trouve chez de nombreux auteurs (explication d'un fait par le divin qui doit repasser à travers une explication par des lois purement humaines, sans que l'une abolisse l'autre) a sans doute permis des élaborations subtiles sur les fondements du psychisme humain.

Le fils comme l'effet d'une privation au cœur d'une essence qui l'a engendré et sans laquelle cette essence ne pourrait être déterminée, autrement dit qui resterait en souffrance, est une formulation qui énonce l'enjeu princeps de l'une des figures de l'infantile en islam, à travers la question du sacrifice. Ne sommes-nous pas au plus près de cette phrase déjà mentionnée de Hegel : « Les parents sont pour l'enfant l'origine qui se supprime » ?

3

L'enfant peuple

Moïse dans le Coran

L'histoire de Moïse est sans doute le plus long et le plus riche des récits coraniques. Son nom est sans conteste le plus cité dans le livre sacré de l'islam. Il s'agit d'une suite de faits prodigieux relevés dans quatre cents versets, répartis sur vingt-sept sourates, qui reprend les épisodes bibliques en y ajoutant d'autres développements. Les commentateurs amplifieront la geste de Moïse et le distingueront par le titre d'« *interlocuteur de Dieu* » (kalîm Allah), en s'appuyant sur l'épisode où Moïse parle avec Dieu et reçoit directement de lui la Loi. De tels privilèges se doublent d'un fait unique : le Coran donne à la Loi de Moïse le nom de « *furqân* » (Différence), qui est l'un des grands noms du Coran même. Déjà, au début de la révélation islamique, la tradition mentionne qu'un moine chrétien, Waraqa, avait comparé les manifestations prophétiques de Muhammad au « nomos » reçu par Moïse.

L'importance de Moïse, comparable à aucune autre dans le texte islamique, explique pourquoi, lorsqu'en mai 1939 parut dans le célèbre quotidien égyptien *Al-Aharam* une information de son correspondant à Londres sur le livre de Freud *L'Homme Moïse et la religion monothéiste*, il y eut de nombreuses protestations et des réponses venant du milieu universitaire pour contester la construction de Freud autour de l'origine égyptienne de Moïse. L'un de ces universitaires égyptiens écrivit : « Le professeur

Freud est le seul à se distinguer parmi les savants et les historiens par cette thèse étrange et marginale. Les livres d'histoire et les livres révélés soutiennent la croyance, depuis des milliers d'années, selon laquelle Moïse était juif de père et d'ancêtre, quand bien même il fut élevé dans le palais d'Égypte. Il s'est soulevé avec son frère Aron pour défendre ses frères juifs contre le Pharaon, puis prit leur tête pour les sortir d'Égypte [1]. »

Toutes les réactions parues dans *Al-Ahram* vont dans ce sens, avec citations coraniques et bibliques à l'appui ; ce qui témoigne qu'on était loin d'adhérer à l'esprit antisémite de déjudaïsation dont faisaient preuve, en Europe, de nombreux travaux prétendument scientifiques de l'époque. C'est que l'attachement en islam, chez les savants autant que dans le milieu populaire, à la figure épique et héroïque d'un Moïse enfant du peuple, sauveur de son peuple, parfois à l'encontre même de ce peuple soumis à la tyrannie pharaonique, était très grand et revêtait un enjeu crucial.

Les livres populaires de cette littérature, qu'on appelle « jaune » à cause de la couleur de son papier, privilégient manifestement cet aspect de la geste mosaïque. Ainsi en est-il des ouvrages sur l'interprétation des rêves, tels ceux d'Ibn Sirîn ou de Nâbulsî (XVIIe siècle). La vue de Moïse dans le rêve est essentiellement interprétée comme l'indication d'une prochaine délivrance du tyran et/ou le signe d'une épreuve de séparation de l'enfant de sa famille. D'autres thèmes sont certes présents (les troubles de la parole, la traversée de la mer), mais ceux de l'enfant et du héros sont nettement privilégiés [2].

De très nombreux contes reprennent certaines séquences de l'histoire de Moïse : une famille modeste abandonne un enfant menacé à une famille royale, l'enfant finit par s'emparer du pouvoir en délivrant les siens de l'oppression et de la destruction. Cette figure de l'enfant passant d'une famille à l'autre, d'une mère à une autre

1. Cité par Annajar Abdelwahab, *Qasas al-anbiyâ'* (Les Récits des prophètes), Dar al-ìlm, Le Caire, s. d., 156-157.
2. Nâbulsî Abdelganî, *Ta`tîr al-anâm fî ta`bîr al-ahlâm* (Le Parfum des créatures dans l'interprétation des rêves), Gde librairie commerciale, Beyrouth, s. d., p. 218.

(entre mère et nourrice) est insistante ; elle devient un élément narratif de base dans les récits d'insurrection qui relatent le sauvetage d'un individu, d'un groupe ou d'un peuple de l'anéantissement et la perpétuation de sa mémoire, en l'occurrence la mémoire spirituelle du monothéisme ; comme si la mémoire dépendait, pour sa survie, de la famille à laquelle on n'appartient pas, pis, de la famille qui menace la sienne.

L'historiographe arabe Tabarî (IXe siècle) rapporte l'histoire de Moïse en rappelant que les Juifs ont failli être anéantis par le Pharaon, à la suite d'un songe interprété par les astrologues comme l'annonce de sa destitution par un enfant d'Israël : « Or, tandis que le Pharaon tuait un grand nombre d'enfants des Israélites, les Israélites eux-mêmes étaient frappés de mort. Les Égyptiens allèrent trouver Pharaon et lui dirent : tous ceux des Israélites qui sont hommes faits périssent et tous les enfants qui leur naissent sont mis à mort. Dans peu d'années, les enfants d'Israël seront tous détruits et les ouvrages pénibles qu'ils font, nous serons obligés de les faire, et cela sera dur pour nous [1]. »

Selon Tabarî, le Pharaon va répondre à cette requête en suspendant le massacre pendant un an, période au cours de laquelle Moïse sera conçu, puis jeté sur le Nil pour le sauver des massacres qui ont repris.

Ainsi, dans la tragédie de l'anéantissement imminent, l'émergence de la figure de l'enfant sauveur ne serait pas due à un sursaut du peuple trop accablé et trop soumis, mais à une discontinuité au cœur du mal. Double discontinuité : celle de l'interruption momentanée du massacre et celle qui passe par le personnage féminin dans la famille du Pharaon (Asiya est la femme du Pharaon selon la tradition islamique) qui recueille l'enfant et le protège. Donc, pas de mal absolu, sans quoi le récit tragique lui-même (la mémoire) serait impossible. Et l'enfant qui sauve viendrait de cette impossibilité du mal absolu, comme possibilité d'où se lève le sauf de l'être, d'un peuple.

---

1. Tabarî, *Extrait de la chronique : de la création à David*, trad. H. Zotenberg, Paris, Sindbad, 1984, p. 250.

Asiya, l'autre femme, la femme du terrible tyran (ou sa sœur, selon le récit de l'Exode), en recrutant la mère de Moïse comme nourrice, sépare le maternel en deux positions : la procréatrice et la nourricière. Cette disjonction grâce à la sœur comme moyen terme [1] fut salutaire pour l'enfant.

Une somme de vies

Mais le texte le plus beau et le plus profond qui nous vienne de l'islam à propos de Moïse est encore une fois celui du grand soufi Ibn Arabî (XIIe siècle). Dans *Les Gemmes de la sagesse*, il ouvre le gemme consacré au « verbe sublime de Moïse » en écrivant : « Selon sa signification spirituelle, le meurtre des enfants mâles eut lieu pour que la vie de chaque enfant tué dans cette intention affluât à Moïse ; car ce fut en supposant qu'il était Moïse que chacun de ces enfants fut tué ; or il n'y a pas d'ignorance dans l'ordre cosmique, de sorte que la vie, c'est-à-dire l'esprit vital de chacune de ces victimes, dut nécessairement revenir à Moïse. C'était de la vie pure, primordiale, n'ayant pas été souillée par des instincts égoïstes. Moïse était donc, de par sa constitution psychique, la somme des vies de ceux qui avaient été tués dans l'intention de le détruire. Dès lors, tout ce qui était préfiguré dans la prédisposition psychique de chaque enfant tué se retrouvait en Moïse, ce qui représente une faveur divine que personne avant lui n'avait reçue [2]. »

À l'évidence, Ibn Arabî interprète la figure de Moïse du côté non pas seulement de l'enfant, mais en y voyant une

---

1. Selon le Coran, la sœur de Moïse suit et surveille le déplacement sur le Nil de l'arche de Moïse, ensuite suggère à la femme du Pharaon de prendre la mère de Moïse comme nourrice. « [la mère de Moïse] dit à la sœur [de Moïse] : Suis-le. Celle-ci se tenait à l'écart pour l'observer et personne ne s'en aperçut » (XX, 39). « [...] [sa sœur] dit : puis-je vous indiquer une famille qui, pour vous, se chargera de lui et lui sera dévouée ? »
2. Ibn Arabî, *Les Gemmes de la sagesse* (fuçûs al-hikam), trad. sous le titre « La Sagesse des prophètes » par T. Burckhardt, Paris, Albin Michel, 1974, p. 163. Notre traduction est légèrement différente.

sommation, c'est-à-dire comme communauté des enfants tués, pour faire d'elle, en lui, le lieu de rassemblement de l'*infantile supplicié*. Ce serait là que résident le principe d'élection et la puissance insurrectionnelle qui sauve le peuple de l'anéantissement. L'infantile est cette potentialité mémorielle des enfants morts, autrement dit la puissance de ce qui est demeuré sans mémoire, trouvant en Moïse un pouvoir de fondation.

Voici comment Ibn Arabî explique, quelques paragraphes plus loin, la puissance de la potentialité infantile : « [...] car l'enfant agit dans l'adulte. Ne vois-tu pas comme le petit enfant agit spécifiquement dans l'adulte, de sorte qu'il abandonne sa position pour jouer et babiller avec lui et lui paraître à travers son intelligence enfantine ? C'est que l'adulte est inconsciemment (*bi-lâ chu`ûr* = sans conscience) sous la domination de l'enfant. Il s'occupe de lui, l'éduque, le protège, l'humanise, afin qu'il n'éprouve point d'angoisse. Tout cela est dû à l'action de l'enfant dans l'adulte, à cause de la puissance du site (*maqâm*) de l'enfant ; car l'enfant est dans un rapport plus actuel avec son Dieu, étant donné sa formation récente, tandis que l'adulte s'en est éloigné [1]. »

Ainsi, selon Ibn Arabî, Moïse est, par un côté, à lui tout seul le peuple des enfants tués de son peuple, rassemblés en une puissance insurrectionnelle ; puissance qui, en tant que potentialité infantile, a d'un autre côté un lien d'attachement actuel au divin. Bref, Moïse est l'enfant qui joint le dieu et le peuple, il est un lieu de médiation de la parole, d'un bord à l'autre.

Voici comment Ibn Arabî conclut le gemme de Moïse : « La sagesse de l'apparition de Dieu sous la forme du feu [épisode du buisson ardent d'où Dieu parla à Moïse] réside en ceci que, Moïse étant à la recherche du feu, Dieu lui apparut dans l'objet de son désir [de sa demande] ; car si Dieu s'était révélé à lui sous une forme autre que ce qu'il désirait, il s'en serait détourné à cause de sa fixation sur un objet particulier et Dieu à son tour se serait éloigné de lui. Mais Moïse était élu et proche de Dieu. Or si Dieu rapproche quelqu'un de lui, il se révèle à lui dans l'objet de

---

[1]. *Op. cit.,* notre traduction.

son désir [de sa demande], sans qu'il le sache. » À sa manière, Ibn Arabî nous dit que le désir est désir de l'Autre.

Ce n'est là ni la première ni la dernière fois que la théorie de l'imagination chez Ibn Arabî fraye, sur le site mystique qui était le sien, une voie d'intelligibilité des processus psychiques qui rappelle parfois celle de la psychanalyse sur un autre site. Mais ce qui est remarquable ici, c'est de voir Ibn Arabî frôler, à propos de Moïse, une pensée de l'infantile à résonances freudiennes. À croire que la figure de Moïse, à des époques si éloignées, sur des sites de savoir et de civilisation différents, offre à celui qui l'interroge, à celui qui lui demande le secret de sa constitution transhistorique, la même réponse : l'*infantile indestructible* comme désir de l'Autre, comme puissance hétérogène d'insurrection contre le tyran.

Est-ce un hasard si nous rencontrons, ici encore, le motif de l'introduction de l'enfant par la femme dans la demeure du tyran, comme manœuvre de survie ? Moïse chez Pharaon, comme Dunyazade chez Shâhriyâr, c'est l'installation de l'infantile au cœur du péril. En prolongeant Ibn Arabî dans sa méditation sur la figure de Moïse, on peut préciser la différence entre l'inconscient comme réservoir de fantasme et l'inconscient comme fonction de l'imaginaire nécessaire, soit comme puissance ou potentialité infantile. L'imaginaire nécessaire est une fracture de l'impossible qui instaure l'impossible comme impossible.

Reste que la surrection mosaïque a été nourrie, nous dit Ibn Arabî, par la dévastation de vies à leurs racines, nous plaçant ainsi devant l'énigme d'une création à partir de la pulsion de mort [1].

Mais pourquoi donc revient-il au masculin d'incarner cette potentialité de mort pour détruire l'autre homme qui figure la destruction ? Mort contre mort ? Lui contre Lui ? Cette performance, sommes-nous à la veille de sa déconstruction ?

---

1. Je renvoie ici à la réflexion de René Major, *Au commencement La vie la mort*, Paris, Galilée, 1999.

4

Le meurtre fraternel

Je voudrais reprendre ici les éléments d'une réflexion ininterrompue sur le meurtre d'Abel par Caïn tel qu'il est mentionné dans le Coran et dans la tradition islamique. Ce drame initial du premier meurtre a souvent été pour moi un objet de méditation, tant le meurtre fraternel reste à mes yeux insuffisamment pensé, parce que sans doute le plus difficilement symbolisable.

Le Coran reconnaît, dans la Sourate V [1], le meurtre d'Abel par Caïn comme le meurtre fondateur de la violence humaine. Il met les deux frères dans une situation de dialogue où la violence et la parole sont engagées autour de l'enjeu de la loi et de la responsabilité, d'une manière qui nous permet d'approcher l'*acte meurtrier* comme un événement décisif procédant d'une étrange structure d'*altercation*.

Le récit du meurtre

« *Raconte-leur selon la vérité, l'histoire des deux fils d'Adam.* » Abel et Caïn ne seront jamais appelés par leur nom. Ils sont anonymement désignés comme les deux fils d'Adam, deux fils et deux frères, l'un ou l'autre.

« *Ils offrirent chacun une oblation, celle de l'un fut acceptée, celle de l'autre fut refusée.* » Les commentateurs

---

[1]. Je me réfère ici à la traduction du Coran de Régis Blachère, Paris, G.P. Maisonneuve & Larose, 1980, S. V, 27-32.

musulmans disent que cette oblation a pour origine un conflit : au début de l'humanité, Ève accouchait systématiquement de jumeaux, un garçon et une fille. Abel et Caïn sont les deux premiers garçons nés chacun avec une sœur jumelle. Adam a décidé de donner en mariage à Abel la sœur de Caïn, et à Caïn la sœur d'Abel. Il s'agit donc de l'instauration d'un principe minimal d'exogamie, d'un interdit élémentaire de l'inceste, fondé sur la séparation de l'unité androgyne [1]. Or, selon ces commentateurs, Caïn refuse l'échange et veut garder sa sœur. Mais Abel tient à faire respecter la loi paternelle. Adam leur propose de se départager par une oblation auprès de Dieu. Celle d'Abel est acceptée, celle de Caïn refusée. Abel a présenté un agneau, Caïn de l'herbe. Sur ces entrefaites, Adam est appelé par Dieu en pèlerinage à la Mecque (déjà !). C'est en son absence que le meurtre sera commis. Le père Adam appelé à la maison de Dieu peut signifier qu'il est mort.

Le texte se poursuit ainsi : « Il dit : je te tuerai. Il lui répondit : Dieu n'accepte que les offrandes des pieux. Assurément si tu portes la main sur moi pour me tuer, je ne porterai pas la main sur toi pour te tuer ; je crains Dieu le Seigneur des mondes. » Dans ce dialogue, l'un des deux signifie à l'autre qu'il veut le tuer, or l'autre répond : tu peux me tuer, je ne ferai rien pour m'y opposer.

Dans la suite, c'est le supposé Abel qui parle : « Je veux que tu confesses (que tu avoues) ton crime contre moi, que tu supportes mon péché et le tien, que tu sois parmi les hôtes du feu. » Ce qui frappe dans cette réponse, c'est qu'Abel parle comme s'il était déjà mort. Le désir de Caïn de le tuer, encore en parole, a fait acte chez Abel. Abel meurt en parole, c'est-à-dire va au-devant du désir de l'autre, pour manifester la parole de la loi comme anticipation du meurtre. Abel parle au-delà de sa mort, de sorte que le meurtre est accueilli comme l'avenir de la parole de cette loi. En somme, au désir meurtrier de Caïn Abel

---

[1]. Qui rappelle le couple primordial imaginé par Platon dans *Le Banquet*, que l'on retrouve par ailleurs dans de nombreux mythes, sur toute la planète ; par exemple chez les Dogons. Cf. Geneviève Calame-Griaule, *La Parole chez les Dogons*, Paris, Gallimard, NRF, 1965, p. 94 et ss.

répond par le désir que ce meurtre ait lieu, afin que, par lui, triomphe la loi et que Caïn aille en enfer.

Les deux haines

Il n'y a donc pas d'un côté la haine de Caïn et de l'autre l'innocence d'Abel ; il y a chez Abel aussi une volonté effrayante de pousser Caïn vers l'extrémité de l'acte. Elle soutient le meurtre, va même au-devant de lui, afin que Caïn reçoive le châtiment suprême de l'enfer. Abel dit en quelque sorte : tu veux me tuer, alors me voici déjà mort, et de ce point où je suis supposé mort, je te dis que je me laisserai tuer pour que tu ailles en enfer. Où est la responsabilité ? Chez celui qui manifeste le désir de tuer, ou celui qui se prête à la réalisation du meurtre, afin que l'autre soit puni par un châtiment éternel ? Abel soutient la possibilité de son propre meurtre, afin que Caïn soit coupable et damné. Abel est prêt à payer de sa vie la responsabilité de Caïn.

En ce point, la situation paraît désastreuse, car le mal n'est pas seulement du côté de celui qui refuse la loi de l'échange, mais aussi du côté de celui dont la parole, en collant à la loi, soutient le désir de Caïn de tuer, et la pose à partir d'un point où l'on répond au désir de meurtre par son anticipation. Elle suppose le sujet de la loi déjà mort, ou du moins comme celui qui accepte le meurtre pour faire triompher, à travers sa propre mort, cette loi.

Davantage, quand celui qui est supposé être Abel dit : « Je veux que tu supportes mon péché et le tien », l'anticipation du meurtre permet de faire endosser à Caïn quelque chose qui n'appartient pas à Caïn. On voit bien où est le forfait de Caïn : vouloir garder sa sœur jumelle pour lui, rester uni à elle dans la paire, soit nier la coupure originelle de la différence des sexes et de l'altérité. Mais quel est donc le péché d'Abel, sinon d'avoir désiré la sœur de Caïn, d'avoir désiré mourir pour ce désir ? En fait, ce qu'Abel fait endosser à Caïn, ce n'est pas seulement le refus de la loi de l'échange, ce n'est pas son désir de le tuer, mais ses propres fautes. De sorte que la visée d'Abel ici est qu'à travers son propre meurtre il serait débarrassé de ses péchés, il deviendrait pur, totalement innocent, puisque le frère meurtrier prendrait, à travers son acte, tout sur lui. Il me semble qu'à ce moment l'*altercation* atteint un point de haine plus désastreux que le désir meurtrier lui-même.

« Le meurtre de son frère lui ayant été suggéré par son âme (*tawwa'at lahu nafsuhu*), il tua son frère et se trouva donc au nombre des perdants. » La traduction de Régis Blachère pose ici quelques problèmes. Le mot « suggéré » n'est pas tout à fait exact, ni « âme » non plus. « *Taww'a* » veut dire « obéir », « se prêter à », « obtempérer » ; tandis que « *nafs* » n'est pas âme (*rûh*) en tant que principe spirituel et immortel, mais la *psyché* qui est le souffle vital qui peut subir la corruption et la mort. Le *De anima* d'Avicenne ou d'Averroès n'est pas le livre de l'âme (*kitâb ar-rûh*), mais le livre de la psyché (*kitâb an-nafs*). Autrement dit, Caïn n'a pas obéi à son âme, mais il a obtempéré aux forces pulsionnelles de sa psyché.

« Comme il ne savait pas comment faire disparaître le cadavre, Dieu fit surgir un corbeau qui gratta la terre afin de lui faire voir comment ensevelir la dépouille de son frère. Malheur à moi ! s'écria-t-il, je ne suis même pas capable d'être comme ce corbeau et d'ensevelir mon frère ! Et il fut parmi ceux que hante le remords. » Remarquons ici que le texte place le temps du remords avec la mise en scène de l'ensevelissement du cadavre ; Caïn revient alors sur son acte et reconnaît sa culpabilité.

Le texte de ce meurtre finit ainsi : « C'est à cause de ce crime que nous décrétâmes, pour les fils d'Israël, que quiconque tuerait une personne sans que celle-ci ait tué, c'est comme s'il avait tué les hommes en totalité ; et quiconque ferait revivre une personne, c'est comme s'il avait fait revivre les hommes en totalité. » Selon ce passage, nous serions tous morts, et si nous venons à la vie, c'est à partir de cette mort. Le crime de Caïn est total, absolu. Nous avons tous été assassinés par Caïn, nous sommes tous des Abel, nous sommes les « tenant-lieu » de la parole de la loi qui tend à anticiper le meurtre, afin que la loi se manifeste. Le principe de cette responsabilité est le suivant : nous sommes supposés morts pour que la parole manifeste la loi. La condition morale de l'humanité est *martyrologique* depuis ce premier crime.

Voici donc un commentaire élémentaire de ce texte du meurtre fondateur en islam. Essayons maintenant d'en redessiner les grandes articulations logiques. Au départ, Adam-Père promulgue une loi de l'interdit de l'inceste. On remarquera que cet interdit ne concerne pas la mère mais le mariage entre jumeaux, que nous appellerons l'interdit de l'inceste de la paire. Cette loi oblige à un échange minimal, une première règle de l'alliance exogamique entre paires. Caïn la rejette, il refuse la division et le manque de l'autre, il veut rester dans la complétude narcissique de la paire. Le refus de Caïn d'échanger est le refus de cette loi dite *symbolique*, c'est-à-dire, comme l'indique le *syn-*, qui sépare et ajointe. Est-ce suffisant pour déclencher la rivalité fraternelle meurtrière ? Pas encore. Un autre fait capital se produit : Adam ne semble pas tenir particulièrement au respect de la loi. Il l'a édictée, mais ne paraît pas exiger son application, car devant ses deux fils en conflit, ce père les renvoie à son propre père, à Dieu. Il les renvoie d'une manière bien particulière qui est une compétition par le don, vis-à-vis du Tiers. C'est à partir de ce mauvais aiguillage de la dialectique du désir et de la loi que vient la violence. À l'évidence, Adam a disqualifié la loi de son interdit, qui repose sur la logique de la coupure et de l'espacement (du *syn*), en lui substituant une logique de l'oblation et de l'offrande qui cherche à *combler l'Autre*. L'Autre qui serait donc un Tiers plus carnivore que végétarien.

Que se passe-t-il dès lors ? Le refus de Caïn de donner sa sœur rencontre le refus de recevoir chez Dieu. Peut-être Caïn était-il de la religion des fleurs et ne comprenait-il pas l'exigence de la religion des pasteurs ou des animaux, pour reprendre la distinction de Hegel ; religion des animaux avec laquelle « *l'impuissance de l'individualité contemplative* [de la religion des fleurs] *passe dans l'être-pour-soi destructeur* », dit-il [1]. Mais on laisse entendre que c'est

---

1. « L'innocence de la religion des fleurs, qui est seulement représentation de Soi sans le Soi, passe dans le sérieux de la vie engagée dans la lutte, dans la culpabilité de la religion des animaux ; la tranquillité et l'impuissance de l'individualité contemplative passe dans l'être-pour-soi destructeur. » G.W.F Hegel, *Phénoménologie de l'esprit*, *op. cit.*, t. 2, p. 216.

la générosité d'Abel qui a été payante. Beaucoup de commentateurs disent que l'agneau offert par Abel est celui que Dieu envoie pour le substituer à Ismaël (ou à Isaac), lorsque Abraham veut sacrifier son fils. Généalogie du sacrifice et économie divine du meurtre ; le meurtre du frère aurait permis de racheter le fils, ou plutôt le don du mort Abel aurait servi à éviter le meurtre du fils.

On semble dire ici que la loi, la bonne loi, est celle qui est du côté du mort, c'est-à-dire celle de la parole et du père qui énonce l'interdit. Pourtant, voici un père qui croit régler l'enlacement narcissique du fils avec son autre par un processus de comblement de l'Autre ; ensuite il s'absente en voyage chez son Père. Y a-t-il vraiment une bonne issue à cette histoire : le désir en accord avec la loi conduit à la mort (Abel) ; en désaccord avec elle, il conduit au meurtre (Caïn). Qui gagne donc des deux côtés, à tous les coups, entre le meurtre de l'un et le crime de l'autre ?

Mais le bon fils ne s'est-il pas identifié au père absent ou mort (Adam chez son père) pour se faire le porte-parole de sa loi, cette loi que le père n'a su ni interpréter correctement, ni défendre ? Si Abel est un substitut du père, cela pourrait signifier qu'il a été tué à sa place. Abel se serait sacrifié pour tenir la place d'un père qui a abandonné ses fils, qui les a abandonnés dans le monde munis d'une interprétation défaillante de sa propre loi.

L'identification et la substitution engageraient alors une autre logique, celle d'un fils qui prendrait la place d'un père défaillant, pour incarner un *père idéal* qui ne céderait pas devant le narcissisme de l'autre fils. Le frère deviendrait pour son frère un *père idéal justicier*, ce qui engendre cette position effrayante du martyr innocent.

Ces éléments nous incitent alors à une démarcation nette par rapport à l'interprétation du meurtre fondateur que la tradition accrédite, celle d'un crime consécutif au refus de donner, d'un frère envieux et haineux vis-à-vis de son frère généreux, non violent, qui se laisse tuer comme l'agneau innocent du sacrifice. La position psychanalytique congruente avec cette optique, que l'on rencontre souvent dans l'interprétation de ce crime, est de considérer Caïn comme le représentant de la haine primordiale du narcissisme qui refuse la coupure de l'unité idéale de l'identité et veut garder sa féminité, en voyant dans le semblable, le frère, un persécuteur qui le dépossède de l'autre spéculaire ou l'autre de lui-même. Bref, le crime s'inscrirait dans un processus de jalousie paranoïaque.

Or la structure de l'*altercation,* que le texte islamique nous transmet, nous permet de faire une autre lecture que celle de la tradition, y compris en islam. Certes, la logique narcissique de Caïn qui coïncide avec celle du *Moi idéal* est évidente, mais l'engrenage du crime ne réside pas dans cette seule disposition fonctionnant en *solo* ; il existe une situation de confrontation avec une autre logique, celle du substitut au père et de l'identification au père idéal, qui consiste en une posture mélancolique de la loi où le sujet fait le mort et désire le martyre pour être lavé, pour devenir l'Autre pur de la loi. Ne s'agit-il pas là d'un autre narcissisme, celui de l'*Idéal du Moi* qui trouve sa satisfaction non pas dans la sexualité comme Caïn, mais dans la mort ?

Dans ce cas, le narcissisme du justicier pourrait n'être que le complément incitatif à l'acte narcissique du criminel. Dans la structure de l'*altercation*, il y a, face à la haine primordiale de l'indifférenciation et du Moi idéal imaginaire, une autre haine, la haine idéale du symbolique glorieux, si facile à glorifier. Si l'on se tournait vers notre actualité, on verrait alors que cette structure de *l'altercation* fraternelle persiste. Autrement dit, le temps de la première phrase de ce texte qui dit « *Raconte-leur selon la vérité, l'histoire des deux fils d'Adam* » n'est pas encore venu. Viendra-t-il, passera-t-il vers un temps où les fils seraient placés dans *leurs altercations* devant la loi selon l'impossible ?

5

Lui Lui

Dans son traité d'éthique, le philosophe Miskawayh (Xe siècle) écrit : « Car le menuisier, le bijoutier et tous les artisans ne retiennent dans leur psychisme que des lois et des principes de base de leur art. Le menuisier connaît la forme de la porte et du lit ; le bijoutier, celle de la bague et de la couronne d'une façon générale. Quant aux *réalisations individuelles* (*'ishkhâs*) de ce qui est dans leur psychisme, ils les produisent à partir de ces lois, mais ils ne peuvent connaître les individualités (*al-'ashkhâs*), parce qu'elles sont en nombre infini. Car chaque porte et chaque bague est fabriquée d'après la dimension voulue, selon le besoin et compte tenu de la matière. Le savoir-faire [l'art] ne garantit uniquement que la connaissance des principes de base [1]. » Ce passage intervient au moment où l'auteur entreprend d'expliquer pourquoi il est impossible de prédire les conduites de « chaque individu » singulièrement (*fardin fardin*) au regard du bien et du mal. L'exemple porte certes sur des objets, mais tous les termes utilisés font partie du lexique arabe relatif à la personne humaine. De fait, il recèle une théorie de l'individualité très élaborée. Que dit-il ?

– Que l'individualité est la réalisation d'une forme universelle qui se singularise dans la matière. L'individu ne serait rien de moins qu'une figure de l'universel.

1. Abou Ali Ibn Miskawayh (944-1020), *Thadîb Al-Aklâq wa tathîr al-'a'râq*. Trad. *Traité d'éthique*, par Mohamed Arkoun, éd. Institut français de Damas, Damas, 1969. Ce passage a été traduit par moi-même.

– Que cette réalisation réside dans la rencontre de deux universaux : celui de l'identité de la matière (le bois, l'or) et l'universel des savoir-faire formels (les lois et les principes de base). L'individu ferait ainsi le lien entre nature et culture, le fruit de leur conjonction, comme l'enfant entre mère et père.

Implicitement, cette théorie en appelle à une métaphysique de l'engendrement des formes, selon laquelle la culture serait le Père des individualités dont la fonction est de transmettre sa forme à la matière humaine. La Mère-nature, en tant que réceptacle et porte-empreinte, donne le lieu à cette matière, l'informe, rend visibles en elle les figures et les met au monde. Le mythe de la *Khôra* chez Platon use de cette même conception de l'engendrement, en la reliant à une théorie politique [1].

Un transfert de forme

Lorsque, vers la fin de son traité, Miskawayh en vient à dresser sa typologie de l'amour, au centre de laquelle il place un type d'amour particulier dont la cause appelée *'uns* [2] fonde la cité, il commence d'abord par évoquer en ces termes l'amour du père et du fils : « Si, entre l'amour du père pour le fils et du fils pour le père, il existe, en un sens, une certaine différence, ils ont un point commun essentiel. J'entends ici par essentiel que le père voit dans son fils un autre lui-même (*huwa huwa*). Il pense avoir reproduit de façon naturelle sa forme humaine (*sûratahu al-insâniya*) propre (*al-khâsati*) dans l'individualité (*shakhsi*) de son fils, et avoir transféré (*naqala*) réellement son essence dans la sienne [3]. »

Ainsi l'amour paternel serait-il l'amour du transfert de la forme humaine du père qui s'individualise à nouveau dans le fils. On remarquera que Miskawayh est très prudent dans ses formulations ; il n'affirme pas que les choses

1. Platon, *Timée*, 49c-53c.
2. Cf. sur ce le *'uns,* l'article de Hachem Foda, « En compagnie », *Cahiers Intersignes* n° 13, 1998, p. 15-39.
3. Miskawayh, *op. cit.,* 224.

se passent ainsi ; c'est le père qui « *voit* », qui « *pense* ». Il appuiera ensuite ces pensées du père en disant qu'elles sont en vérité conformes à la direction divine « *d'une politique naturelle* [1] ». L'un des concepts clés dans ce développement est celui de *huwa huwa* traduit initialement par l'expression « *un autre lui-même* ». Il s'agit d'un concept philosophique dont l'équivalent en français est le terme : *identique* [2]. Sauf que l'*identique* est dit ici par le redoublement du même mot : *lui lui*. Nous verrons plus loin la raison de ce redoublement. La traduction la plus fidèle au sens serait donc : « *le père voit que son fils lui est identique.* »

Quel enjeu y a-t-il autour de l'*identique* ? Il s'agit là de l'une des désignations principales de Dieu en islam. Dieu est en effet appelé : *huwa huwa,* ce qui veut dire littéralement *Lui Lui,* ou *Lui est Lui.* Souvent, dans l'art calligraphique arabe, nous trouvons *l'identique* représenté par le *huwa* en miroir.

Calligraphie de Lui (*huwa*)

---

1. Siyâsa tabî'yya.
2. Djémil Saliba, *Al-mu'jam al-falsfî* (Dictionnaire philosophique arabe), Dar al-Kitâb, Beyrouth, 1972, t. II, 527.

Calligraphie de Lui et Lui enlacés à travers le miroir.
Représentation de l'identité absolue.

Huwa est tout à la fois la troisième personne du pronom personnel qui désigne l'absent et la copule qui tient lieu de verbe être en langue arabe. Dans son étude « *Être et avoir dans leurs fonctions linguistiques* », Émile Benveniste signale ce fait et cite la phrase suivante en langue arabe : « Dieu lui (= est) le vivant [1]. » Nous disposons de très nombreux exemples où les deux termes *huwa huwa* sont entrelacés en miroir et figurent en bonne place dans la mosquée, parfois même ornant le mur central, juste au-dessus de la tête de l'Imam, face aux fidèles en prière. La souveraineté absolue est ainsi représentée par cette écriture de l'entrelacement en miroir, c'est l'amour de Soi à Soi propre à Dieu, auquel non seulement l'homme n'a pas droit, mais qu'il doit de plus vénérer comme la figure inaccessible du Tout Autre. Mais à bien considérer ce fait, dès que le redoublement du *huwa* devient entrelacement, le miroir est annulé, puisqu'en principe le miroir sépare de la confusion.

Ibn Arabî, dans son gemme sur *Le Verbe de Seth,* a eu, à ce propos, un commentaire remarquable, où il indique en substance que, lorsque l'on contemple le miroir, on ne peut voir simultanément sa propre image dans le miroir, et que

---

1. Émile Benveniste, *Problèmes de linguistique générale 1*, Paris, Gallimard, 1966, p. 190.

lorsqu'on voit sa propre image, on ne peut contempler le miroir. Comme si, tantôt sa propre image s'interposait entre Soi et le miroir, tantôt le miroir s'interposait entre Soi et sa propre image. Nous nous trouvons ici devant une formulation comparable au principe d'*incomplétude* de Heisenberg. Le principe de l'identité humaine est d'être séparée en deux. *Cependant, par le fils, le père se trouverait confronté à quelque chose comme la possibilité d'une identification à l'impossible.* Ibn Arabî signale dans le même *Gemme* que cette question est ce qu'il y a « de plus haut dans le domaine de la connaissance spirituelle [1] ».

Par une autre voie, les philosophes arabes ont fondamentalement pensé l'identité, l'unité et l'Être à partir du redoublement. Tel est le cas d'Avicenne : « Le *huwa huwa* est l'union de deux, qui font deux en une position [2]. » Selon Al-Farabî aussi : « Le *huwa huwa* a pour sens l'unicité et l'être [3]. » D'après Averroès également : « Le *huwa huwa* […], c'est comme lorsque tu dis : tu es moi dans l'humanité [4]. »

Ainsi, par « politique naturelle de Dieu » Miskawayh désigne une opération de copie à l'identique que l'homme effectue en seconde main : « C'est Lui [Dieu] qui a aidé l'homme dans la genèse de l'enfant, en faisant de lui la cause seconde de l'existenciation et du transfert de sa forme humaine vers l'enfant. » Il faut noter d'abord que le père devient l'Homme (*al-insân*), ce qui incline à connoter fils (*walad*) dans le sens plus général d'enfant [5]. Mais le fait le plus important est que cette aide de Dieu consiste en

1. Ibn Arabî, *Les Gemmes de la sagesse* (fuçûs al-hikam), *op. cit.*, p. 46-49.
2. Avicenne, *Métaphysique de la Najât*, Librairie arabe, Le Caire, 1975, p. 365.
3. Cité par Djémil Saliba, *Dictionnaire philosophique arabe*, *op. cit.*, t. II, 527.
4. Averroès, *Tafasîr mâ ba'da at-tabî'a* (commentaire de la métaphysique), Librairie arabe, Le Caire, 1969.
5. *Walad* comporte deux sens possibles, soit un sens général, celui de « l'engendré », c'est-à-dire « l'enfant » ; soit celui de « fils » par rapport au « Wâlid », qui peut être le géniteur ou le père. Lors de la première traduction, nous avons suivi Mohamed Arkoun en acceptant fils et père, mais il est possible d'admettre « engendré » et « géniteur ».

ce que l'Homme-Père puisse imiter l'identité de Dieu à travers l'enfant-fils. L'Homme-Père devient un *huwa huwa* par son enfant-fils, comme Dieu est *huwa huwa* en lui-même. C'est ainsi que, par l'enfant-fils, l'Homme-Père assure son identification à Dieu. Autrement dit, l'accès de l'Homme-Père au modèle de l'identité de Dieu s'effectue par l'enfant-fils. Et comme tout homme fut un enfant (un fils ou une fille, tel est le sens général du mot *walad*), toute individualité a représenté pour son géniteur (son père) cet élément identifiant le soi à l'identité divine. Le rapport Dieu/homme devient un double jeu de double grâce à l'enfant, puisque le *huwa huwa* de Dieu est redoublé par le *huwa huwa* de l'Homme-Père dès qu'il engendre un enfant-fils, tandis que celui-ci devient la médiation – le *trait unaire* (*einziger Zug*), si on reprend la notion freudienne – qui rend similaires les deux parties de l'équation.

Ce point n'est pas sans rappeler la réflexion de Freud à propos des premières identifications. Il écrit dans *Le Moi et le ça* : « Cela nous ramène à l'idéal du moi, car derrière lui se cache la première et la plus significative identification de l'individu, celle avec le père de la préhistoire personnelle. Celle-ci ne paraît pas tout d'abord être le succès ou l'issue d'un investissement d'objet, elle est directe et immédiate et plus précoce que tout investissement d'objet [1]. Cette phrase signifie évidemment que le *père de la préhistoire personnelle* n'est pas le père concret. Dans une note de bas de page, Freud y revient, en ces termes : « Peut-être serait-il prudent de dire : avec les parents, car père et mère avant la connaissance sûre de la différence des sexes, du manque de pénis, ne se voient pas attribuer valeur distincte. » Cette remarque est corroborée dans la tradition arabe par le fait que généalogiquement on considère la mère comme « père » et que l'on réunit les deux parents sous l'expression : « les deux pères » *(abawayn)*. En fait, dans le système de la métaphysique, la mère devient *père*, dès lors qu'il s'agit du transfert d'une forme, son statut premier étant du côté de la matière.

---

1. S. Freud, « Le Moi et le ça » (1923), trad. C. Baliteau, A. Bloch, J.-M. Rondeau, *Œuvres complètes*, XVI, Paris, PUF, p. 275.

Ces considérations métaphysiques sur l'individualité en islam appellent deux remarques provisoires

- Que les penseurs de l'islam, à partir de leur propre lieu et avec d'autres moyens, ont arpenté le même espace, concernant le rapport de l'individualité humaine à Dieu, que le christianisme réputé être une religion individualisante ou individualiste.
- Que cette métaphysique a fait de tout Homme (fils ou fille) l'élément d'identification à Dieu pour son géniteur, lequel le fut dans un tour précédent pour le sien. Toute l'humanité s'est constituée généalogiquement comme une chaîne *de traits unaires*, les uns pour les autres. La filiation est ce système où le descendant est un *traceur* pour l'ascendant. L'Homme ne s'identifie à l'Homme que pour autant que cette identification vise le modèle d'identité divine.

La question qui se profile est dès lors la suivante : que se passe-t-il si ce système d'identification à Dieu cesse, comme ce fut le cas dans les sociétés européennes occidentales ? À quoi l'homme s'identifie-t-il ? À lui-même ? Que veut dire ce « lui-même » et quelles en sont les conséquences ? Nul doute que le désœuvrement de Dieu, dans cette tradition européenne, ait nécessité la réinvention d'un Tout Autre d'où Dieu est absent. Mais qu'advient-il du narcissisme lorsqu'il s'agit de l'identification à l'absence d'une absence ?

Du double

Le système dualiste intrinsèque à l'individualité humaine trouve également un développement dans la sphère sociale en islam. Lorsque Miskawayh évoque le *'uns* comme cause de l'amour, qui est à la base de la société, il rappelle que le mot *'insân,* qui désigne en langue arabe *l'Homme* comme espèce, dérive de ce terme *'ins*. Selon les lexiques, ce mot signifie tout à la fois ce qui est familier, proche, intime et ce qui se voit, au point que le *'ins* désigne la pupille [1]. On se rappelle que dans son Gemme consacré à

---

1. Cf. l'article de Hachem Foda déjà cité.

Adam, Ibn Arabî dit que l'Homme a été appelé *'insân* parce que « *l'homme est à Dieu ce que la pupille est à l'œil* [1] ». Dans la grande encyclopédie lexicale du *Lisân* [2] (XIIIe siècle), cette signification de l'homme, comme visibilité qui voit, est tout aussi récurrente que celle de la familiarité et, parfois même, les deux directions se superposent. Tel est le cas lorsque l'on parvient à l'opposition entre le *'ins* (Homme) et le *jin* (djin), ce dernier étant par définition un être invisible et étrange. Cette familiarité visible ou cette visibilité familière se trouve dédoublée dans le nom de l'homme, puisque le mot *'insân* est composé de *'ins* + *ân*, cette dernière marque étant celle de la dualité.

Peut-être devrait-on dire, plus simplement, que l'Homme est une espèce duelle, ou bien encore une espèce dont l'essence est le redoublement et que le double serait sa familiarité essentielle. Le Coran ne dit pas moins : « De l'Homme (*'insân*), Il (*Dieu*) a créé les deux sexes, le mâle et la femelle [3]. » Il y aurait ainsi originairement de l'*Humain*, espèce androgyne de laquelle furent tirés les genres. Mais la différence sexuelle ne met pas fin à la dualité, puisque, dès qu'il s'agit du couple homme et femme, chacun à son tour devient une paire : « Il [Dieu] a créé les deux paires (*zawjayn*), mâle et femelle [4]. » Il s'agit donc d'un couple de paires, la paire homme (*zawj*) et la paire femme (*zawja*), comme si se reconstituait l'équation à quatre termes (*huwa huwa* et *huwa huwa*) examinée précédemment. Dès qu'il y a de l'humain, il y a du duel et, dès qu'il y a deux humains, il y a un quaternaire.

L'exposé et le singulier

Dans l'exemple de l'artisan, Miskawayh use des termes de *tashkhîs* pour « individualisation » et de *shakhs* pour « individualité ». Ces deux mots dérivent de la racine « *sh. kh. s* » qui a donné toute la terminologie de l'individualité

1. Ibn Arabî, *op. cit.*, p. 27.
2. Ibn Mandur, *Lisân Al-`arb, op. cit.*, t. 1, p. 114.
3. Coran, LXXV, 39.
4. Coran, LIII, 45.

comme personne. Les trois principales directions de significations qu'elle ouvre sont : l'érection (la station debout, la verticalité), le faire apparaître et l'ouverture des yeux, la fixation par le regard. À l'évidence, la question de la *distinction* de l'individualité est en jeu ici, en tant qu'elle fait de l'individu l'être « exposé à ». Trois aspects constituent les traits du *shaks* dans la tradition arabe :

– le *'ird* : ce qui expose quelqu'un aux atteintes des autres. La vertu, la respectabilité, l'honneur, la dignité personnelle, un sacré individuel appelé la *hurma* qui constitue le noyau de dignité de la personne humaine.
– le *hasab* : ce qui compte. Il représente la valeur individuelle acquise ou héritée de la personne, son rang social, ses ressources.
– le *nasab* : la filiation. L'inscription dans l'existence à travers le comput généalogique, le lignage, l'appartenance héréditaire, familiale ou clanique.

Le droit des personnes en islam s'organise autour de ces trois constituants distinctifs de l'individualité, en déclarant inviolables les exposants de la personne : la vie, les biens et l'honneur.

Pour aborder à présent le plan où l'individualité est saisie comme différence absolue, il nous suffit de revenir à cette idée de Miskawayh selon laquelle il est impossible de prédire les conduites de « *chaque individu singulièrement* ». Il use à cette occasion du mot *fard*. Il s'agit d'un concept central de la pensée de l'individualité chez les philosophes et les mystiques de l'islam. Il semblerait que c'est en traduisant ce concept chez Avicenne que les auteurs latins du Moyen Âge recoururent à la notion d'*individualitas*, devenue par la suite un concept philosophique [1]. De quoi s'agit-il au juste ?

Jurjânî (XVᵉ siècle) définit le *fard* ainsi : « *Ce qui ne comprend qu'une seule chose, sans aucune autre* [2]. » Il serait donc question d'une individualité qui n'est entachée intrinsèquement d'aucune altérité. Pour cerner ce concept,

---

1. J. Saliba, *op. cit.*, t. 2, 9139.
2. Al-Jurjânî (Acharif), *Kitâb at-a'rifât* (Le Livre des définitions), Beyrouth, 1977, p. 166.

les lexiques linguistiques et philosophiques font appel à l'opposition avec le nombre pair (*shaf'*), comme si *fard* était synonyme d'impair (*watr*). Mais c'est avec Ibn Arabî que ce concept devient une théorie de la genèse de l'être comme singularité. C'est ce qui nous amène à traduire *fard* par « singulier ».

Que dit Ibn Arabî ? Que le singulier, s'il s'est singularisé de quelque chose, ne s'est singularisé que par distinction de la paire. Cette distinction est obtenue par ressemblance à l'*unicité*. Il faut donc qu'il y ait du deux et que l'*Un* soit posé pour que la singularité se produise. La première singularité n'a dès lors lieu qu'à partir de trois. « Le premier singulier est le trois, puisque l'Un n'est pas singulier. » C'est l'*Un* qui confère au *deux* la possibilité de produire la singularité. La singularité vient en quatrième rang. Toute structure de production et de création ne provient que de la structure ternaire (2 et 1), et tout ce qui est produit et créé ne peut advenir, comme singularité, qu'émanant de trois. Il va jusqu'à écrire : « Le mâle et la femelle ne peuvent procréer, s'il n'y avait entre eux l'acte de copulation. Cet acte est la singularisation [1]. » Le rapport sexuel sépare donc. « Il n'y a pas de rapport sexuel » est une très vieille histoire que Jacques Lacan réinvente pour notre époque tombée dans une certaine méconnaissance ou un oubli de cela qui se retire et sépare dans la jouissance de la différence ou d'un *il y a, il n'y a pas*. Mais n'en est-il pas presque toujours ainsi ? La théorie de la singularité d'Ibn Arabî est, contrairement à ce que nous avons vu précédemment, une théorie de la sortie de la paire, qui s'opère par identification à l'Un. Pour appuyer sa théorie ternaire, Ibn Arabî recourt à une citation coranique afin de montrer que, dans le processus de formation du fœtus, l'âme est insufflée dès la fin de la troisième phase du développement. L'âme coïncide donc avec le principe de singularisation, ou avec *la différance*. Cette approche est du reste conforme à l'optique coranique qui lie singularité, âme et responsabilité, comme dans la sourate suivante : « Toute

1. Ces développements sont remarquablement résumés par Souad Alhakîm, *Lexique du soufisme*, Dandra, Beyrouth, 1981, p. 873-875.

âme n'est responsable que d'elle-même. Nul ne supporte le fardeau d'un autre [1]. »

Nous avons parcouru jusqu'ici trois plans ou niveaux à partir desquels le problème de l'individualité en islam peut être abordé :

> 1) Le plan où elle est rapportée au Tout Autre, à l'identité absolue et à l'identification de l'Homme à Dieu, ou de l'enfant comme *trait unaire* pour son géniteur, par rapport à Dieu.
> 2) Le plan où elle est mise en jeu dans la socialité, au sens d'une individualité personnelle. Ce plan, avec le premier, semble régi par un système binaire.
> 3) Le plan où l'individualité est rapportée à la différence absolue et où le concept de singulier s'inscrit dans un système ternaire.

Du sujet

Examinons enfin un quatrième plan de l'individualité en islam, celui de *sujet*. Il y a d'abord, issu de toute la culture du Moyen Âge, le sujet philosophique appelé *al-mawdhû'*, qui a exactement la même signification que la notion de « sujet » en Europe, c'est-à-dire le supposé, le posé sous, le *suppositum* latin et le *hypokeimenon* grec. D'autre part, il y a le sujet proprement théologique qui n'est pas sans rapport avec le premier, puisqu'il s'agit toujours d'un assujettissement à l'Autre, mais qui identifie clairement ce sujet comme suppôt, serf, soumis, lié par l'adoration à Dieu. C'est le sens même du terme *'abd*.

Le philosophe Jurjânî (XVe siècle) propose, avec sa concision habituelle, la définition suivante de l'assujettissement (*'ubûdiya*) : « La fidélité aux engagements, la préservation des interdits, le consentement à l'existence, la résignation devant le manque [2]. » Chacune de ces quatre loyautés fait l'objet à son tour d'une définition. Elles obéissent à une cohérence déterminée par le principe de *l'adoration* (*'îbâda* ou culte) que l'auteur définit ainsi :

---

1. Coran, VI, 164.
2. Jurjânî, *op. cit.*, p. 146.

« L'acte de celui qui est requis par la passion d'un Autre que soi-même, eu égard à son Dieu. »

Si nous examinons les quatre loyautés qui définissent cet assujettissement, mis à part « la préservation des interdits » qui suppose de souscrire par ailleurs aux peines du droit théologique, dont les châtiments corporels, toutes les autres peuvent être des maximes acceptables pour un sujet moderne. Du reste, est-ce un hasard si le concept de *sujet* s'est maintenu dans la pensée européenne aujourd'hui, malgré les bouleversements considérables que ce monde a traversés ? Certes, nous n'ignorerons pas la critique de la subjectivité, ainsi que les transformations internes au concept. Mais le rapport d'assujettissement à l'altérité ne s'efface pas d'un coup. Des inventions, telles que celle de la citoyenneté par exemple, peuvent déplacer, modifier, voire subvertir les forces et les lignes de la sujétion [1].

Aussi pouvons-nous rappeler la définition philosophique du sujet (*al-mawdhû'*) qu'Avicenne proposa jadis : « Le sujet est tout arrivant se tenant soi-même et faisant tenir ce qui vient en lui [2]. » En liant le sujet à la notion de *hulûl,* c'est-à-dire à ce qui arrive, s'incarne, prend place, s'installe et prend demeure, il nous proposa déjà de penser le sujet comme *celui qui vient* [3].

Individualité, islam et psychanalyse

Ces considérations nous laissent entrevoir combien la problématique de l'individualité a été hautement élaborée dans l'islam et qu'elle relève d'une complexité qui ne saurait autoriser le réductionnisme ou les traitements triviaux auxquels nous assistons aujourd'hui. Ils proviennent soit

1. Je renvoie ici aux travaux d'Étienne Balibar, et particulièrement à une réflexion qui touche ce point précis, intitulée « Sujétions et libérations », *Cahiers Intersignes*, n° 8/9, 1994, p. 79-90.
2. Avicenne, *Risala fî al-hudûd*, Éditions du Caire, s. d., p. 83.
3. *Après le sujet qui vient* fut le titre d'un bel ensemble d'articles de la revue *Confrontations*, n° 20, sous la direction de Jean-Luc Nancy, Paris, Aubier, 1989.

d'un parti pris idéologique pour lequel l'individualisme libéral occidental moderne apparaît comme le sommet de ce que la civilisation a accompli et peut espérer, un modèle de devenir pour l'humanité ; soit à cause de l'essentialisme culturel qui, chez certains, idéalise l'intégration islamique de l'individu à son milieu, mais aboutit à l'inverse, chez d'autres, à un rabaissement faisant de l'islam un puissant système de dissolution de l'individu dans la communauté. Nous avons pu voir, au cours des dernières années, des psychanalystes et des psychiatres s'exprimer dans ce sens pour présenter « le Musulman » comme étant inaccessible à la psychanalyse, ou bien encore comme quelqu'un d'insuffisamment différencié de son groupe pour présenter les caractéristiques de l'individualité sujette à l'analyse. Je ne citerai personne afin de ne pas privilégier qui que ce soit dans l'ordre de l'ignorance et de l'imprudence. Le débat sur l'avenir de la psychanalyse dans les pays musulmans se trouve très mal engagé, partant de positions faussées, dès lors que l'on relie l'existence et la diffusion de la psychanalyse au règne d'un individu dont l'individualité serait la plus accomplie et qui n'aurait encore vu le jour que dans les sociétés occidentales.

Les développements précédents montrent que l'islam déploie plutôt une dimension de l'individualité extrêmement puissante, d'un grand foisonnement conceptuel. Cette dimension n'a pu se développer sans être en concordance avec la réalité de la culture. C'est bien une culture de l'individualité, mais essentiellement gouvernée par l'identification à Dieu. Poser correctement la question de la place de la psychanalyse dans une telle culture pourrait consister à se demander si l'identification à Dieu dans l'agencement du système est contraire aux principes fondamentaux de la pratique et de la pensée de la psychanalyse, ou plus exactement si être élevé dans un tel système interdit l'accès à l'expérience de la psychanalyse ? Mais est-ce là vraiment une formulation pertinente du problème ?

Dans son approche des conditions de l'implantation de la psychanalyse dans le monde, l'historienne Élisabeth Roudinesco a proposé une réflexion qui rompt avec les spéculations sur les « mentalités » ou la « psychologie des peuples » invoquées souvent à propos de l'islam. Elle dégage trois facteurs qui favorisent l'établissement de la psychanalyse dans un pays ou une aire culturelle donnés :

– L'existence d'un savoir psychiatrique densifié, impliquant un regard scientifique sur la folie qui la soustrait aux conceptions démonologiques et sacrales.
– La pénétration de la psychanalyse dans le champ intellectuel général, notamment à travers la littérature et la philosophie.
– L'existence d'un État de droit, même lorsqu'il s'agit de gouvernements dictatoriaux, ce qui n'est pas le cas avec les régimes totalitaires [1].

Revenons à ce qui fait obstacle à la psychanalyse dans la structure du sujet traditionnel. Les remarques suivantes traversent les trois conditions mentionnées plus haut :
Le sujet de la tradition (*'abd*), bien qu'il dispose de toutes les prérogatives d'un sujet du droit (et le droit divin est un droit, et non un arbitraire), demeure assujetti à l'organisation théologico-politique dont la visée est l'adéquation entre l'identification humaine de l'individualité à Dieu et l'espace politique. Elle veut gouverner la psyché et la cité d'un seul mouvement. Or le sujet moderne auquel la psychanalyse s'adresse apparaît dans des sociétés où la séparation entre la communauté de naissance et la communauté politique a eu lieu, à travers une révolution civile relayée par un puissant appareil d'État. N'oublions pas que, dans le monde traditionnel, la structure patriarcale fait du père à la fois un *Pater familiæ* et un chef politique, puisque l'espace du groupe et celui de la cité sont presque confondus. La filiation y régit le pouvoir. Dans l'écart qui a vu le jour au sein du monde moderne, des espaces de liberté garantis par l'État en position de tiers ont permis l'apparition d'une société civile (entre l'État et la famille, dit Hegel) qui est le véritable milieu de la psychanalyse. Aussi la psychanalyse n'est-elle pas une invention occidentale parce que l'Occident aurait produit une individualité humaine plus accomplie ou mieux douée pour exister,

1. Élisabeth Roudinesco, *Généalogie*, Paris, Fayard, 1994, p. 82-85.

jouir et mourir, mais parce que l'Occident moderne a découpé, d'une nouvelle manière, les espaces de la politique et de la famille et, ne l'oublions pas, a aussi façonné un type de sujet dont l'aliénation a nécessité l'avènement de la psychanalyse [1].

---

[1]. Je me permets de renvoyer à deux articles dans lesquels j'ai commencé à mettre au travail cette question. « La Dépropriation », *Lignes*, n° 24, 1995, p. 34-83. « L'Oubli de l'éthique », *Che Vuoi*, n° 10, 1998, p. 121-143.

6

L'impossible en partage

Comment une communauté se figure-t-elle sa possibilité ? Ou bien encore, de quelle façon répond-elle à la question : qu'est-ce qui fait que des hommes séparés puissent s'ouvrir au *commun* ? Nous ne disons pas « Pourquoi la communauté ? », question vaine parce que depuis longtemps la réponse est connue : « À la base de chaque être, il existe un principe d'insuffisance », écrit Georges Bataille [1]. Ajoutons que nulle part, sauf dans un certain discours biologique, cette insuffisance n'est réduite à l'ordre du besoin. Qu'est-ce que le commun de la communauté pour une communauté [2] ? La question relève plutôt de ce que Freud appelle « l'énigme de la constitution libidinale d'une masse [3] », énigme qui touche au point le plus incandescent du discours des passions chez les peuples quant à leur origine.

Commun : il ne suffit pas d'écrire « comme un » pour résoudre le problème, car il faudrait alors porter l'interrogation sur le pouvoir entamant et unifiant du *comme*.

---

1. Cette citation est donnée par Maurice Blanchot dans *La Communauté inavouable*, Minuit, 1983, p. 15. Mais Michel Surya, qui a bien voulu vérifier le contexte de cette phrase, s'est aperçu qu'elle est erronée : « Il existe, à la base de la vie humaine, un principe d'insuffisance », écrit plutôt Georges Bataille, *Œuvres complètes*, V, p. 97. Je conserve tout de même la phrase telle que transmise par Maurice Blanchot.

2. J'aurais en vue tout le long de ces développements le livre de Jean-Luc Nancy *La Communauté désœuvrée*, Paris, Ch. Bourgois, 1985.

3. Sigmund Freud, « Psychologie des masses et analyse du moi » (1921), *Œuvres complètes*, Paris, PUF, XVI, p. 53.

Entamer, unifier, contaminer, entraîner vers une même destination pour rassembler, tenir ensemble en un lieu ; *comme si* – régulateur heuristique, selon Kant, ou fiction, peut-être hallucination – chacun acceptant le *retrait* d'un propre, le sacrifiait, pour le même trait que les autres : *trait unaire* (*einziger Zug*), comme l'appelle Freud. « Le trait est retrait », écrit Jacques Derrida [1]. Le *trait unaire* serait en effet nécessairement un effacement, une captation du soi dans l'autre, à l'endroit même où s'effectue son tracé. Dieu, selon une tradition mystique, a dû se retirer partiellement pour laisser place à sa création et dans le vide qu'il a laissé de *Lui*, par son œuvre, il produit le trait de sa communauté avec sa création, c'est-à-dire avec *Lui Lui*. De sorte que nous pouvons dire que le trait de sa communauté avec lui-même est en même temps l'espacement de son identité.

La communauté et l'impossible

Le *trait-retrait* à la base du *commun*, il me semble que Freud l'indique nettement, pour l'individu dans la masse, comme le point où « *disparaît la notion d'impossible* [2] », indication qu'il fait suivre par ce qu'il appelle la *formule de la constitution libidinale d'une masse* : un certain nombre d'individus mettent une même personne, le guide, le chef, le meneur, à la place de leur *Idéal du Moi*. On pourrait ajouter à cela une autre formule, celle de la théorie psychanalytique concernant l'ouverture du sujet aux identifications collectives : frayage du *Moi idéal* à *l'idéal du Moi*. C'est là que la communauté d'Abel et de Caïn s'est avérée impossible. Que de l'impossibilité d'une communauté minimale à deux soit né le *crime* fondateur du monothéisme indique assez sur quel échec s'institue toute communauté fraternelle.

Avant de proposer sa formule, Freud, comme c'est parfois le cas, fait part de ses doutes sur la théorisation qu'il

---

1. Jacques Derrida, « Le retrait de la métaphore », *Psyché, inventions de l'autre*, Paris, Galilée, 1987, p. 63-93.
2. *Op. cit.*, p. 14.

propose – il s'agit en l'occurrence du modèle de l'hypnose et de l'amour pour expliquer la psychologie des masses. Il commence d'abord par écrire : « Mais d'un autre côté nous pouvons dire aussi que la relation hypnotique est – si cette expression est permise – une formation en masse à deux. L'hypnose n'est pas un bon objet de comparaison avec la formation en masse parce qu'elle est bien plutôt identique à celle-ci. » Et de poursuivre, quelques lignes plus loin : « L'hypnose résoudrait pour nous, tout uniment, l'énigme de la constitution libidinale d'une masse, si elle-même ne comportait pas en outre des traits qui se soustraient à l'élucidation rationnelle donnée jusqu'à présent – état amoureux avec exclusion des tendances directement sexuelles. Il y a beaucoup de choses en elle dont il faut reconnaître qu'elles sont incomprises, qu'elles sont *mystiques* [je souligne]. Elle comporte une adjonction de paralysie provenant du rapport d'un être surpuissant à un être impuissant, en détresse [1], ce qui en quelque sorte fait la transition avec l'hypnose d'effroi des animaux [2]. »

La difficulté de Freud, dans ce texte, n'est pas d'étendre à la psychologie collective des conceptions qui se rapportent à la psychologie individuelle ; ce problème est réglé pour lui, puisque l'autre est d'emblée présent dans le Moi ; mais elle est plutôt de transférer le modèle de ce qui se passe *entre deux*, notamment dans l'état amoureux, vers la multitude. Il y a, dans le modèle de l'*entre deux*, quelque chose de semblable à ce qui se passe dans la masse, mais qui est en même temps difficile à exporter tel quel. D'une part à cause du nombre qui constitue la masse, c'est évident, et d'autre part parce que cela élimine « les tendances sexuelles directes ». On sait que Wilhelm Reich a écrit l'un de ses meilleurs livres, *La Psychologie de masse du fascisme* [3], à partir de cette question, faisant l'hypothèse d'un détournement des pulsions sexuelles de leurs buts, de leur transformation sadique et de leur projection sur des figures de l'étranger intérieur.

1. Je propose *détresse* plutôt que le « désaide » des traducteurs.
2. *Ibid.*
3. Wilhelm Reich, *La Psychologie de masse du fascisme*, Paris, Petite Bibliothèque Payot, 1972.

Si nous essayons de donner une formulation à ce problème en fonction des éléments exposés précédemment, nous dirons alors que l'exportation du modèle amoureux *entre deux* s'avère problématique, parce que *le commun de la communauté n'est pas sexuel*. Si, dans le rapport amoureux *entre deux*, la sexualité consiste dans la mise en rapport physique de deux manques, ce serait cela qui manque au commun de la communauté. À l'*être ensemble* manquerait ce rapport au manque, dont les individus jouissent corporellement dans la relation amoureuse, en tant qu'êtres sexués. Le commun de la communauté n'a pas de corps pour éprouver-jouir du manque. Notons que les grands délires collectifs, qui ont engendré les pires violences de masse, « corporisent » et sexualisent le commun de la communauté, pour inciter ensuite à la purification de ce corps, représenté souvent comme un corps féminin ou féminisé. Quelle est donc la nature du manque dont la communauté devrait être suffisamment affectée pour vivre sans trop de folie ?

Une allégorie de la communauté

Je propose, dans ce qui suit, d'analyser une allégorie *de la constitution libidinale d'une masse* qui traverse tous les problèmes qui viennent d'être soulevés. J'ai laissé intentionnellement de côté le concept théologico-politique de la communauté en islam (*'umma*), à propos duquel une littérature abondante existe [1], ainsi que pas mal d'élucubrations psychologisantes, tirant parti du fait que ce mot se rattache à la racine qui a donné le terme « mère ». Ce qui a conduit à tenir des propos ethnocentriques proches du racisme sur l'insuffisance « du symbolique » en islam. Or, s'il y a une possibilité et une nécessité de la communauté, c'est bien parce que le corps de la mère fait défaut, et que ce défaut *originaire de corps* ne règle pas pour autant la question du manque, dans aucune communauté.

---

1. Voir à ce sujet une étude de Salim Daccache, « La Notion d'Umma dans le Coran », *Annales de philosophie*, vol. 3, Tunis, 1982, p. 1-38.

Lors d'une exploration lexicographique consacrée à la racine qui a donné « rumeur » en arabe (*shaya'a*), je rencontre une constellation de mots dont la signification me rappelle un récit énigmatique que j'ai lu il y a longtemps.

C'est un récit qui a les caractéristiques du mythe, d'une scène qui montre l'enjeu originaire du secret, de sa divulgation, de sa propagation ; de la *rumeur* comme épreuve intime au fondement de la communauté. Il s'agit plus exactement du secret du mystère, ou comment l'air d'un mystère rassemble les hommes et les partage dans la communion hors d'eux-mêmes.

Le récit que voici est rapporté par Rûmi [1], poète et soufi, qui a vécu au XIIe siècle à Konya, en Turquie :

« Le prophète Muhammad avait dévoilé à son gendre Ali des secrets qu'il lui avait interdit de répéter. Pendant quarante jours, Ali s'efforça de se maîtriser. Puis, n'y tenant plus, il alla dans le désert, enfonça la tête dans l'ouverture d'un puits et se mit à raconter ces mystères. Une goutte de salive tomba dans le puits. Peu de temps après, un roseau poussa dans ce puits et il grandit de jour en jour. Un berger le coupa, y perça des trous, et se mit à jouer en faisant paître ses bêtes. Le jeu de sa flûte devint célèbre, des multitudes venaient l'écouter dans le ravissement. Même les chameaux faisaient cercle autour de lui. De bouche en bouche, cette histoire parvint aux oreilles du prophète qui fit venir le berger et le pria de jouer. Quand celui-ci commença à préluder, tous les assistants entrèrent en extase. "Ces mélodies, dit le prophète, sont le commentaire des mystères que j'ai communiqués à Ali en secret." »

En quoi ce récit concerne-t-il la rumeur, alors que le mot *rumeur* n'y figure pas ? La racine arabe qui a donné le mot

---

[1]. Jalal-uddîn Rûmi est l'un des grands maîtres du soufisme. Il a inventé une voie appelée « al-mawlawya » incluant la musique et la danse, dont la fameuse danse cosmique, dite des « derviches tourneurs ». L'œuvre de Rûmî s'articule autour de trois termes essentiels : l'amour, le secret, la parole. C'est pourquoi, sans doute, il mit au point une méthode de traitement des maladies psychiques qui consistait à allonger le sujet, à lui tenir la main et à le faire associer autour de mots choisis dans son discours. Cf. Éva de Vitray-Meyrovitch, *Rûmî et le soufisme*, Paris, Seuil, 1977.

rumeur *(shaya'a)* est un verbe qui signifie en tout premier lieu : *répandre en public et divulguer un secret*. Comment pourrait-on rendre en français un tel verbe qui consiste à fabriquer des rumeurs et à les répandre ? Je propose par convention d'user d'un néologisme : *rumorer* [1].

Ce qui m'a amené au récit de Rûmî, c'est la rencontre dans la grande *Encyclopédie lexicale du Lisân* (XIIIe siècle) d'une constellation de substantifs dérivés du verbe *rumorer* qui signifient : *le son de la flûte dans laquelle souffle le berger, l'appel de la flûte du berger pour réunir les animaux, le berger rassemble les chameaux par la voix de la flûte*. Il ne s'agit pas de dire simplement que le son de la flûte *(shiyâ')* se nomme *rumeur*. L'indication est beaucoup plus précise et reprend à l'identique l'une des séquences importantes de la scène : la voix de la flûte du berger qui crée un rassemblement de gens, jusqu'aux chameaux. C'est cette voix qui sera désignée à la fin du récit comme « *commentaire des mystères communiqués... en secret* ». Je dis « voix » plutôt que « son » parce que le terme arabe utilisé *(sawt)* est plutôt « voix » que « son », bien qu'il puisse être utilisé pour ce dernier.

En fait, les coïncidences entre le récit de Rûmî et le texte lexical, entre la scène mythique et l'étymologie, vont s'avérer très nombreuses, au point que nous pouvons nous demander si le récit ne donne pas la parole à la langue ; et si l'allégorie de la communauté, ou bien l'*énigme de la constitution libidinale d'une masse,* n'est pas le lieu où se croisent le sémiotique et le sémantique, ouvrant la possibilité d'un enchantement irrépressible.

Dans une autre constellation de mots engendrés à partir du verbe *rumorer, Le Lisân* indique les significations suivantes : *l'appel au rassemblement, le fait de constituer un troupeau, un attroupement, mener un troupeau devant soi, agglomérer, etc.* Il s'agit donc de créer un ensemble

---

1. Afin de ne pas alourdir cet exposé par le recours systématique aux termes arabes et à leurs transcriptions, je me contenterai de parler du verbe *rumorer* ou de l'un de ses dérivés. Le lecteur arabophone pourra revenir à Ibn Mandur, *Lisân Al'arb*, Dar Lisân Al-'arab, Beyrouth, t. 2, article *shaya'a,* p. 393-395. En langue française, cette étymologie est reprise dans : A. De B. Kazimirski, *Dictionnaire arabe-français*, Maisonneuve et Cie, Paris, 1860, t. 1.

compact d'individus qu'il faut tenir rassemblés par un appel. L'un des termes signifie : *appeler pour conjoindre le dernier et le premier.*

Or, on se souvient que le récit met explicitement en scène cet appel au rassemblement : « des multitudes venaient entendre », « les chameaux faisaient cercle », « les assistants ». L'une des propriétés de ce *rumorer* consiste ainsi à attirer la foule, *à agglomérer les unités*, à inciter à faire masse.

Le *Lisân* mentionne également, dérivés du même *rumorer*, des termes pour désigner un genre d'hommes que l'on pourrait appeler les *rumorants*. Ce sont des personnes qui ne peuvent pas ou ne parviennent pas à retenir le secret (*mishyâ'*) ; ils le divulguent et le répandent partout. Dans le récit, cela pourrait désigner occasionnellement Ali, le gendre du prophète, pour lequel les mystères transmis étaient trop importants. Il fit l'effort de les garder quarante jours (période réglementaire du deuil en islam) et ne les divulgua qu'au fond d'un puits, supposé sans oreilles dans le désert. Le berger divulgue aussi, mais à son insu, et ce ne sont que des commentaires de secrets de mystères. Il prête sa bouche, le souffle est de lui, mais les commentaires sont de l'instrument. Dès lors, qui est l'instrument de qui ? Et qu'est donc cet instrument de la rumeur ?

Le lexique distingue encore un autre axe de signification dans le verbe *rumorer*, signalant de nombreux noms et actes qui signifient : « *remplir un récipient jusqu'à ce qu'il déborde* » (shi'tuhu), « *ce qui est hors de* », « *ce qui va au-delà de la limite* », « *l'excès* » (*sha'ân*). En ce sens, le genre d'hommes *rumorants,* qui ne retiennent pas le secret, le sont par excès et non par défaut. Ce n'est pas qu'ils soient incapables de retenir, ils sont plutôt débordés par ce qu'ils reçoivent. Or le terme arabe qui désigne l'extase au sens mystique est « shath », qui veut dire exactement : *débord*. Ainsi *rumorer* recèlerait une condition extatique.

C'est ce que la scène montre par deux fois : lors du débordement extatique d'Ali dans le puits, et lors de l'extase de la foule à l'écoute des commentaires de mystères qui passent par la flûte. Mieux encore, la flûte est représentée comme la pousse de la graine issue du débord (la salive). L'instrument de la rumeur est donc engendré par le débord qu'il engendre à son tour.

Ainsi, la scène du récit semble mettre en représentation tout un système de *rumoration :* la voix, l'appel à se rassembler, les hommes débordants et débordés, le débord. À l'inverse, on peut dire que ce qui est représenté dans la scène est déjà nommé par les signifiants de la langue. Quelle est donc cette chose du *rumorer*, si étroitement quadrillée entre mots et représentations ?

Il nous faut maintenant nous porter vers le point où le mythe de la rumeur atteint la dimension d'un mythe originaire de la communauté et de la communion, donc du partage entendu en son double sens : *avoir en commun et diviser.*

Il s'agit, en effet, de la division interne à l'islam entre les sunnites et les chiites. Cette partition, on le sait, est à l'origine de conflits majeurs et de guerres civiles issus d'un double problème de légitimité politique et d'interprétation des textes. Les Chiites considèrent qu'Ali, le gendre du prophète, devait être le successeur de celui-ci, en vertu non seulement de leur parenté, mais aussi d'une transmission de mystères et de secrets de l'un à l'autre. Ils confèrent à Ali le statut de premier imam dont la fonction est de donner le sens ésotérique à la révélation exotérique du prophète Muhammad. Si l'un accueille la révélation coranique autour de laquelle est fondée la communauté islamique, l'autre serait la révélation de cette révélation ; ce qui est bien sa posture dans le récit de Rûmî.

Or le terme « chiisme » et « chiite » provient de ce même verbe *rumorer*. Dans le lexique, il est au centre d'une constellation de mots qui signifient : adhérer, suivre quelqu'un, réunion d'hommes autour d'un homme, devenir au nombre des sectateurs et des partisans, prendre parti, etc. Bref, *rumorer* recèle un effet sectaire, conséquence du secret, de sa transmission et de son partage autour d'un homme.

Le partage et sa passion

La scène devient donc lisible comme une scène d'investiture et de légitimation à partir du partage du secret entre le fondateur et son successeur. Scène de transmission qui contient dans ses plis la division de la communauté (le schisme), mais aboutit en même temps à ces hommes rassemblés par l'air de la flûte (*nây*) dans un état extatique.

Un homme investi d'un mystère en partage le secret avec un autre, lequel le divulgue dans un trou dans le désert, un troisième en produit le commentaire à son insu, et c'est autour de *ce commentaire, en tant que rumeur du secret d'un mystère*, que se fait la communauté des hommes extatiques.

Si la portée du *rumorer* paraît étroitement liée à l'enjeu politique de la légitimité et du pouvoir d'un homme qui veut bien partager avec un autre homme, c'est pour autant que tous les autres en restent exclus : ils ne reçoivent en effet que l'air (le commentaire), et c'est ce qui les rassemble. Ils sont donc rassemblés autour d'un partage qui ne peut être partagé. *C'est une communauté du partage en tant que le partage est impossible.* La rumeur en est l'émanation qui aimante les hommes, l'air d'un mystère qui rassemble les hommes hors d'eux-mêmes. Si l'on considère que l'état *extatique* relève de la condition essentielle de *l'exister* qui consiste à avoir sa tenue hors soi, le mythe dit plus simplement : *un air de mystère rassemble les existants.*

Partager ce qui n'est pas partageable, donc partager le non-partage, ces mots nous les rencontrons en l'état dans le lexique, mots extraits encore de *rumorer* : laisser une portion sans la partager (*sahmun shâ'i'un*), ne pas partager, ce qui n'est pas encore partagé, qui est encore commun entre les ayants droit, situation de quelqu'un qui possède une chose en commun avec un autre, vu que le partage n'est pas fait encore, etc. *Rumorer* comporte donc l'indivision, soit un bien dans lequel chacun a une part, sans pouvoir la soustraire et s'en prévaloir pour lui seul. Partager un bien qu'il est impossible de partager, telle est la condition de la communauté et de toute communauté d'existants réunis par la rumeur.

On commence ici à entrevoir ce qu'est la chose de la rumeur. En une phrase concise, l'auteur de l'encyclopédie du *Lisân*, Ibn Mandûr, nous l'indique : « *Rumorer une chose‛, c'est se perdre dans sa passion* [1]. » La forme utilisée ici est plutôt « se rumorer dans » (*tashaya'a fî*), au sens où l'on prend le parti extrême d'une cause (d'une chose), où on la répand et où l'on s'y répand. On aura compris que la chose en question est le *partage impossible*, c'est-à-dire le *commun de la communauté*. La rumeur est la passion de la communauté. C'est pourquoi l'air d'un mystère aimante les hommes qui se tiennent ensemble hors d'eux-mêmes dans la communauté des existants. Telle est, en un sens ancien, la rumeur selon le mythe. *La rumeur comme émanation de l'impossible*.

Essayons de ressaisir l'ensemble de cette interprétation de la parole mythique de la rumeur selon deux points de vue différents :

Premier point de vue : quel que soit l'homme – et ce peut être l'homme divin –, le secret de la fondation de la communauté ne peut être gardé, il est obligé de le transmettre. Mais le secret du fondateur ne peut être porté par l'héritier. Au terme de la période rituelle de deuil, comme si le secret était le fondateur mort, ou la part avalée du mort (bien qu'il soit vivant encore, car n'est-il pas déjà mort en transmettant ?), l'héritier le recrache et l'enterre. Il a beau s'en débarrasser dans un puits dans le désert, c'est-à-dire hors de toute oreille et à l'abri de toute ouïe, le secret resurgit. Il revient sous la forme de l'instrument de la rumeur, ici la flûte. Appelons donc cet instrument de la rumeur le *revenant*. Jusqu'à cette séquence, le problème dont traite le mythe est celui du secret à deux, de l'insupportable secret entre deux.

Mais, dès que le *revenant* est de retour et que s'en empare le berger, c'est le *partage impossible* qui commence, c'est-à-dire le temps de la communauté des existants. Les existants sont coupés du secret et, du fait même qu'ils en sont coupés, ils se rassemblent autour de son commentaire, prêts à se perdre dans sa passion. Or le com-

---

1. *wa tashaya'a fî ash-shay'i : istahlaka fî hawâ'ihi.*

mentaire est la voix du revenant du secret. *La rumeur est cette voix du revenant*. La voix du revenant aimante les hommes qui se tiennent ensemble dans la communauté des existants hors d'eux-mêmes. *En un sens psychanalytique, la rumeur est la voix du refoulé originaire autour duquel s'est fondée la communauté*. Ce que chantait la flûte, ce qui enchantait les hommes, est la voix qui appartient à la région originaire du fondateur mort avec son secret, d'où vient le revenant.

Le revenant est entre les mains du berger (*râ'î*) qui désigne en langue arabe « le khalife », le souverain, le chef politique. Le souverain appelle les hommes à former la communauté en jouant de la voix du revenant, produit du *débord* qui provoque le débordement des hommes hors d'eux-mêmes. De même que la rumeur est la passion de la communauté, elle est en son essence puissance politique. Elle est la voix par laquelle ceux qui usent du revenant du secret s'adressent à ceux qui n'ont accès ni au secret ni à son revenant, mais se tiennent ensemble dans la *jouissance de son écoute*. La rumeur est le jeu du pouvoir par la voix du revenant.

Cette interprétation politique de la parole du mythe nous incite à revenir sur l'énigme du revenant. Il s'agit d'un secret enfoui qui resurgit. Le récit nous donne à penser que ce secret pourrait être le secret du mort ou le mort en tant que secret qui revient avec la fin du deuil (la quarantaine). Il surgit de cette substance du *débord* qu'est la salive devenant instrument du débordement. Il reçoit le souffle et produit l'air qui ravit les hommes à eux-mêmes. Il est voix… Qu'est-ce donc ce *secret-du-mort-revenant-souffle-voix-instrument*, sinon le langage même ? Il revient incarné dans un corps vide (le roseau) appelant les existants à se rassembler. Par le langage revenu à l'existence se joue un air de mystère qui aimante les hommes rassemblés dans la communauté des existants, hors d'eux-mêmes.

Deuxième point de vue : quelque chose d'impossible à dire est dit sans être dit ; traduisons-le dans un style de sphinge : que fait l'homme qui déborde dans un puits, y laisse une goutte de sa substance, laquelle devient semence d'où pousse une branche qui donne de la voix ?

L'énigme ne résiste pas au dernier des œdipiens. Le dernier, celui qui, ici ou ailleurs, essaie de cerner cet impossible à dire, plutôt que d'y aller ; le cerner dans sa fonction de fonder la communauté humaine. L'homme fait l'amour, bien sûr, mais il n'y a pas de rapport sexuel. C'est l'évidence même. C'était une allégorie : *allos agoreuein*, elle parlait autrement de ce dont il s'agit. Un homme transmet le secret de la semence de l'Autre à un autre, lequel féconde la terre qui engendre cet instrument *phallique* d'enchantement, qui rassemble les hommes. C'était donc l'amour que le fondateur a transmis à son héritier, *lequel l'a fait, mais sans le faire*, pour l'émettre aux autres, les attirer et les agglutiner.

L'amour, sans le rapport sexuel, qui se dit pendant qu'il se fait *allos agoreuein,* donc sans se faire, est l'*impossible* ou le *comme si*, que la simple formule *il y a il n'y a pas* dit plus abruptement, c'est-à-dire sans chercher l'effet de rumeur. La rumeur est bien l'amour comme émanation de l'*impossible*. Ce qui met les hommes hors d'eux-mêmes, c'est-à-dire en extase (*mystique*, dit Freud), c'est l'amour qu'ils éprouvent dans le rapport à l'*impossible* que la rumeur fait entendre à partir du phallus. Qu'entendent-ils ? Assurément pas le contenu du secret, ils en sont privés, mais l'air, la voix, la musique, donc pas de signifié. *Le secret de l'Autre comme le rapport sexuel manquent dans l'amour qui fait la communauté.* C'est dire, en somme, que le commun de la communauté est depuis toujours l'*impossible*, et que c'est seulement lorsque cet impossible en vient à disparaître ou à s'imaginariser dans certaines circonstances que les hommes cessent d'être en communauté. Ils sont alors livrés à une sorte d'incarnation du sexuel, à une sexualisation du commun, à des signifiés qui font corps. Dans ce cas, la langue elle-même s'absente, car la langue porte les *détours* de l'impossible, à partir desquels les hommes peuvent se donner la parole et se taire.

Épilogue

Partant de la crise contemporaine de l'islam, ce livre a d'abord essayé d'en éclairer les soubassements, selon une approche qui met en œuvre la méthode psychanalytique dans son extension aux faits de civilisation. Celle-ci a pour caractéristique d'interroger les modalités selon lesquelles les hommes font l'histoire, à travers le témoignage de leurs discours. Elle permet de situer leur expérience dans une confrontation permanente aux forces pulsionnelles, au sentiment de culpabilité, à la menace de dislocation des liens institués. Une telle expérience n'est ni totalement ni définitivement maîtrisable, et le langage qui tente de la circonscrire dans les limites de la raison lui-même défaille. Défaillance structurelle, certes, faisant de l'homme l'être « Qui va son chemin au milieu des abîmes », selon le vers de Sophocle dans *Antigone* ; mais il existe également des circonstances où surviennent des défaillances catastrophiques qui libèrent les énergies ravageantes du délire et de la destruction.

Ce qui se passe dans l'islam depuis une vingtaine d'années relève de cette conjoncture ; il procède d'*une césure* qui coupe son histoire et ouvre en elle une autre possibilité d'histoire. La notion de « crise » est, du reste, impropre à désigner la précipitation vers l'inconnu et vers l'impensable, impulsée par les effectivités modernes, que les masses vivent comme une transgression de la Loi fondamentale de l'islam, une faute d'autant plus expiable qu'elle est, pour une bonne part, insue et désirable, d'un désir qui appartient d'abord à une élite qui n'a su ni traduire le moderne pour le *commun*, ni mettre en œuvre les possibilités interprétatives et politiques à la mesure de sa démesure. La modernité n'était donc qu'un simulacre du moderne. C'est l'entraînement des peuples dans un pacte qui ne peut avoir d'autre nom que celui de « perversion de masse » : un jeu de délégitimation généalogique, de désidentification aux références constitutives, sous couvert d'artifices supposés incarner « l'esprit moderne », mais qui sont en réalité un saccage d'une sauvagerie inédite. C'était une offre à entrer de force dans « une modernité-fétiche », un leurre dissimulant le réel moderne.

Cette condition a eu pour conséquence de jeter les hommes démunis dans des processus de « révocation subjective ». J'entends par là un mode de destitution massive du soi humain qui se produit lorsque le réel ne se laisse plus appréhender par les repères de la subjectivité, et que le vivant se trouve de ce fait exposé à la nudité, menacé dans la persévérance de son être. L'*islamisme* (concept mis sous rature) est mû par un désespoir identificatoire qui recourt aux ingrédients les plus archaïques de l'identification afin de parer à cette situation. D'où l'appel au voile de l'origine.

En montrant comment le discours de l'*islamisme* est révélateur d'un dérèglement profond de la relation, toujours précaire, entre le réel et les structures symboliques, notre méthode a mis en évidence des problèmes demeurés impensés par l'approche de la sociologie politique qui domine la scène actuelle. L'un des éléments auxquels elle a peu prêté attention, le tenant sans doute pour négligeable, est « le tourment de l'origine », noyau irradiant du mythe identitaire de l'*islamisme*. Il commande l'ensemble de son idéologie où l'origine apparaît tout à la fois menacée dans ses potentialités matricielles et en même temps le lieu du salut vers lequel il faut faire retour. Non pas le retour métaphorique de la tradition, mais un retour faisant surgir le spectral dans le réel, donnant le triomphe de la loi dans la destruction de l'interprétation, ordonnant la communion de la communauté autour du corps du martyr.

On ne peut innocenter l'islam de cette idéologie. Certaines dispositions appartiennent aux avatars de sa formation, que l'on retrouve de façon récurrente dans son histoire. Ainsi en est-il de la conjoncture qui a permis à la théologie d'entraver l'émancipation de la philosophie et de la confiner dans son orbe, entre le XIIe et le XIIIe siècle. C'est ce dont témoigne le combat pathétique d'Averroès dans un texte tel que celui du *Discours décisif*[1]. La formule de Dostoïevski : « Ce qui nous arrive nous ressemble » est de rigueur.

L'~~islamisme~~ ne résume certes pas l'islam, il n'est pas non plus une fatalité, mais on ne peut le récuser comme une simple aberration. L'analyse des effets dévastateurs de la césure ne doit pas pour autant servir à un procès essentialiste, ce serait occulter les forces historiques et matérielles contemporaines qui ont fait sortir l'islam de ses gonds. *Islam is out of joint*, avais-je proposé en paraphrasant la formule de Shakespeare dans *Hamlet*. C'est que rien de consistant, à l'intérieur de la civilisation islamique, n'est venu anticiper et dire la sortie dissimulée et brutale du temps de l'origine éternelle, dont l'~~islamisme~~ est le symptôme bruyant. Le travail de la culture peine à penser ce déracinement. Cette transgression sans phrase a déterminé ici la tâche du psychanalyste.

Traduire l'origine islamique dans la langue de la déconstruction freudienne, tel est le projet qui a occupé la majeure partie de ce livre. Traduire n'est pas appliquer ou annexer, mais, à la faveur d'un déplacement signifiant, relire une tradition dans la trame de sa langue et de ses images, afin d'ouvrir un accès à ce qui se pense en elle à son insu. Or la déconstruction psychanalytique considère que la fécondité de cet accès est conditionnée par l'intelligibilité de la logique du refoulement qui sous-tend la fondation d'une organisation symbolique.

Dans cette recherche, l'*altérité féminine* a été identifiée comme la nervure centrale du refoulement propre à la répétition monothéiste de l'islam. En reprenant le fil des agencements depuis la figure d'Agar dans la première écriture monothéiste (La Genèse), en suivant les effets d'entraînement de sa mise à l'écart dans la fondation de la

---

[1]. Je renvoie ici au commentaire que j'ai consacré à ce texte : « La Décision d'Averroès », *Le Colloque de Cordoue*, Paris, Climats, 1994, p. 65-74.

nouvelle religion, en analysant les enchaînements répressifs de la *jouissance féminine* qui menaçait la maîtrise de l'édifice, après l'avoir accrédité, le processus de déconstruction a permis d'ouvrir des lieux dérobés du sens dans l'institution islamique.

L'un de ces lieux est celui qui abrite l'énigme islamique du père dans son non-rapport à Dieu. Ce parcours a permis, en effet, de lever la question la plus *décisive* pour penser la construction symbolique de l'islam, et sans doute la plus *incisive* au regard du continuum supposé du champ monothéiste, puisque c'est sur ce point crucial que l'islam se sépare des deux autres religions.

Le problème, on l'a vu, se constitue à partir de l'affirmation coranique radicale que Dieu n'est pas le père et ne saurait être rapproché d'aucune façon de sa représentation, de sa fonction ou de sa métaphore. Il y a bien dans l'islam un interdit d'aborder Dieu à partir de la paternité. Il laisse l'homme face à un désert généalogique entre lui et Dieu. Désert impossible à franchir, non pas parce qu'il est infranchissable, mais parce que, au-delà, il y a l'*impossible*. Or cette objection dont nous avons saisi la provenance au regard du judaïsme et du christianisme se transporte *de facto* dans la psychanalyse, pour laquelle le rapport Dieu-le Père est au cœur des constructions relatives aux champs de la symbolicité, de l'idéalité et de la spiritualité à travers leur prise sur le sujet. Comment intégrer dans la complexité théorique de la psychanalyse, déjà grande à cet égard, l'objection islamique ? Peut-être devrions-nous penser la théorie du Dieu-le Père à partir du désert généalogique ! La condition de vie désertique expose les hommes à l'errance, elle les oblige à être solidaires, à prendre soin des oasis où ils peuvent trouver refuge, sous peine de se dessécher. Autrement dit, le désert entre Dieu et le Père est le lieu où s'institue le politique. Telle pourrait être l'une des questions directrices pour la psychanalyse : penser l'espace entre Dieu et le père, non pas seulement en termes de meurtre, de symbolique, de nom, de vide, etc. – toutes ces modalités sont par ailleurs d'une incontestable pertinence –, mais plus résolument du côté de l'aridité dans laquelle s'effectue la construction du politique. Car la menace qui guette les hommes dans le désert est soit l'« il n'y a rien » du nihilisme, soit le remplissage du mirage totalitaire.

Il serait à propos, dès lors, de laisser les mots de la fin à Nietzsche, le penseur moderne du désert, s'il en est, à travers deux citations :

La première parle en direction de ce qui a lieu aujourd'hui dans l'islam :

> « Nous savons que la destruction d'une illusion ne crée pas tout de suite une vérité, mais un nouveau fragment d'ignorance, un élargissement de notre "espace vide", un accroissement de notre désert. »

La seconde dit notre disposition en conclusion de cette épreuve :

> « J'ai suivi à la trace les origines. Alors je devins étranger à toutes les vénérations. Tout se fit étranger autour de moi, tout devint solitude. Mais cela même au fond de moi, qui peut révérer, a surgi en secret. Alors s'est mise à croître l'ombre duquel j'ai site, l'arbre de l'avenir [1]. »

---

1. Nietzsche, *Œuvres complètes*, XII, IIe partie, § 81.

Index des thèmes et des concepts

Abandon : 46, 122, 123, 144, 152, 160, 164, 165, 167.
Abel : 283-286, 288, 306.
Abraham : 34, 42, 55, 117, 120-122, 124, 125, 130, 131, 133, 135-145, 147-149, 156-158, 160-164, 166, 167, 173, 182, 268-270, 272-275, 288.
Abrogation : 51, 53, 54, 87.
Absolu : 36, 37, 41, 132, 141, 148, 151-153, 205, 217, 229, 234, 239, 240, 243, 254, 256, 265, 293, 298, 300.
Adam : 55, 212, 213, 238, 283, 284, 287, 297.
Affect : 107, 121, 220.
Agar, Hagar, Agarien : 34, 117, 122, 123, 128-138, 140-147, 150-152, 154-157, 159-167, 171-174, 178, 191, 202, 226, 319.
Alliance : 121, 125, 136, 138, 144, 146.
Altérité : 13, 76, 84, 89, 90, 93, 121, 124, 148, 173, 174, 188, 202, 212, 213, 233, 256, 265, 285, 301, 319.
Âme : 59, 61, 95, 111, 151, 203, 258, 273, 286, 299, 300.
Amour : 41, 56, 81, 83, 85, 102, 122, 127, 132, 160, 162, 163, 183, 184, 192, 200, 209, 210, 221, 229, 231, 232, 234, 237, 238, 241, 242, 256, 257, 262, 291, 293, 296, 307, 309, 316.

Ange : 33, 37, 130, 133, 159, 161, 173, 201, 205-208, 210, 212, 219, 220, 222, 223, 225-227, 236, 241.
Angoisse : 32, 53, 70, 187, 192, 210, 216, 228, 281.
Appropriation, réappropriation : 30, 93, 94, 115-118, 125, 127, 137, 139, 149-151, 159, 165, 179, 181, 185, 220, 229, 239.
Autre : 22, 31, 33-35, 41, 61, 63, 64, 79, 83, 84, 93, 94, 107, 121, 123, 124, 126, 127, 131-133, 136-140, 147, 148, 151, 154, 155, 159, 160, 167, 168, 172-174, 177-189, 191, 199, 207-209, 211, 213, 215, 216, 218, 223, 224, 227-231, 235-240, 242-244, 251, 253-256, 262-268, 273, 275, 280, 282, 284, 285, 287-289, 291-293, 296, 298, 300, 301, 306, 307, 316.
Averroès : 56, 69, 275, 286, 294, 319.

Bible, biblique : 34, 36, 43, 61, 121, 122, 124, 127, 130-136, 138-141, 143, 145, 147, 149-152, 157, 158, 160-162, 165, 171, 173, 174, 180, 188, 267, 268, 271, 276-278.
Blasphème : 38, 42, 45.

Caïn : 283-289, 306.
Castration : 138, 151, 174, 207, 228, 239.

Cause, causalité : 65, 79, 80, 94, 98, 106, 108, 154, 201, 205, 255, 262, 263, 294, 296, 314.
Césure : 17, 35, 87, 92-94, 97, 99, 100, 103, 104, 136, 189, 317, 319.
Chose : 50, 53, 65, 66, 119, 174, 195, 196, 198, 212, 224, 237, 255, 312, 314.
Christ, christique : 44, 55, 122, 123, 165.
Christianisme : 55, 63, 65, 75, 76, 78, 116, 117, 119, 123, 127, 135, 140-142, 145, 156, 158, 201, 218, 268, 276, 296, 320.
Circoncision : 62, 121, 125, 136-138, 167, 319.
Civilisation : 31, 45, 53, 55, 57, 75, 80, 86, 89, 90, 93-95, 98, 104, 110, 117, 122, 192, 214, 252, 282, 302, 317.
Clinique : 93, 199, 238, 249-251.
Clivage : 185, 191.
Communauté : 22, 31, 53, 66, 72, 73, 87, 92, 93, 99, 101, 108, 141, 144, 146, 158, 197, 210, 216, 217, 221, 266, 281, 302, 303, 305, 308, 309, 310, 312, 313, 314-316, 318.
Coran, coranique : 33, 36, 44, 48-50, 58, 63, 68-71, 78, 81-83, 85, 119, 120, 122, 128, 141, 156, 157, 159-162, 171, 173, 185, 195, 197, 200, 206, 209, 212, 221, 222, 243, 268-270, 277, 278, 280, 283, 297, 299, 312, 320.
Corps : 29, 33, 38, 41, 42, 53, 57-62, 67, 71, 87, 88, 96, 127, 141-144, 151, 163, 167, 174, 177, 179, 180, 186, 187, 189, 192, 194-202, 206, 207, 209, 210, 216, 220, 222-225, 227, 238, 268, 301, 308, 315, 316, 318.
Créance : 43, 62, 65, 134, 182, 183.
Croyance : 39, 44, 53, 54, 65, 69, 70, 74, 81, 86, 185, 189, 193-195, 197, 201, 205-209, 214-216, 223, 226, 243, 259, 270, 274, 278.
Culpabilité, coupable : 40, 45, 60, 89, 253, 275, 286, 287, 317.

Déconstruction : 14, 32, 39, 62, 94, 104, 153, 282, 319, 320.
Délire : 37, 46, 49, 51, 52, 70, 87, 88, 92, 192, 202, 263, 308, 317.
Déni : 46, 47, 99, 172, 226-228, 237.
Dépropriation : 74, 93, 137, 255,
Désaveu : 171, 172, 188, 192.
Désespoir : 22, 25, 26, 46, 47, 54, 67, 80, 84, 87, 89, 92, 94-98, 100, 104, 105, 107, 109, 213, 318.
Désir : 22, 30, 40, 46, 60, 81, 106, 110, 119, 140, 151, 174, 176-181, 183, 185-189, 191, 199, 200, 203, 204, 209, 210, 211, 213, 221, 224, 225, 232, 234, 237, 242, 251-257, 260-262, 267-269, 272-275, 281, 282, 284-289, 317.
Destruction, destructivité : 53, 104, 108, 164, 180, 181, 187, 216, 231, 237, 240, 255, 256, 257, 266, 267, 278-280, 282, 287, 317, 318, 321.
Dette : 60, 61, 63-68, 134, 152, 182, 184.
Deuil : 127, 311, 314, 315.
Dévoilement : 18, 49, 50, 80, 85, 150, 188, 200, 201, 206-208, 212, 218, 220, 225, 229, 259.
Différence, différenciation : 32, 34, 116, 120, 144, 145, 153-155, 172-174, 180, 207, 215, 217, 225, 227, 239, 251, 252, 256, 277, 285, 295, 298, 299.
Don : 64, 117, 120, 122, 123, 129-134, 136-139, 142-144, 147, 149-152, 154, 159, 165, 179, 180, 183, 184, 189, 207, 211, 234, 235, 244, 259, 287, 288.
Donne : 90, 148-152, 155, 180, 189.
Double : 173, 202, 236, 237, 242, 243, 254, 263-265, 294-297.

INDEX DES THÈMES ET DES CONCEPTS

Duel, dualité : 154, 187, 237, 254, 297.

Écart : 152-155, 173, 180, 190, 191, 236, 250, 262, 263, 319.
Enfant, infantile : 29, 33, 38, 46, 47, 63, 76, 96, 122, 123, 125, 126, 130-132, 134-137, 139, 140, 143, 144, 146, 147, 149, 154, 155, 160-162, 164, 165, 167, 178-183, 190, 205, 234, 241-244, 249, 250, 261-266, 271-282, 291, 294, 295, 300.
Entre-deux : 154, 155, 174, 175, 177, 178, 180, 181, 183, 186, 187, 189, 190, 231, 235, 239, 241, 266, 307, 308.
Esclave : 130-132, 136-139, 144, 150-152, 160, 161, 166, 174, 224, 231, 233-237, 254, 255.
Esthétique : 80, 195, 196.
État : 17, 71, 99-101, 103, 104, 109, 110, 193, 194, 226, 303.
Éthique : 76, 80, 83, 84, 150, 151, 160, 163, 193, 195, 221, 226, 250, 290.
Ève : 212, 213, 238, 284.
Exil : 30, 38, 88, 161, 165, 181, 283.
Extrémisme : 32, 33, 75, 97.

Fanatisme : 17, 20, 52, 71, 74.
Fantasme : 66, 191, 199, 200, 202, 203, 229, 255-257, 265, 273, 274.
Fétiche : 318.
Fiction : 36, 38, 41-46, 48, 87, 126, 140, 153-155, 175, 178-181, 185, 186, 188-191, 194, 198, 216, 219, 233, 251, 266, 306.
Filiation : 18, 34, 100, 120, 127, 128, 141, 142, 146, 152, 157, 158, 161, 180.
Fils : 34, 35, 55, 121-125, 127, 128, 130, 133, 134, 136, 139-141, 143-149, 151, 154, 157, 158, 160, 162-164, 166, 168, 171, 176-182, 184, 185, 210, 258, 266-276, 283, 286-288, 291, 292, 294, 295, 296.

Foi : 36, 38, 47, 59, 60, 62, 64, 67, 70, 75, 81, 84, 85, 117, 123, 148, 158, 165, 197, 198, 208, 219.
Folie, fou : 80, 206, 220, 230-232, 235, 236, 239-244, 250, 254, 255, 264, 303, 308.
Fondation : 29, 42, 51, 115, 117, 118, 125-127, 153, 159, 162, 164, 221, 252, 253, 314-316, 319.

Généalogie : 34, 93, 98, 124, 128, 138, 141, 142, 151-153, 157, 172, 182, 188, 211, 265, 266, 268, 271, 272, 288, 295, 298, 318, 320.
Genèse : 34, 117, 120-124, 126, 128-130, 132, 137, 139, 140, 143, 145-147, 149-151, 157, 160, 172, 175, 176, 180, 184, 187, 234, 240, 242, 261, 294, 299, 319.

Haine : 30, 41, 93, 132, 160, 167, 186, 231, 237, 285, 286, 288, 289.
Honte : 92, 199, 201.

Ibn Arabî : 50, 55, 56, 63, 204, 205, 222, 230, 242, 272-275, 280-282, 293, 294, 297, 299.
Idéal : 21, 29, 32, 67, 76, 92, 95-97, 101, 102, 110, 121, 141, 158, 165, 194, 229, 239, 288, 289, 295, 302, 306.
Identification : 41, 42, 44, 92-94, 99-104, 163, 181, 195, 294-296, 299, 300, 302, 303, 306, 318.
Identité : 32, 37, 38, 74, 93, 94, 103, 104, 128, 188, 193, 195, 207, 208, 213, 215-218, 226, 227, 253, 254, 263, 265, 289, 290, 293-296, 300, 306, 318.
Idéologie : 48, 49, 51, 53, 54, 57, 67, 74, 318.
Idiome : 21, 33, 253.
Illusion : 46-48, 62, 70, 73, 74, 76, 80, 89, 95, 96, 103, 104, 106, 185, 259, 260, 321.

Imaginaire : 29, 46-48, 53, 66, 67, 76, 84, 119, 121, 149, 153, 186, 189, 201, 203, 214, 227, 228, 234-236, 240, 250, 251, 255, 257, 259, 261, 263-267, 273-275, 282, 289.

Imaginal : 55, 56, 203.

Impossible : 14, 18, 44, 47, 48, 55, 116, 119, 139-144, 148-155, 175, 184, 185, 187, 188, 190, 228, 234, 235, 238, 240, 243, 252, 255, 257, 259-261, 266, 274, 275, 279, 282, 289, 290, 294, 298, 305, 306, 313, 314-316, 320.

Inceste : 52, 53, 69, 78, 79, 85, 210, 211, 213, 258-260, 284, 287.

Inconscient : 12, 13, 19, 35, 66, 80, 81, 90, 94, 172, 191, 192, 205, 214, 253, 260, 263-265, 282.

Institution : 13, 33, 35, 37, 44, 75, 97, 100, 108, 126, 127, 153, 164, 171, 173, 185, 187, 189, 192, 193, 196, 210, 216, 252, 253, 320.

Intégrisme : 68, 73-75, 79.

Interdit : 17, 57-61, 66, 67, 69, 78-80, 85, 95, 96, 137, 141, 196, 197, 199, 208-212, 214-217, 225, 258, 260, 284, 287, 288, 300-302, 309, 320.

Interprétation : 20, 35, 49, 50, 53, 73, 79, 80, 82, 106, 107, 111, 115, 128, 131, 182, 195, 201, 207, 209, 254, 261, 263, 267-269, 272-276, 288, 312, 314, 315, 318.

Invisible : 198, 214, 227,

Isaac : 34, 122, 124, 136, 139-141, 144-146, 148, 149,161, 166, 261, 270, 288.

Ismaël : 34, 122-124, 127, 133, 134, 136, 139, 141, 143, 145, 146, 148, 151, 156, 157, 161, 162, 164-168, 242, 270, 271, 288.

Jalousie, jaloux, jalouse : 128, 132, 143, 144, 167, 186, 187, 189, 190, 232, 236, 237, 240, 289.

Jésus : 44, 140, 141, 268.

Jouissance : 48, 52, 57, 58, 62, 64, 66, 67, 83, 89-91, 93, 109, 118, 121, 129, 132, 134, 138-142, 151, 155, 173, 174, 179, 180, 185, 186, 191, 209, 210, 213, 214, 221-235, 237-240, 242-244, 250, 251, 253-257, 261, 264, 265, 299, 304, 308, 315, 320.

Judaïsme : 55, 63, 75, 78, 115-117, 119, 123, 126, 135, 141, 142, 145, 156, 158, 180, 201, 268, 276, 320.

Khadija : 206-209, 220, 221, 223, 225.

Langage : 21, 22, 24, 29, 31, 32, 34-36, 43, 46, 50, 64, 66, 75, 79, 80, 83, 86, 89, 99, 116, 127, 137, 138, 175, 193, 206, 225, 227, 231, 241, 243, 253, 255, 257, 260, 263, 315, 317.

Langue : 22, 31, 33, 35, 79, 125, 128, 160, 217, 223, 252, 310, 315, 316, 319.

Lettre : 33, 41-43, 49, 55, 63, 79, 124, 127, 131, 136, 195, 220, 222, 223, 225, 226.

Lieu : 33, 120, 123, 142, 148, 152, 162, 163, 165, 168, 172, 177, 178, 180, 181, 187, 213, 217, 235, 242, 252, 264, 271, 272, 306, 318, 320.

Logia : 253.

Loi : 34, 36, 48, 51, 52, 54, 66, 69, 72, 73, 79, 88, 118, 120, 140, 143, 144, 153, 172, 178, 179-182, 184, 189, 191, 192, 196-198, 209, 211, 225, 229, 231, 241, 259, 261, 276, 277, 283-291, 317, 318.

Lueur : 177, 179, 185, 187, 188, 191, 202.

Lui Lui : 120, 153, 282, 292, 293, 295, 297, 306.

INDEX DES THÈMES ET DES CONCEPTS

Maître, maîtrise : 131-139, 140, 142, 143, 149, 150, 152, 154, 165, 167, 173-175, 179, 181, 185, 198, 211, 217, 221, 224, 227-229, 231, 234, 235, 239, 240, 243, 254, 255, 264, 317, 320.

Manque : 33, 47, 63, 132, 138, 139, 147-149, 185, 187, 208, 220, 224, 253-256, 259, 261, 275, 287, 295, 300, 308, 316.

Marie : 141, 158, 159, 222.

Martyr : 71, 88.

Masse : 29, 32, 52, 53, 57, 74, 77, 87, 88, 91-94, 97, 100, 102-104, 107, 108, 111, 192, 305-307, 308, 310, 311, 317, 318.

Mélancolie : 54, 55, 236, 254, 289.

Mémoire : 29, 31, 35, 39, 123, 130, 131, 134, 150, 151, 156, 157, 159, 160, 164, 205, 216, 243, 250, 252, 279, 281.

Mère : 33, 34, 42, 66, 78, 123, 141, 144, 145, 154, 155, 157, 159, 160, 163-167, 171, 173, 176, 179-182, 186, 188-190, 205, 217, 221, 222, 226, 237, 240, 242, 258, 260, 261, 271, 279, 280, 287, 291, 295, 308.

Messianisme, messianique : 30, 54, 55.

Métaphore : 41, 43, 50, 53, 62, 80, 87, 88, 125, 145, 154, 155, 187, 318, 320.

Métaphysique : 45, 69, 82, 127, 128, 151, 188, 219, 242, 259, 291, 295, 296.

Métapsychologie : 83, 125, 127, 188, 233, 253.

Meurtre : 50, 76, 109, 116, 119, 121, 127, 231, 236, 239, 250, 251, 256, 258, 264-267, 269, 275, 280, 283-288, 320.

Miroir : 63, 83, 84, 88, 89, 293, 294.

Moderne, modernité : 11, 12, 19-22, 27, 38, 43, 44, 48, 51, 57, 67, 68, 70-74, 79, 80, 86-88, 90, 91, 93, 94, 96, 98-103, 110, 111, 126, 192, 193, 216, 217, 259, 261, 301-304, 318.

Moi : 41, 67, 95, 100-103, 199, 236, 254, 289, 294, 295, 307.

Moïse : 31, 32, 64, 115, 117, 125-127, 130, 153, 154, 176, 180-182, 277, 278, 280.

Monothéisme : 11, 32-36, 55, 77, 110, 115-118, 120-122, 124, 128, 129, 131, 135, 141, 142, 145-154, 157, 158, 160, 168, 171, 172, 201, 222, 226, 240, 251, 253, 266-268, 276, 279, 306, 319, 320.

Mort : 41, 42, 45, 50, 52, 55, 62, 65, 72, 76, 83, 84, 89, 90, 93, 116, 122, 123, 127, 144, 147, 158, 164, 165, 180-182, 184, 191, 202, 203, 209, 221, 230-232, 239, 240, 242, 243, 250, 252, 255, 256, 258, 260, 263-265, 268, 271, 273, 279, 281, 282, 284-286, 288, 289, 304, 314, 315.

Muhammad, Mahomet : 33, 42, 44, 55, 63, 117, 120, 123, 127, 157-166, 175-178, 180, 205, 206, 209, 211, 217, 222, 223, 270-272, 277.

Mystique : 49, 63, 83, 173, 188, 196, 205, 229, 253, 282, 298, 306, 311, 316.

Mythe : 41, 73, 74, 87, 106, 118, 125, 126, 153, 154, 172, 182, 202-204, 216-218, 255, 259, 264, 276, 291, 309, 310, 312-315, 318.

Narcissisme, narcissique : 13, 32, 33, 63, 76, 87, 102, 137, 207, 208, 235, 237, 244, 251, 253, 254, 265, 266, 287, 288, 296.

National, nation : 34, 70, 71, 88, 89, 108, 122-125, 128, 146, 194.

Négatif : 73, 83, 84, 174, 188, 203, 207, 225.

Négation : 73, 94, 100, 105, 155, 185, 188, 191, 207, 235, 264.

Nom : 32, 41, 42, 75, 89, 109, 120, 122, 124, 125, 133, 134,

136-139, 146, 147, 154, 157-160, 166, 172, 174, 186, 195, 202, 212, 213, 242, 260, 277, 297, 320.

Obscène : 197, 201-203, 227.
Œdipe, œdipien : 34, 39, 40, 182, 188, 214, 232, 233, 259, 260, 276, 316.
Œil : 134, 143, 147, 150, 191, 195, 198-205, 212, 297, 298.
Origine, originaire : 11-13, 21, 28-36, 38, 39, 41, 43-55, 76, 79, 83, 87, 88, 92, 100, 115, 117, 118, 120-129, 131-133, 135, 139, 140, 142-156, 158-160, 163-165, 168, 171, 172, 175-181, 186, 188-192, 205-208, 211, 213, 215, 216, 218-220, 225, 235, 239, 242, 250, 252, 253, 256, 257, 259, 261, 264-267, 276, 277, 305, 308, 309, 312, 315, 318, 319, 321.
Ouvert : 31, 33, 62, 63, 76, 134, 137, 139, 149, 165, 181, 253.

Parole : 21, 36-38, 41, 50, 59, 78, 79, 125, 131, 195, 199, 206, 220, 222, 225, 230-233, 240-243, 250, 261, 263, 264, 278, 281, 283, 285, 286, 288, 309, 310, 315, 316.
Partage : 309, 312, 313, 314.
Passion : 29, 30, 81, 96, 177, 200, 232, 235, 236, 239, 240, 249, 252, 253, 301, 305, 313, 314, 315.
Patriarcat, patriarcal : 100, 101, 117, 184, 191, 251, 267, 303.
Père : 32, 34, 35, 38, 41, 42, 47, 55, 87, 100-102, 115, 116, 118, 120-125, 127-129, 131, 132, 137-143, 146-150, 152-155, 157, 159-165, 168, 171-173, 175-185, 188, 189, 211, 233, 235, 239, 241, 243, 250, 256, 262, 265-268, 270-276, 278, 284, 287-289, 291, 292, 294, 295, 303, 320.
Perversion : 44, 75, 110, 146, 168, 174, 236, 239, 318.

Peuple : 17, 18, 20, 21, 29, 31, 72, 74, 75, 98, 108-110, 115-117, 125-127, 138, 153, 159, 180, 181, 253, 277-279, 281, 303, 305.
Phallus, phallique : 58, 137, 139, 141, 142, 149, 150, 153-155, 174, 179, 180, 182-185, 187, 188, 224-228, 237, 238, 240, 251, 253, 256, 261, 262, 316.
Politique : 17, 18, 20, 21, 25-28, 30, 35, 37, 53, 59, 60, 67, 70, 72, 73, 75, 76, 79, 80, 91, 97, 99, 101, 104, 107-109, 111, 134, 193, 194, 196, 197, 209, 210, 214, 217, 221, 250, 251, 253, 291, 292, 294, 303, 304, 308, 312, 313, 315, 318, 320.
Pouvoir : 71, 100, 102, 107-109, 111, 128, 132, 134, 152, 171, 173, 180, 191, 195, 199, 202, 211, 220, 225, 227, 278, 303, 313, 315.
Privation : 187, 188, 198, 237, 273, 275, 276.
Propre : 31, 74, 92, 93, 116, 117, 125, 136, 140, 149, 153, 157, 159, 166, 194, 213, 216, 224, 227, 238, 252, 260, 291, 293, 294, 306.
Psyché, psychique, psychisme : 12, 14, 30, 55, 57, 80, 84, 88, 90, 102, 116, 125, 126, 183, 199, 235, 252, 273, 276, 280, 282, 286, 290, 303, 306, 309.
Pudeur : 201-203, 205, 206, 214.
Pulsion : 57, 61, 83, 89, 90, 91, 93, 95, 111, 116, 191, 214, 236, 241, 242, 250, 252, 255, 256, 282, 286, 307, 317.

Raison : 46, 78, 79, 81, 82, 85, 96, 106, 122, 123, 141, 146, 172, 187, 205, 208, 211, 219, 220, 225, 227, 230, 231, 237, 241, 252, 253, 263, 264, 317.
Rature : 209, 226, 227, 229, 230, 237-240, 243.
Récit : 37, 39, 41, 42, 87, 121-125, 127, 130-133, 135-137, 143, 149, 161, 175, 177-180,

182, 187, 189, 206, 213, 230-239, 241-243, 249, 250, 255, 259, 262, 264, 268, 269, 271, 272, 277, 279, 280, 283, 309, 311, 312, 315.
Réel : 20, 21, 36, 42, 43, 47, 48, 57, 62, 67, 84-86, 89, 105, 106, 116, 141, 142, 148, 149, 190, 195, 196, 200, 202, 227, 228, 235, 236, 240, 259, 260, 263, 268, 273-275, 318.
Référence : 79, 119, 156, 161, 162, 172, 215, 262, 265.
Refoulement : 11, 13, 35, 37, 44, 79, 95, 127, 145, 192, 226, 256, 265, 315, 319.
Regard : 186-188, 191, 198, 200, 201, 204, 237, 270, 298.
Régression : 51-53, 92, 256.
Religion : 13, 22, 26, 30, 33, 35, 40, 42, 43, 45-47, 54, 55, 57, 60-63, 65-68, 70, 71, 73-77, 79-84, 88, 89, 95, 96, 99, 107, 111, 115, 116, 120, 121, 123, 127, 128, 149, 158, 161, 164, 165, 185, 193, 195, 201, 208, 215, 220, 226, 253, 287, 320.
Répétition : 116-120, 236, 239, 249, 254, 255, 319.
Représentation : 32, 47, 49, 51, 57, 61, 62, 90, 109, 119, 141, 175, 193, 211, 212, 214, 220, 250, 312, 320.
Répression : 89, 104, 109, 111, 192, 199.
Répudiation : 13, 18, 134, 135, 145, 146, 152, 153, 160, 161, 167, 168, 172, 181.
Retour : 42, 44, 47-51, 53, 55, 60, 68, 73, 83, 88, 116, 117, 163, 164.
Retrait : 33, 62-65, 119, 138, 142, 149-152, 155, 180, 188, 190, 213, 234, 235, 237, 254, 259, 274, 306.
Rêve : 269-275, 278.
Rien : 186, 187, 225, 240, 256.
Rite, rituel : 18, 20, 68, 69, 74, 75, 108, 121, 163, 227, 314.
Rumeur : 309, 310, 312, 313, 314-316.

Sacré : 18, 61, 71, 78, 81-85, 111, 158, 162, 271, 277, 298, 303.
Sacrifice : 55, 60, 62, 63, 71, 106, 107, 111, 121, 123, 137, 151, 163, 164, 176, 182, 184, 266-276, 288, 306.
Saint Paul : 44, 127, 144-147, 160, 173, 174, 201, 205.
Saint, sainteté : 38, 43, 44, 60, 163, 179, 181, 182, 189, 191, 202, 225, 243, 252.
Salut : 54, 60, 67, 72, 164, 181, 194, 208, 214, 219, 226, 243, 244, 252, 267, 318.
Sarah, Saraï : 34, 117, 122, 130-133, 135-142, 144-147, 155, 161, 162, 166-168, 173, 270.
Satanique : 36, 37, 39, 40, 43, 44, 197, 238.
Scène : 163, 168, 175, 178-180, 189, 191, 205-208, 214, 219-221, 223, 225, 226, 230, 234, 236, 239, 241, 243, 249, 250, 256, 257, 261, 263, 264, 274, 286, 309, 310, 311, 312, 313.
Science : 36, 40, 43, 48, 67-70, 72, 74, 76-85, 96, 97, 126, 202, 217, 253, 261, 276, 278, 303.
Scientisme : 70, 73, 74, 88.
Secret : 309, 310, 311, 312, 313, 314-316, 321.
Séduction : 174, 191, 197, 220.
Sens : 49, 50, 74, 77, 79, 81-85, 89, 92, 149, 194, 198, 254, 263, 294.
Sexe, sexualité : 78, 84, 109, 128, 141, 142, 176, 178, 179, 182, 183, 192, 197, 198, 200, 202, 212, 215, 226-228, 230, 231, 233-239, 241, 242, 244, 250, 254-256, 261, 263, 264, 285, 289, 295, 297, 299, 307, 308, 316.
Signe : 193-198, 201, 202, 206, 208, 214, 215.
Signifiant : 33, 41-43, 76, 79, 138, 142, 172, 179, 183, 185, 190, 198, 227, 235, 261, 312.
Soi : 30, 31, 33, 40, 46, 50, 63, 64, 73, 76, 79, 93, 115, 118,

137, 149, 236, 253, 262, 273, 287, 293-295, 318, 319.
Soufisme : 55, 229, 253, 273, 280, 309.
Souveraineté : 44, 73, 87, 107, 108, 137, 150, 190, 191, 225, 226, 229, 231, 233-235, 239, 240, 254, 293, 315.
Spectre, spectral : 71, 121, 124, 172, 198, 203, 258-261, 318.
Spéculaire : 83, 236, 237, 255, 289.
Sujet, subjectivité : 12, 14, 32, 35, 39-43, 45, 48, 57, 59, 62, 64, 66, 79, 80, 83-86, 89-92, 94, 96, 97, 100-104, 166, 178, 187, 189, 192, 194, 199, 207, 210, 215, 221, 233, 236-238, 240, 242, 250, 251, 254, 259-261, 265-268, 273, 274, 285, 289, 300, 301, 303, 304, 309, 318, 320.
Symbole, symbolique, symbolisation : 13, 20, 29, 42, 48, 53, 66, 76, 81, 84, 93, 116, 117, 119-121, 126, 127, 138, 141, 142, 164, 171-174, 178, 181, 187, 189, 195, 196, 224, 227, 267, 283, 287, 289, 308, 318-320.
Symptôme : 31, 48, 67, 75, 216, 219.

Terreur : 30, 37, 52, 54, 106, 107, 159, 204, 220.
Texte : 33-38, 45, 49, 74, 77-79, 83, 84, 87, 111, 120-122, 136, 139, 140, 143, 146, 156, 159, 159, 161, 162, 167, 171, 185, 195, 197, 215, 216, 220, 234, 235, 243, 244, 250, 252, 262, 268, 277, 286, 287, 289, 310, 312.
Théologie : 18, 33, 35, 38, 43, 49, 58, 69-74, 76, 84, 89, 107, 108, 128, 134, 135, 153, 195, 198, 201, 206-214, 219, 225, 226, 229, 242, 251, 253, 254, 300, 301, 303, 308, 319.

Tiers : 65, 187, 237, 241, 242, 261, 287, 303.
Traduire, traduction : 20, 22, 78, 79, 115, 124-128, 160, 249, 250, 319.
Transmission : 35, 104, 121, 122, 147, 156, 159, 160, 162, 222, 252, 312, 313, 314, 316.
Traumatisme : 84, 116, 164, 235, 236, 239.

Un, unité, unicité : 37, 63, 89, 119, 120, 154, 155, 185, 187, 188, 239, 256, 267, 294, 299, 311.
Universel, universalité : 12, 13, 19, 20, 55, 70, 103, 119, 127, 138, 154, 164, 185, 216, 217, 251, 261, 290, 291.

Vérité : 21, 29, 33, 37-48, 57, 69, 70, 73, 76, 78, 79, 84-87, 89, 90, 92, 93, 106, 107, 126, 161, 172, 178, 189, 198, 205-209, 213-217, 219-221, 225, 227, 263, 269, 273, 274, 283, 289, 321.
Vide : 33, 64, 67, 92, 97, 100, 107, 180, 186-188, 190, 235-237, 255, 257, 260, 261, 306, 315, 320, 321.
Vierge, virginité : 117, 128, 159, 183, 222, 228, 235, 243, 255-257, 262, 264.
Virilité : 201-203, 239, 257.
Voile, voilement : 18, 49, 57, 61, 62, 89, 150, 192-202, 204, 205, 207-215, 218, 220, 226, 229, 231, 239, 318.
Voir, vision : 134, 173, 178, 188, 191, 197, 199, 200, 202-204, 206, 207, 211, 212, 220, 221, 269, 270, 275, 294, 296, 297.
Voix : 123, 124, 196, 206, 223, 242, 310, 312, 315, 316.
Voyance : 178, 179, 187, 199, 200, 202, 204, 210, 211, 213.

Table

Remerciements 7

Prologue 11

Chapitre I : Le tourment de l'origine

1. La transgression 17

2. Retour et détours 23
   - Islam et islams 23
   - L'intérêt pour la psychanalyse 26
   - Le tourment de l'origine 29
   - L'enlèvement à l'origine de Freud 31
   - L'ouvert à l'origine 32
   - Les Versets sataniques 36
   - De l'effectivité de la religion 46

3. L'abrogation 48
   - Retour et interprétation 49
   - Retour, théorie et délire 51

4. Un corps pourrissant 57
   - Le voile de la douleur 58
   - La Dette 61

5. L'auto-immunisation 68

    Décomposition et recomposition 68
    Trouble du sens 77

6. La césure moderne et le désespoir des masses 87

    De la mutation dans la civilisation 90
    Du désespoir avec Freud et par-delà 95
    Du désespoir des masses dans le monde islamique 97
    L'État et le Moi 100

7. Post-scriptum : après le 11 septembre 106

CHAPITRE II : LA RÉPUDIATION ORIGINAIRE

1. Appropriation et traduction du père 115

    Freud et l'islam 115
    Genèse du père, don du lieu 120
    Le père comme traduction 124

2. La Genèse selon Agar 130

    Une impasse du don 130
    La promesse et le nom 133
    La possibilité de l'impossible 139
    La scission entre les deux principes 144
    Il y a, il n'y a pas 147
    Du retrait originaire 150
    L'entre-deux femmes 154

3. Perpétuation de la répudiation 156

    La transmission d'Ismaël 156
    Transmissible et intransmissible 160
    De l'abandonnée à l'abandon 164
    Controverses autour d'Hagar 165

Chapitre III : Destins de l'autre femme

1. Hypothèse autour d'un désaveu 171

2. La lueur 175

    L'engendrement du fondateur 175
    Les dimensions du montage 178
    Éléments d'une comparaison 180
    L'entre-deux femmes en psychanalyse 181
    Le père selon l'impossible 184
    Entre le vide et le plein 186
    La mère comme fiction 189

3. Le voile 191

    Actualité du voile 192
    Le voile théologique 195
    La femme comme puissance voyante 199
    Remarques et hypothèse autour de l'« œil pinéal » 202
    La démonstration de la femme 205
    Le retournement 208
    Retour sur l'actuel 214

4. Parole des *Nuits* 219

    Du salut de l'ange à la déconsidération 219
    La question de la jouissance 222
    De la rature 227
    La parole, la jouissance, la mort 230
    La levée de la rature 239

Chapitre IV : De lui à lui

1. Clinique des *Nuits* ou les tâches de Shéhérazade .. 249

    Mise en scène d'une passion 249
    Le roi et son double 254
    L'histoire de Jawdar 257
    La seconde tâche de Shéhérazade 261
    L'axe Shéhérazade, Schâhriyâr 265

2. Le sacrifice et l'interprétation 267

    Du désir de sacrifier 272
    Le fils comme privation 275

3. L'enfant peuple 277

    Moïse dans le Coran 277
    Une somme de vies 280

4. Le meurtre fraternel 283

    Le récit du meurtre 283
    Les deux haines 285

5. Lui Lui 290

    Un transfert de forme 291
    Du double 296
    L'exposé et le singulier 297
    Du sujet 300
    Individualité, islam et psychanalyse 301

6. L'impossible en partage 305

    La communauté et l'impossible 306
    Une allégorie de la communauté 308
    Le partage et sa passion 313

Épilogue 317

Index des thèmes et des concepts 323

*Achevé d'imprimer en août 2005
sur les presses de l'imprimerie Maury Eurolivres
45300 Manchecourt*

N° d'éditeur : FH009206.
Dépôt légal : septembre 2004.
N° d'impression : 05/08/116365.

Imprimé en France